权威·前沿·原创

皮书系列为
"十二五""十三五""十四五"时期国家重点出版物出版专项规划项目

B

BLUE BOOK

智 库 成 果 出 版 与 传 播 平 台

文化蓝皮书

BLUE BOOK OF CULTURE

中国区域文化产业发展报告
（2021~2022）

ANNUAL REPORT ON REGIONAL DEVELOPMENT OF CHINA'S CULTURAL
INDUSTRIES (2021-2022)

主 编／李 炎 胡洪斌
副主编／柯尊清 何继想

社会科学文献出版社
SOCIAL SCIENCES ACADEMIC PRESS (CHINA)

图书在版编目（CIP）数据

中国区域文化产业发展报告 . 2021-2022 / 李炎，胡
洪斌主编.--北京：社会科学文献出版社，2023.7
（文化蓝皮书）
ISBN 978-7-5228-1840-5

Ⅰ.①中… Ⅱ.①李… ②胡… Ⅲ.①区域文化-文
化产业-研究报告-中国-2021-2022 Ⅳ.①G127

中国国家版本馆 CIP 数据核字（2023）第 095245 号

文化蓝皮书
中国区域文化产业发展报告（2021~2022）

主　　编 / 李　炎　胡洪斌
副 主 编 / 柯尊清　何继想

出 版 人 / 王利民
组稿编辑 / 邓泳红
责任编辑 / 侯曦轩　陈　颖
责任印制 / 王京美

出　　版 / 社会科学文献出版社·皮书出版分社（010）59367127
　　　　　 地址：北京市北三环中路甲 29 号院华龙大厦　邮编：100029
　　　　　 网址：www. ssap. com. cn
发　　行 / 社会科学文献出版社（010）59367028
印　　装 / 天津千鹤文化传播有限公司

规　　格 / 开　本：787mm×1092mm　1/16
　　　　　 印　张：18.25　字　数：270 千字
版　　次 / 2023 年 7 月第 1 版　2023 年 7 月第 1 次印刷
书　　号 / ISBN 978-7-5228-1840-5
定　　价 / 158.00 元

读者服务电话：4008918866

"文化蓝皮书"总编委会

主要编撰者简介

李　炎　法学博士、教授，云南大学文化发展研究院院长、云南大学国家文化和旅游研究基地主任、文化和旅游部文化产业专家委员会委员、云南省文化产业研究会会长。主要研究方向：文化产业理论与实践、跨文化研究、中国少数民族艺术等。主持或参与 50 余项国家级和省部级课题研究。近年来，在《思想战线》《探索与争鸣》《同济大学学报》《中国文化产业评论》《文化产业研究》等各级刊物发表学术论文百余篇，出版著作十余部。

胡洪斌　经济学博士、教授，云南大学文化发展研究院副院长、云南大学国家文化和旅游研究基地副主任、云南省文化产业研究会秘书长。主要研究方向：文化产业理论与实践、服务业发展理论与实践、产业经济学等。主持或参与 20 余项国家级和省部级课题研究。近年来，在《财贸经济》《经济问题探索》《中国文化产业评论》《文化产业研究》《学术探索》等刊物发表学术论文 20 余篇，出版著作 7 部。

摘　要

随着"一带一路"倡议、区域协调发展、乡村振兴、京津冀协同发展、粤港澳大湾区建设、长三角一体化发展、自由贸易试验区建设等国家战略的深入推进,我国七大区域文化产业的发展呈现总体趋好但存在复杂差异的态势。环渤海地区文化产业发展相对放缓;长三角地区文化产业成为支柱产业,在产业增速、人均产出、产业集聚、固定资产投资方面稳步上升;东北地区文化产业发展呈负增长态势,区域产业发展持续下滑态势明显;东南地区文化产业发展势头强劲,新兴产业快速增长、文化科技进一步融合、文化现代市场体系逐步建构、区域高度协同创新发展;中部五省文化产业整体稳步增加,"云平台""文化金融""非遗+""品牌化"成为发展的热点;西南地区文化产业总体平稳发展,产业规模稳步扩大、产业集约化程度逐渐提升;西北地区着力将后发优势、资源优势转变为产业优势,推进文化产业快速发展。七大区域文化产业发展差异性越来越突出,在不均衡的格局中探索创新并发展,同时全国文化消费呈现活跃上升、结构优化态势,中国区域文化产业将迎来全面创新升级。

关键词: 文化产业　差异化　非均衡性

目 录 ◣

I 总报告

II 区域篇

Ⅲ 区域文化产业竞争力

Ⅳ 专题篇

皮书数据库阅读**使用指南**

总 报 告

General Report

B.1

面向"十四五":重塑中国区域
文化产业发展新格局

李 炎 胡洪斌 于良楠 柯尊清*

摘 要: "十三五"时期,面对国内外环境复杂变化特别是新冠疫情严重
冲击,在"一带一路"倡议、区域协调发展、打赢脱贫攻坚战、
全面建成小康社会、供给侧结构性改革等国家战略推动下,我国
文化产业总体稳步健康发展,区域间文化产业发展的路径、模
式、业态、特点进一步彰显,区域间文化产业发展差异化、不
平衡进一步凸显,文化产业区域差异竞合发展的格局逐渐形成。

---

* 李炎,云南大学文化发展研究院院长、云南省文化产业研究会会长、云南大学国家文化和旅游研究基地主任,教授,主要研究方向:文化产业理论与实践,跨文化研究、中国少数民族艺术等;胡洪斌,云南大学文化发展研究院副院长、云南省文化产业研究会秘书长、云南大学国家文化和旅游研究基地副主任,教授,主要研究方向:文化产业理论与实践、服务业发展理论与实践、产业经济学等;于良楠,云南大学公共政府学院在读博士、云南省文化产业研究会常务副秘书长、云南大学国家文化和旅游研究基地助理研究员,主要研究方向:政府文化管理、文化和旅游产业理论与实践、文化产业规划;柯尊清,云南大学文化发展研究院、国家文化和旅游研究基地助理研究员,博士,主要研究方向:公共文化管理、文化产业理论与实践。

"十四五"时期，中华民族伟大复兴战略全局和世界百年未有之大变局带来的挑战，以及新冠疫情带来的持续性影响，给区域文化产业发展带来了更大的不确定性。新时期应当认识和把握发展规律，善于在危机中育先机、于变局中开新局，以供给侧结构性改革和需求侧管理为主线，以文化创意、科技创新、产业融合催生新发展动能，不断健全现代文化产业体系和市场体系，推动区域文化产业差异特色发展和高质量发展，成为双循环格局下实现我国经济高质量发展的关键支点，为建设社会主义文化强国打好基础。

关键词： 文化产业　高质量发展　区域发展

一　"十三五"时期区域文化产业发展回顾

（一）区域间文化产业发展差距较大

"十三五"期间，区域文化产业发展总体规模增长差距较大，其中长三角地区、东南地区、西南地区、中部地区增长较大（见图1）。2020年全国文化及相关产业增加值为44945亿元，占GDP的比重为4.43%，2015年全国文化及相关产业增加值为27235亿元，占GDP的比重为3.95%。2020年全国文化及相关产业增加值较2015年增幅超过65%。区域间文化产业增加值占GDP比重差距也较大，2020年长三角地区、东南地区文化产业增加值占GDP比重均超过5%，成为地区经济社会发展的重要支柱性产业。从增长情况来看，2015~2020年东南地区、中部地区、长三角地区文化产业增加值占GDP比重的增幅较大。

2015~2020年区域间文化产业增加值年均增速差距较大，东南地区、中部地区、西南地区、长三角地区呈现快速增长态势，年均增速超过10%；

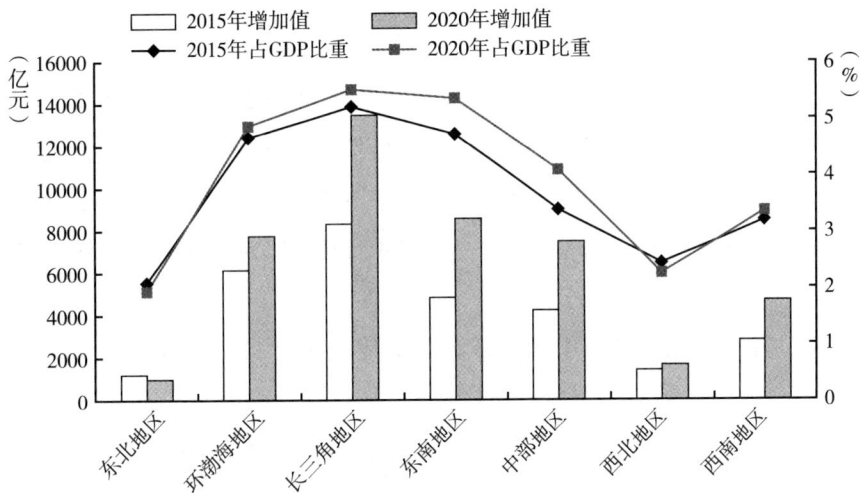

图1　2015年、2020年七大区域文化产业增加值及其占GDP比重

资料来源：《中国文化及相关产业统计年鉴》（2016~2021）。

西北地区、环渤海地区呈现平稳增长态势，年均增速低于5%；东北地区则出现负增长，年均增速为-3.86%（见图2）。

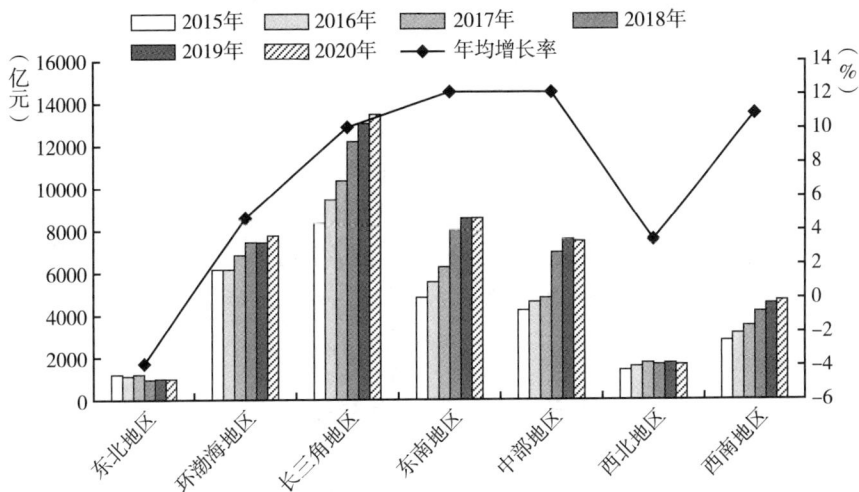

图2　2015~2020年七大区域文化产业增加值

资料来源：《中国文化及相关产业统计年鉴》（2016~2021）。

（二）文化产业结构变化较大

与2015年相比，2020年七大区域文化产业结构均发生较大变化，除西北地区之外，其他六大区域文化制造业比重均有不同程度下降；文化批零业比重均下降，其中，长三角地区和西北地区下降幅度较大，均超过5个百分点；文化服务业比重多呈现大幅提高，其中环渤海地区、长三角地区、东南地区增长均超过11个百分点。

2020年，东南地区、中部地区、西南地区文化制造业占比较大，均超过20%，西北地区、东北地区、环渤海地区占比相对较低。七大区域的文化批零业占比均低于10%；文化服务业除东南地区低于60%外，其他区域均超过60%（见表1）。

表1 2015年与2020年从资产总计看分区域文化产业结构变化情况

单位：%

区域	2015年			2020年		
	文化制造业	文化批零业	文化服务业	文化制造业	文化批零业	文化服务业
东北地区	24.80	8.50	66.70	16.58	8.18	75.24
环渤海地区	22.48	12.43	65.09	14.16	9.24	76.59
长三角地区	28.77	13.71	57.53	19.97	7.87	72.16
东南地区	44.88	11.03	44.09	32.81	7.71	59.49
中部地区	34.36	9.47	56.17	31.17	7.10	61.73
西北地区	15.61	14.29	70.10	16.01	7.85	76.15
西南地区	26.92	13.95	59.13	24.62	9.14	66.24
合计	29.90	12.34	57.77	22.47	8.18	69.35

资料来源：《中国文化及相关产业统计年鉴》（2016~2021）。

（三）区域间固定资产投资呈现较大差异

2015~2020年，除东北地区之外，六大区域文化产业固定资产投资绝对值均呈现较快增长态势，其中西南地区、中部地区增速相对较快。西南地区文化及相关产业固定资产投资由2015年的4105.80万元增加到2020年的

10325.6996 万元，年均增长率高达 20.25%；中部地区文化及相关产业固定资产投资由 2015 年的 6989.6448 万元增加到 2020 年的 18636.1396 万元，年均增长率高达 21.67%。环渤海地区文化及相关产业固定资产投资增长平稳。2019 年长三角地区文化及相关产业固定资产投资增幅较大。西北地区文化及相关产业固定资产投资总量少。2015~2020 年，东北地区文化产业固定资产投资整体呈负增长趋势，从 2015 年的 1775.8 万元降至 2020 年的 1046.581 万元，年均增长率为-10.03%（见图 3）。

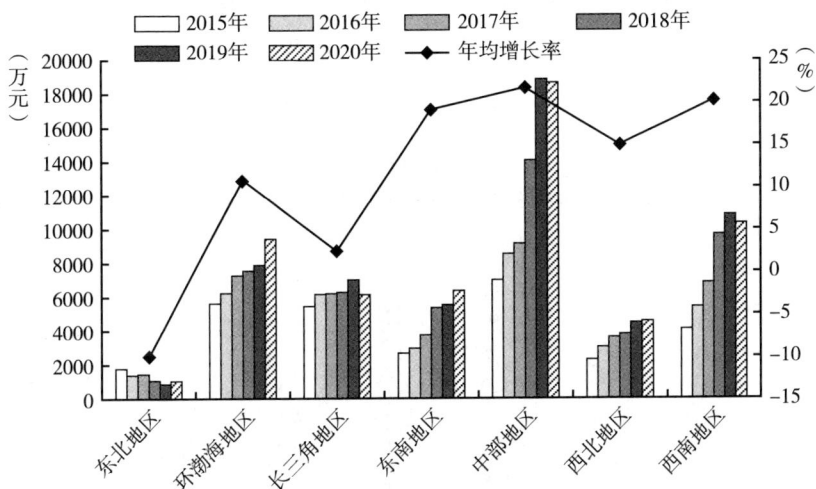

图 3　2015~2020 年分区域文化产业固定资产投资增长情况

资料来源：《中国文化及相关产业统计年鉴》（2016~2021）。

（四）居民文化消费差距较大

2015~2019 年，七大区域居民人均文化消费支出总体呈现增长态势，但 2020 年七大区域均有大幅度下降，其中长三角地区、东南地区下降均超过 300 元，西南地区下降相对较少为 98.67 元，其余地区下降均超过 100 元（见图 4）。2015~2019 年，区域间差距相对较大，东北地区、中部地区增长相对较快，年均增速均超过了 4%，其余五大区域增长相对较慢。东北地区居民人均文化消费支出由 2015 年的 672.0 元提高到 2019 年的 803.1 元，年均增长率达到 4.6%。中部地区居民人均文化消费支出呈缓慢增长态势，由 2015 年的 600 元增长到 2019 年的 709.8 元，年均增速为 4.3%。西南地区居民人均文化消费总体呈现增长的态势，由 2015 年的 539.9 元提高到 2019 年的 584.9 元，年均增长率为 2.02%。西北地区居民人均文化消费支出由 2015 年的 576.4 元提高到 2019 年的 615 元，年均增长率为 1.6%。环渤海地区居民人均文化消费支出平稳增长，由 2015 年的 847.1 元增长至 2019 年的 947.8 元，年均增长率为 2.8%。长三角地区居民人均文化消费支出水平在全国遥遥领先，人均消费支出由 2015 年的 1106.3 元增加到 2019 年的 1229.6 元，年均增长率为 2.7%。东南地区居民人均文化消费支出由 2015 年的 1012.9 元提高到 2019 年的 1072.5 元，人均文化消费年均增长率为 1.4%。

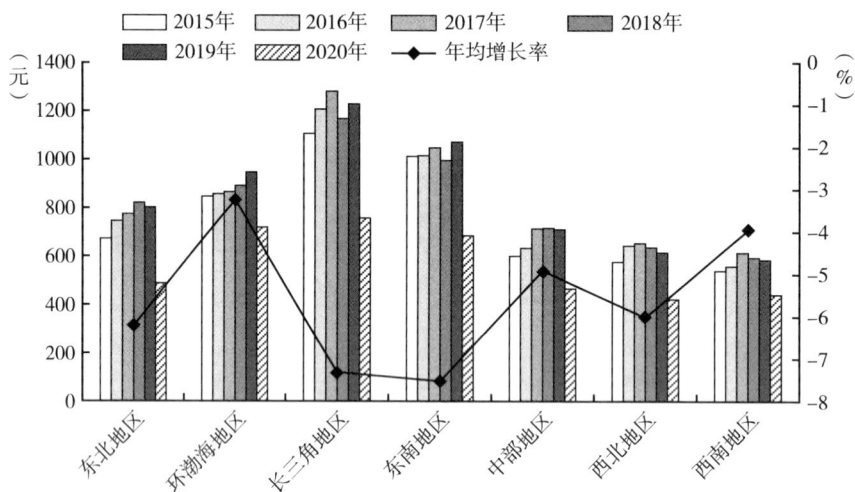

图 4　2015~2020 年分区域居民人均文化消费支出变化情况

资料来源：《中国文化及相关产业统计年鉴》（2016~2021）。

（五）文化企业总数增速加快

分区域来看，2015~2020 年区域间规模以上文化企业总数除东北地区外均增长，长三角地区、东南地区、中部地区数量遥遥领先，东北地区、西北地区、西南地区总数较少。西北地区增长较快，年均增速超过 10%，西南地区、中部地区、东南地区也有超过 6% 的年均增速,东北地区年均增速则为-2.11%。

东北地区规上文化企业总数从 2015 年的 1395 家减少到 2020 年的 1254 家,年均增长率为-2.11%。2015~2020 年,环渤海地区规上文化企业总数有小幅度增长,由 9645 家增加至 9986 家,年均增长率为 0.70%。长三角地区规上文化企业总数从 2015 年的 15544 家增加到 2020 年的 19537 家,年均增速为 4.68%。东南地区规上文化企业总数从 2015 年的 9347 家增加到 2020 年的 13640 家,年均增速为 7.85%。中部地区规模以上文化企业总数由 2015 年的 8244 家增加到 2020 年的 11904 家,年均增长率为 7.62%。西北地区规上文化企业总数从 2015 年的 1443 家增加到 2020 年的 2394 家,年均增速为 10.66%。西南地区规模以上文化企业总数从 2015 年的 3738 家增加到 2020 年的 5198 家,年均增速达到 6.82%(见图 5)。

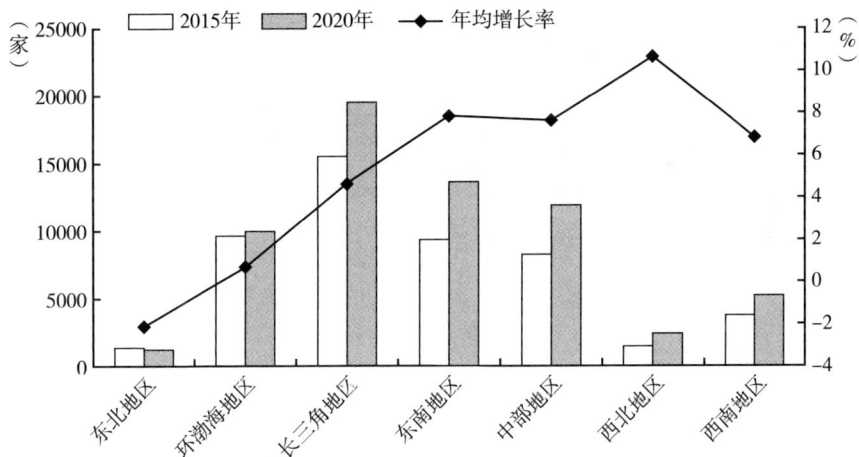

图 5　2015 年和 2020 年七大区域规模以上文化企业总数及年均增速

资料来源:《中国文化及相关产业统计年鉴》(2016~2021)。

（六）文化产业研发水平差距较大

区域间规模以上文化制造业企业的研发活跃度差异较大,长三角地区、东南地区、中部地区、西北地区、西南地区研发企业数量、研发投入均呈现较快增长，东北地区、环渤海地区研发企业数量增长缓慢，研发投入呈现下降趋势。

东北地区文化产业中有 R&D 活动的企业数量由 2015 年的 24 家增长到 2020 年的 33 家，增长缓慢，研发投入资金规模由 2015 年的 57657 万元下降到 2020 年的 41458.9 万元。环渤海地区文化产业中有 R&D 活动的企业数量由 2015 年的 406 家增长到 2020 年的 562 家，增长较为缓慢，研发投入资金规模由 2015 年的 1004077 万元下降到 2020 年的 699005.3 万元。长三角地区文化产业中有 R&D 活动的企业数量由 2015 年的 1864 家增长到 2020 年的 2811 家，研发投入资金规模由 2015 年的 1422228 万元增加到 2020 年的 2310236.8 万元。东南地区文化产业有 R&D 活动的企业数量由 2015 年的 792 家增长至 2020 年的 1881 家，研发投入资金规模由 2015 年的 990156 万元增长到 2020 年的 2225901.1 万元。中部地区有 R&D 活动的文化企业数量占规模以上文化企业总数的比重总体呈现快速增长态势，有 R&D 活动的文化企业总数由 2015 年的 416 家增加到 2020 年的 1470 家，研发投入资金规模 2015 年的 430250 万元增加到 2020 年的 949144.2 万元。西北地区文化产业中有 R&D 活动的企业数量由 2015 年的 27 家增长到 2020 年的 61 家，总体数量低于全国平均水平，但增长稳定；研发投入资金规模由 2015 年的 13175 万元增长到 2020 年的 53587.3 万元。西南地区规模以上文化制造业企业的研发持续活跃，有 R&D 活动的规上文化制造业企业数量由 2015 年的 121 家增加到 2020 年的 319 家，研发投入资金规模由 2015 年的 336492 万元增加到 2020 年的 538422.3 万元。

二 "十三五"期间区域文化产业发展特色

"十三五"时期是我国全面建成小康社会的决胜阶段，也是促进文化繁荣发展的关键时期，文化产业在推动经济社会高质量发展中发挥着越来越重要的作用，各地区文化产业发展呈现特色和亮点。

(一)文化产业在打赢脱贫攻坚战中发挥了重要作用

"十三五"时期,是打赢脱贫攻坚战、全面建成小康社会的决胜阶段,各地区结合自身特色资源,在政策的指导下积极推动特色文化产业发展,文化产业在打赢脱贫攻坚战、全面建成小康社会中发挥了重要作用。中西部地区是我国打赢脱贫攻坚战的重点区域,中西部地区各省区市充分发挥自身优势,大力培育和发展特色文化产业。特色文化产业在打赢脱贫攻坚战中发挥了重要作用。西南地区依托当地丰富的民族文化,大力推动以民族演艺业、民族工艺美术、民宿文化体验、节庆会展等为代表的特色文化产业发展,特色文化产业成为民族地区人民群众增收致富、带动就业的重要途径。西北地区地域广袤、文化积淀深厚、自然资源形态多样、民族文化丰富多彩,近年来,在文化与旅游融合的时代大背景下,陆续推出的富有民族特色的旅游纪念品深受游客喜爱,积极利用独特的乡土风情开发出的乡村山居民宿受到游客青睐,特色文化产业在带动就业和促进增收方面发挥了重要作用。中部地区依托非遗文化资源,通过产业化开发促进贫困人口就业创收,探索出一条"非遗+扶贫"的创新之路。

(二)文化产业数字化进程加速推进

"十三五"期间,随着数字技术加速与经济社会发展深度融合,新的业态和模式不断出现,形成地区之间新的竞争优势和比较优势。在供给侧结构性改革的推动下,文化产业新旧动能转换快速推进,尤其是新冠疫情的持续影响,加速了文化产业数字化进程。各地区结合各自特点和优势,推进文化产业数字化进程,呈现区域竞合、互动发展态势。

环渤海地区近年来利用经济和区位优势,紧抓数字化核心和关键领域,持续打造全国数字经济和数字文化产业领先发展的高地。长三角地区数字文化消费形成了明显的"一超多强,拉动全域"的特点,文化消费潜力不断被释放。《2020年长三角数字文化消费研究报告》显示,长三角城市群的数字文化指数总量和增速,在国内11大城市群中均居首位,且与其他城市群拉开了较大差距。东南地区文化产业正朝品牌化、融合化、数字化和 IP 化发展，不断催生文化新业态的诞生。以"文化+"模式推进文化产业与一二三产业、与文化事业以及与文化产业不同行业之间的融合发展；以大数据、人工智能、数字化技术以及 AR、VR、MR 等为代表的高新技术在文化生产中日渐普及，数字文化产业倍增。东北地区不断探索尝试"云直播""云综艺""云导游"等线上方式，积极利用数字科技发展文化产业新业态、新模式，以此对冲新冠疫情带来的产业动荡，文化产业数字化发展在东北地区得到较好渗透。"云"平台在新冠疫情期间为文创企业培育了潜在的客户并且开发出有效的营销渠道，中部地区在做好新冠疫情防控工作的同时将重点放在旅游云平台的建设上，将旅游由线下搬到线上，旨在完善旅游服务，让游客享受到优质的旅游体验。

（三）文化产业和旅游业融合发展快速推进

根据党和国家深化机构改革的方案，2018 年，中华人民共和国文化和旅游部组建设立。2018 年西南各省区市（西藏除外）相继成立文化和旅游厅（发展委员会），文化和旅游机构改革标志着文化和旅游融合开启新征程，为文化产业发展带来了新的机遇。各地区相继组建了文化和旅游新部门，并结合自身特点，加快推进文化产业和旅游业融合发展进程。

文旅融合在推动长三角一体化国家战略实施、促进文化发展高地建设、打造世界知名旅游目的地的过程中发挥着重要作用。数字信息技术的发展推动各行各业开启"云"模式，文旅产业也不例外，开始走数字产业化与产业数字化相结合的发展道路。西南地区有序推进文化和旅游机构改革，理顺文化和旅游体制机制，出台推进文化和旅游融合发展的相关政策，文化和旅游融合发展稳步推进。中部地区依托其文化旅游资源特色，从"供""需"两端发力，注重文化旅游业融合过程中的品牌化发展，打造区域文化经济品牌。东北地区深化推进文旅融合、提升文化品位、强化旅游建设，新兴业态、高端项目不断呈现，文旅融合高质量发展。

（四）文化产业赋能城市群建设

随着全球化的持续推进，国家和区域之间的竞争越来越表现为具有全球政治影响力、资源配置力、科技创新力、文化引领力、人才吸引力等世界级城市或城市群之间的竞争，文化在城市群建设中的作用日益凸显。从我国区域文化产业来看，文化产业在环渤海城市群、长三角城市群、粤港澳大湾区等城市群建设中发挥着越来越重要的作用。

环渤海地区拥有以首都北京为核心，同时联动天津、青岛、雄安新区等国内经济社会发展重要城区的世界级城市群。文化产业不仅是城市群经济发展的重要组成部分，更是整体创新能力提升、城市空间完善、城市文化品牌和吸引力形成的重要因素。长三角地区陆续形成了六大一体化联盟，包括红色文化资源、文旅产业、动漫产业、文创特展产业、文化装备产业以及影视基地等。为进一步提升区域内文化惠民质量，长三角地区成立了长三角文化馆联盟，旨在共同推动公共文化旅游服务体系建设，通过社保卡为四省市居民提供文化体验以及旅游观光领域的"同城待遇"。从东南地区来看，粤港澳三方订立了文化合作规划，提出要设立粤港澳文化交流合作示范点，架起三地文化互信互鉴互惠之桥，引领粤港澳大湾区文化大发展。在三地文化合作上，通过联合制作、联合办展、合办文化交流活动等形式，推动粤港澳大湾区文化合作共进。

三 "十四五"时期区域文化产业发展态势

当今世界正经历百年未有之大变局，新一轮科技革命和产业变革深入发展，我国社会主要矛盾变化带来的新特征新要求，给区域文化产业发展带来了新的重大机遇和挑战。党和国家明确提出到2035年建成文化强国，"十四五"是一个关键时期，是文化强国建设打好基础的重要五年。"十四五"期间，应深化供给侧结构性改革，以创新驱动、高质量供给引领和创造新需求，根据七大区域的特点，进一步深化文化产业区域一体化发展，提高文化产业集聚化专业化程度，提升文化产业区域特色化发展水平，"创新"内生驱动、融入"双循环"发展战略，重塑我国区域文化产业新格局。

（一）区域重大发展战略下的文化产业发展

"十四五"期间，京津冀、长三角、粤港澳、长城、大运河、黄河、长江等区域重大发展战略将深入推进，为文化产业发展带来了重要机遇和广阔空间，文化产业带状发展成效初显，在优化我国文化产业发展格局、推动文化产业跨区域合作、推进文化产业区域协调发展等方面发挥了重要作用。培育建设区域文化产业带依然是"十四五"期间的重要内容，是促成文化产业新格局的重要保障。文化和旅游部印发的《"十四五"文化产业发展规划》提出，重点打造长江文化产业带、黄河文化产业带、大运河文化产业带、西北丝绸之路文化产业带、西南民族特色文化产业带、东北冰雪特色文化产业带、海峡西岸特色文化产业带等带状发展布局。

"十四五"时期，文化产业发展应该立足区域实际，融入国家战略，破除体制机制障碍，增强区域联动，持续优化合作体制和机制，在中心节点城市的持续辐射和示范作用下，整合和汇集人才、资金、技术等优质要素资源，推动文化产业的集聚和专业化集群发展。环渤海地区拥有以首都北京为核心的城市群，具有成为世界级城市群的发展潜力，这是文化产业发展的重要空间载体和优势条件。环渤海地区文化产业发展，需要加快以首都为核心的世界级城市群文化产业发展，提升环渤海地区城市群文化产业发展定位。打造长三角城市群不仅是对标国际城市群提升区域竞争优势的重要手段，也是发挥长三角地区在全国示范和支撑作用的重大战略部署。文化产业一体化发展还需要长三角三省一市以"合作共赢"为发展导向，不断提高区域间的协作水平、充分发挥各自的比较优势，实现错位发展，以提升城市群文化产业发展的整体水平和效率。随着2022年北京冬奥会的成功举办，以及在"鼓励三亿群众参与冰雪运动"的契机下，冰雪文化成为新的发展热点，东北地区文化产业将迎来新的发展时期，冰雪文化的增长为东北地区文化产业高质量发展赋能，东北地区文化消费需求不断提升。在21世纪海上丝绸之路建设不断取得新进展的形势下, 东南地区可以持续利用海洋优势, 发掘闽粤琼海洋文化精神内涵, 以海洋文化产业发展带动相关产业集聚, 创新文化业态, 打造东南地区海洋文化产业创新经济带。中部地区文化产业转型升级和高质量发展, 应该借势"文化与科技融合"、融入国际国内双循环拓展文化消费新亮点、拥抱全域旅游提升文旅品牌、推动特色文化产业融入乡村振兴新高地。西南地区文化产业转型升级, 应当从文化产业带状发展、文化和旅游融合、扩大文化和旅游消费、推进区域协同发展等层面推动文化产业高质量发展, 发挥特色文化产业带动就业、增加收入、赋能乡村振兴的作用。西北地区将通过进一步健全文化管理体制机制, 完善文化经济政策, 营造良好的产业发展环境, 构建起更加开放、竞争有序的现代文化市场体系, 充分发挥市场主体的作用, 推动文化产业要素更加集聚。

(二)文化强国战略下的区域文化产业发展

党的十九届五中全会对"十四五"期间繁荣发展文化事业和文化产业、提高国家文化软实力作出全面部署, 提出了到 2035 年建成文化强国的战略目标。"十四五"期间, 各省区市陆续提出了建设文化强省(区、市)的发展目标, 文化产业作为文化强省(区、市)的重要支撑, 必然被放到更加重要的位置。文化强国战略背景下, 要求各地区科学把握新发展阶段的时代特征, 全面贯彻新发展理念, 深入落实高质量发展要求, 围绕健全现代文化产业体系, 坚持把社会效益放在首位, 深化文化领域供给侧结构性改革, 完善产业规划和政策, 促进形成文化产业发展新格局。

现代文化产业体系具有价值引领性、创新性、融合性、协调性、开放性等特征, 建设现代文化产业体系是新时代我国经济发展的重要内容之一, 也是推动文化产业高质量发展的内在要求和重要保障。文化强国战略背景下, 文化产业市场化水平将进一步提升, 市场在文化产业发展中的决定性作用进一步凸显。只有这样才能进一步激发全社会的文化创造活力, 通过文化精品的消费, 最终促进优秀传统文化的传承发展、红色文化的继承弘扬、创新文化的激情迸发。

（三）文化产业数字化战略下的区域文化产业发展

"文化产业数字化战略"已经上升为国家战略，2020年文化和旅游部出台《关于推动数字文化产业高质量发展的意见》（文旅产业发〔2020〕78号），提出顺应数字产业化和产业数字化发展趋势，实施文化产业数字化战略，加快发展新型文化企业、文化业态、文化消费模式，改造提升传统业态，提高质量效益和核心竞争力，健全现代文化产业体系，围绕产业链部署创新链、围绕创新链布局产业链，促进产业链和创新链精准对接，推进文化产业"上云用数赋智"，推动线上线下融合。

新技术催生新产业和新产品，也必然会带来新需求和新消费。特别是"Z世代"的消费者，对数字技术的内容供应带来的变革表现出极大的适应性和依赖性。新冠疫情发生以来，更是催生了许多线上服务业态，使得广大消费者生活习惯的线上化程度大幅提高，人们对数字文化产业的未来极为看好。新冠疫情的发生使传统线下的演艺、出版、电影等文化产业受到重创，疫情防控带来的"禁足"客观上繁荣了"宅经济"，使文化消费习惯更快转变，众多文化娱乐活动转向线上"云平台"。新冠疫情带来的影响，进一步加速了文化与科技融合发展进程，拓展了文化与科技融合发展的空间。政策的大力支持和智慧化平台的建立，为科技在文化产业创造更大效能、迎来新的发展机遇。未来一段时间，文化产业与科技融合的程度将进一步加深，科技在文化产业的成效更加显著。现代科技的广泛应用为文化产业的发展带来新机遇、营造新场景，各地区应当以供给侧结构性改革为动力，结合各地资源特色打造文化新产品新业态，以新技术应用提升文化产业数字化、智慧化水平，丰富文化产业发展新业态、新空间。

（四）乡村振兴战略下的区域文化产业发展

"十四五"时期是我国巩固拓展脱贫攻坚成果同乡村振兴有效衔接的过渡阶段。在乡村振兴战略总体部署之中，文化振兴既是实现乡村振兴的重要路径和方法，也是乡村振兴的基本目标之一。文化产业赋能是实现乡村振兴的有效路径。2018 年 9 月中共中央、国务院印发的《乡村振兴战略规划（2018—2022 年）》提出要"发展乡村特色文化产业"，指出"加强规划引导、典型示范，挖掘培养乡土文化本土人才，建设一批特色鲜明、优势突出的农耕文化产业展示区，打造一批特色文化产业乡镇、文化产业特色村和文化产业群"。2022 年，文化和旅游部、教育部、自然资源部、农业农村部、国家乡村振兴局、国家开发银行联合印发《关于推动文化产业赋能乡村振兴的意见》，旨在充分发挥文化产业多重功能价值和综合带动作用，助力乡村振兴。

"十四五"时期和今后一个时期，应把乡村特色产业作为推动我国现代农业发展、拓宽农民增收渠道的一项重要基础性工作。乡村特色文化产业是围绕乡村民间文化传统和独特文化资源，利用现代经济理念和产业经营模式而开展的经济活动。伴随着乡村振兴战略的实施和农村供给侧结构性改革的深化，我国乡村产业结构和经济布局开始调整和重塑，整个乡村经济呈现升级换代的趋势。中西部地区应当深入挖掘丰富多元的地方特色文化资源，培育壮大特色文化产业，发挥特色文化产业带动就业、增加收入、赋能乡村振兴的作用。同时，发展特色文化产业也应当避免同质化、复制化，科学把握地域文化的特色和差异，既保存民族民间乡土味道，又实现创造性转化、创新性发展，使其融入现代生产生活、满足人民群众日益增长的美好生活需要，要留得住青山绿水、记得住乡愁。

（五）创新驱动战略下的区域文化产业发展

"十四五"期间，区域文化产业内生发展的创新驱动将成为区域文化产业高质量发展的重要增长动力。随着创新驱动发展战略的深入实施、数字经济带来的产业变革以及新旧动能转换，创新在文化产业高质量发展中的地位日益凸显。

创新驱动文化产业发展的关键在于激活文化市场主体活力。构建文化产业新发展格局，要求开拓创新领域，融入和对接"双循环"发展格局，有效激活文化市场活力，完善文化市场体系，创新金融、创意、人才等生产要素有效配置机制。创新驱动文化产业发展的核心在于人才，跨学科、创新型、复合型人才培养是文化产业发展的现实需求。为此，需要着力培养经营管理人才、创意人才、专业技术人才，完善人才培养、人才使用、人才激励机制，优化人才结构、提高人才素质、激发人才活力、营造良好育才环境。创新驱动文化产业发展的重点在于文化产业的产品、业态和商业模式的创新。数字经济是文化产业发展新的增长点、新旧动能转换的支点，也是完善文化产业市场体系的重要引擎。数字经济的高创新性、强渗透性、广覆盖性，要求文化产业推动现代科技与文化创新融合发展，推动技术研发和创新应用场景协同发展，实现云计算、虚拟技术、物联网、软件定义、人工智能、区块链等新一代信息技术与文化产业的融合，建构文化产业内容生产、交易渠道、消费场景数字化的公共服务平台，推动文化产业的产品、业态和商业模式的创新。

（六）文旅融合与文旅消费升级背景下的区域文化产业发展

在文化和旅游深入融合、全域旅游发展背景下，文旅产业辐射范围广、产业链条长、包容度和开放度高等特点进一步凸显，文化和旅游产业在经济社会发展中扮演着更加重要的创新型、综合服务型的角色。2018年，国务院办公厅出台《关于促进全域旅游发展的指导意见》，2019年被称为文旅融合元年，在"以文促旅，以旅彰文"的理念指导下，文化和旅游融合在各个方向、各个层面深入展开。"十四五"时期，推动文化、旅游、科技、农业、生态、康养等"大融合发展"，开发文旅新产品，培育文旅新业态，营造文旅新场景，塑造文旅新优势，培育和发展红色文化旅游、乡村特色文化旅游、体育文化旅游、城市夜间旅游，成为文化产业发展的重要态势。

随着我国经济逐渐从"大投资时代"进入"大消费时代"，消费已经成为促进经济社会高质量发展的新动能。文化和旅游消费作为消费热点领域，对地方经济社会转型发展和高质量发展具有重要的引领带动作用。2020年，文化和旅游部等三部委联合出台《关于开展文化和旅游消费试点示范工作的通知》，开展文化和旅游消费试点示范工作，明确指出"到2022年，建设 100 个试点城市、30 个示范城市",进一步引导和扩大文化和旅游消费。2020 年 12 月 25 日,文化和旅游部等三部委公布第一批国家级文化和旅游消费示范(试点)城市。"十四五"期间,文化产业发展应当抓住政策红利的窗口期,丰富文化和旅游消费层级、扩大有效供给规模、孵化新的消费业态、改善消费环境,加速文化产业转型升级,进一步推动文化和旅游消费,助力文化产业发展。

区 域 篇
Regional Reports

B.2
环渤海地区文化产业发展
报告（2020~2021）

杨传张*

摘　要： "十三五"时期，环渤海地区文化产业发展速度相对平缓，人均文化产业增加值、文化企业规模与数量、文化企业研发投入等各项指标提升速度较缓，甚至有下降趋势。由于内部经济发展基础不同，各省市文化产业发展差异较大，城乡差距明显。随着各项国家重大区域发展战略在环渤海地区的落地实施，环渤海地区经济社会发展的重要程度显著提升，在提升世界级城市群建设中文化的引领能力、构建城市群文化产业发展的一体化机制、建设面向全球的中国特色社会主义先进文化引领区等方面亟待进一步加强。

关键词： 环渤海地区　文化产业　城市群

---

* 杨传张，北京市社会科学院助理研究员，博士，主要研究方向：文化管理、文化政策。

"十三五"时期，环渤海地区文化产业发展速度相对平缓，与全国经济社会发展水平相近的其他地区相比，文化产业发展的各项具体指标增速平缓。文化产业发展的省市差距、城乡差距较大，区域内文化产业发展的一体化程度不高，文化产业发展的总体质量和效益有待提升。

一 "十三五"时期环渤海地区文化产业发展现状

（一）文化产业发展速度缓慢，各地文化产业发展差异较大

2015~2020年，环渤海地区文化产业增长相对缓慢。环渤海地区文化产业增加值从6154.1亿元增长到7753亿元，年均增速为4.73%，占GDP的比重从4.65%增长到4.77%。

分省市来看，环渤海地区文化产业增长态势差异较大。2015~2020年，北京市文化产业保持高速增长，文化产业增加值年均增速达到14.35%，占GDP的比重提升了2.06个百分点，均领先其他省市。2020年北京市文化产业增加值达到3000亿元以上，占环渤海地区总量的45%以上。山东省文化产业稍有回落，文化产业增加值年均增速达到1.77%，占GDP的比重由3.94%下降至3.70%。河北省和天津市文化产业发展速度缓慢，其中天津市文化产业增加值出现负增长，年均增速为-13.63%，河北省文化产业增加值占GDP的比重较低，2020年仅为2.48%（见图1）。

（二）人均文化产业增加值增速平缓，文化产业集聚程度较高

2015~2020年，环渤海地区人均文化产业增加值增长速度平缓，年均增速为4.50%。2020年环渤海地区人均文化产业增加值仍呈上升趋势。分省市来看，北京市增速最快，年均增速达到14.20%，山东省增速平稳，年均增速为1.10%。河北省和天津市出现负增长，河北省年均增速为-1.50%，天津市年均增速为-11.70%（见图2）。2015~2020年，环渤海地区从业人员人均文化产业增加值增长速度平稳，年均增速为7.5%，其中山东省增长

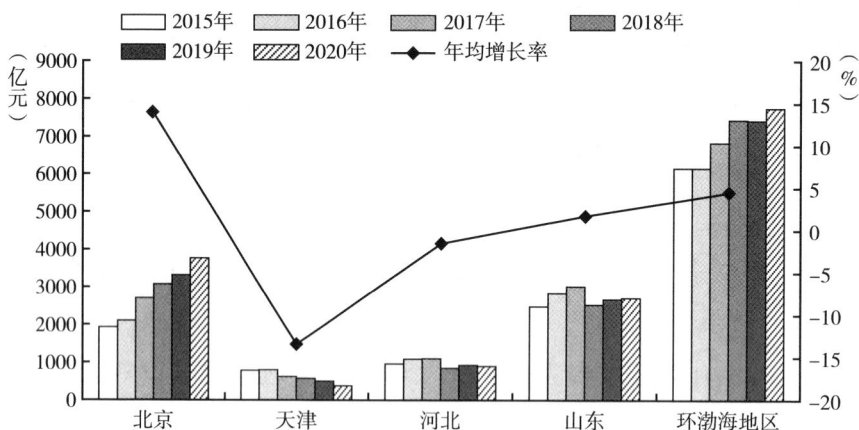

图1　2015～2020年环渤海地区文化产业增加值增长情况

资料来源:《中国文化及相关产业统计年鉴》(2016～2021)。

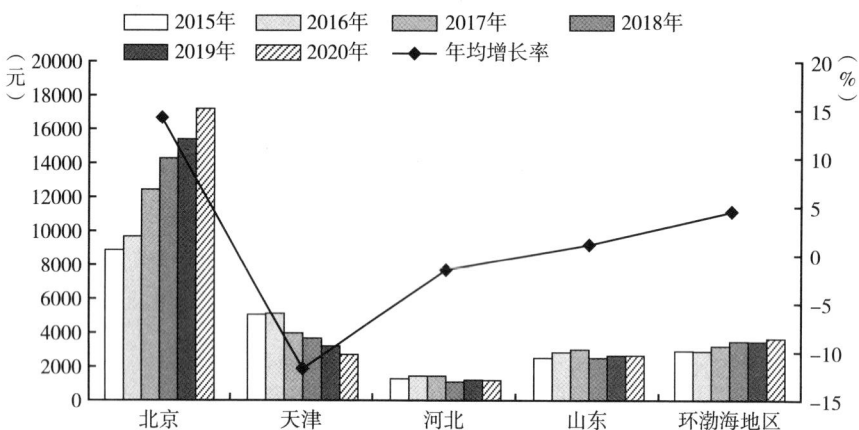

图2　2015～2020年环渤海地区文化产业人均产出情况

资料来源:《中国文化及相关产业统计年鉴》(2016～2021)。

迅速,年均增速为10.0%,北京市增速较快,年均增速为8.6%,河北省则有下降趋势,年均增速为-2.1%(见图3)。

2015～2020年,环渤海地区文化产业集聚程度较高,文化产业区位熵约为1,但是文化产业集聚程度整体上稍有下降,文化产业区位熵从2015年

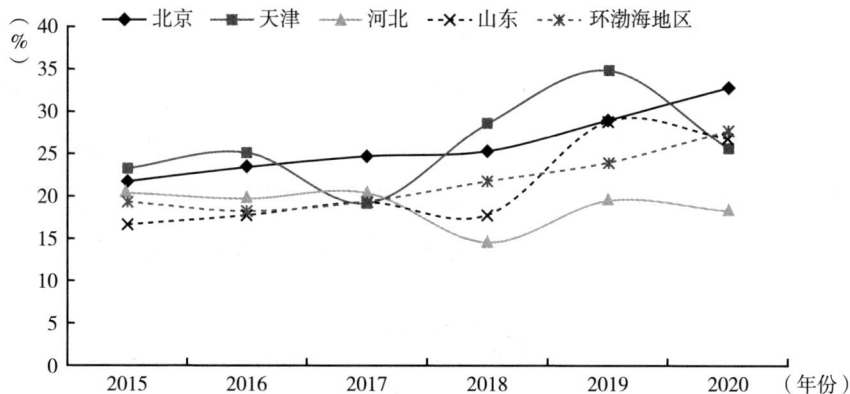

图3 2015~2020 年环渤海地区从业人员人均文化产业增加值增速

资料来源：《中国文化及相关产业统计年鉴》（2016~2021）。

的 1.25 下降到 2019 年的 1.08。分省市来看，省市之间集聚程度的差异较大。其中北京市的集聚程度在区域和全国都处于领先地位，2019 年区位熵为 2.10。山东省、天津市、河北省的集聚程度相对较低，2019 年区位熵分别为 0.85、0.80、0.60，其中天津市、河北省文化产业区位熵整体均呈下降趋势（见图 4）。

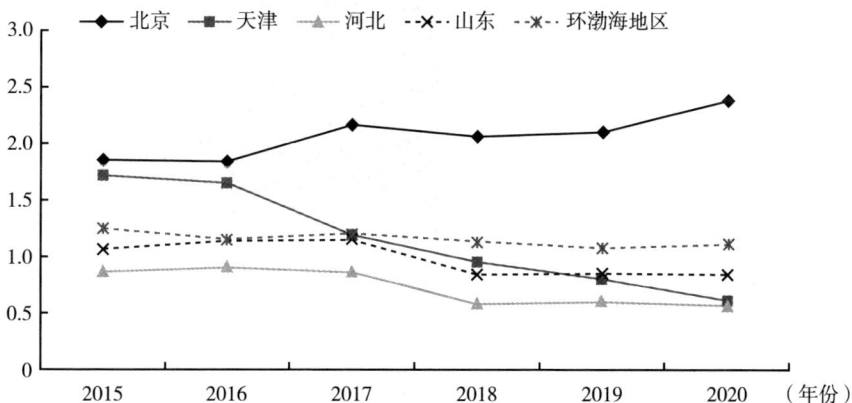

图4 2015~2020 年环渤海地区文化产业区位熵

资料来源：《中国文化及相关产业统计年鉴》（2016~2021）。

（三）文化产业结构持续调整，文化制造业比重显著下降

2015～2020年，环渤海地区文化产业结构持续调整，文化产业法人单位资产总计分行业构成由2015年的22.48∶12.43∶65.09调整为2020年的14.16∶9.24∶76.59。文化产业中的服务业占比提升幅度较大，接近80%，文化产业中的批零业、制造业占比显著下降，其中批零业占比已经下降至个位数（见图5）。

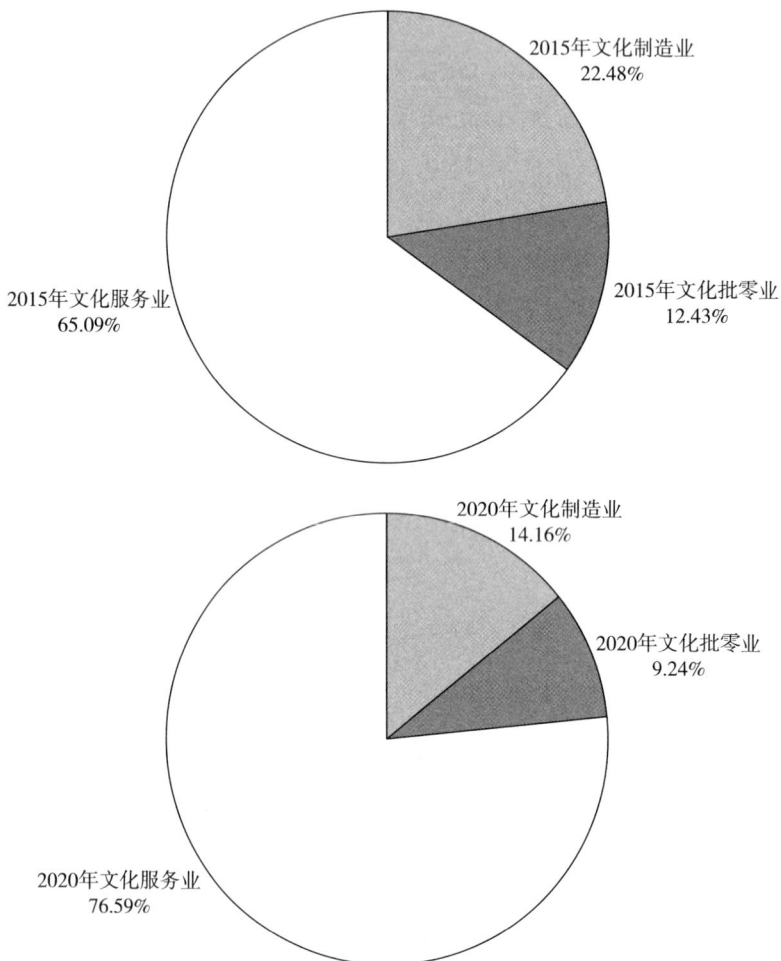

2015年文化制造业
22.48%

2015年文化批零业
12.43%

2015年文化服务业
65.09%

2020年文化制造业
14.16%

2020年文化批零业
9.24%

2020年文化服务业
76.59%

图5　2015年与2020年环渤海地区文化及相关产业法人单位资产总计分行业构成

资料来源：《中国文化及相关产业统计年鉴》（2016～2021）。

分省市来看，2020 年，北京市、天津市文化服务业占比都在 80%以上，其中北京市文化服务业占比近 90%。2015~2020 年天津市、河北省文化服务业占比提升幅度较大。2020 年，山东省文化制造业占最高，为 46.57%，文化服务业占比在环渤海区域内最低，为 39.87%（见表 1）。

表 1　2015 年与 2020 年环渤海地区文化及相关产业法人单位资产总计分行业构成

单位：%

区域	2015 年			2020 年		
	文化制造业	文化批零业	文化服务业	文化制造业	文化批零业	文化服务业
北京	4.40	14.92	80.67	2.26	8.31	89.42
天津	18.40	13.37	68.24	13.33	4.89	81.77
河北	29.75	10.14	60.11	25.81	7.88	66.31
山东	42.20	9.88	47.92	46.57	13.56	39.87

资料来源：《中国文化及相关产业统计年鉴》（2016~2021）。

（四）居民文化消费平稳增长，城乡差距仍然较大

2015~2019 年，环渤海地区居民人均文化消费支出平稳增长，由 847.1 元增长至 947.8 元，年均增长率为 2.8%。分省市来看，天津市增长速度最快，年均增速达到 9%，2019 年人均支出的额度达到 1579.0 元。山东省、河北省增长速度较快，年均增速分别达到 5.3%、4.3%，但是人均支出的额度较低，2019 年分别为 786.9 元、655.7 元。北京市呈负增长态势，年均增速为-3.2%，但是人均支出的额度较高，2015~2019 年均保持在 2000 元以上。2020 年受新冠疫情影响，各省市均有所下降（见图 6）。

2015~2020 年，环渤海地区居民人均文化消费支出占人均消费总支出的比重由 5.06%下降至 3.23%，但总体上高于全国平均水平。分省市来看，2020 年北京市、山东省的比重较高，分别为 3.13%、3.72%。2015~2020 年，环渤海地区的省市人均文化消费支出占人均消费总支出的比重均总体呈下降趋势（见表 2）。

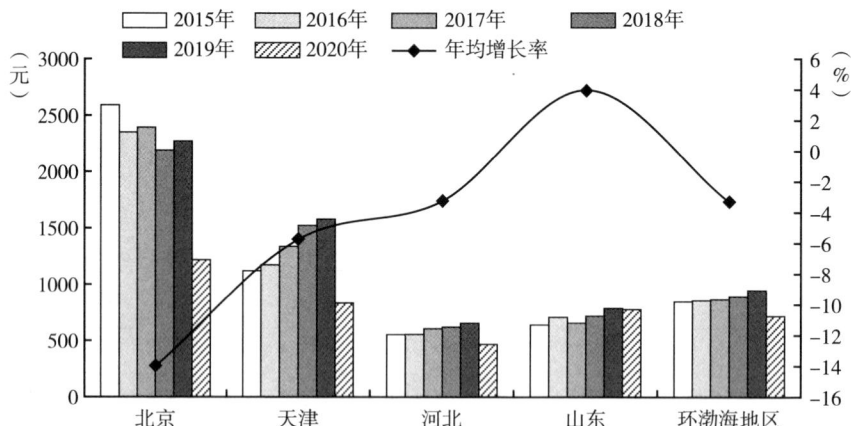

图6 2015~2020年环渤海地区全部居民人均文化消费支出情况

资料来源：《中国文化及相关产业统计年鉴》（2016~2021）。

表2 2015~2020年环渤海地区人均文化消费支出占人均消费总支出比重情况

单位：%

区域	2015年	2016年	2017年	2018年	2019年	2020年
全国	4.84	4.68	4.64	4.17	3.94	2.68
北京	7.67	6.64	6.40	5.50	5.28	3.13
天津	4.64	4.49	4.80	5.09	4.96	2.93
河北	4.25	3.90	3.93	3.71	3.65	2.59
山东	4.39	4.45	3.80	3.83	3.85	3.72
环渤海地区	5.06	4.74	4.45	4.25	4.18	3.23

资料来源：《中国文化及相关产业统计年鉴》（2016~2021）。

2015~2019年，环渤海各省市城乡居民人均文化消费支出差距较大。从城镇居民人均文化消费支出来看，天津市增长速度较快，年均增速达9.45%。山东省、河北省增长速度平稳，年均增速分别为4.41%、2.94%。北京市呈现负增长趋势，年均增速为-3.64%，但是北京市城镇居民人均文化消费支出远超其他各省市，2019年达到2523.1元。从乡村居民人均文化消费支出来看，北京市增长迅速，年均增速达9.1%。河北省、山东省增长速度平稳，年均增速分别为3.95%、2.37%。天津市呈现负增长趋势，年均增速为-1.85%。从各省市城乡居民人均文化消费支出的差距来看，2015~2019年，除北京市城乡居民人均文化消费支出的差距由2451.9元减少到1851元之外，天津市、河北省、山东省城乡居民人均文化消费支出的差距仍然存在扩大趋势。2020年受新冠疫情影响，各省市城乡居民人均文化消费支出均有所下降（见图7、图8）。

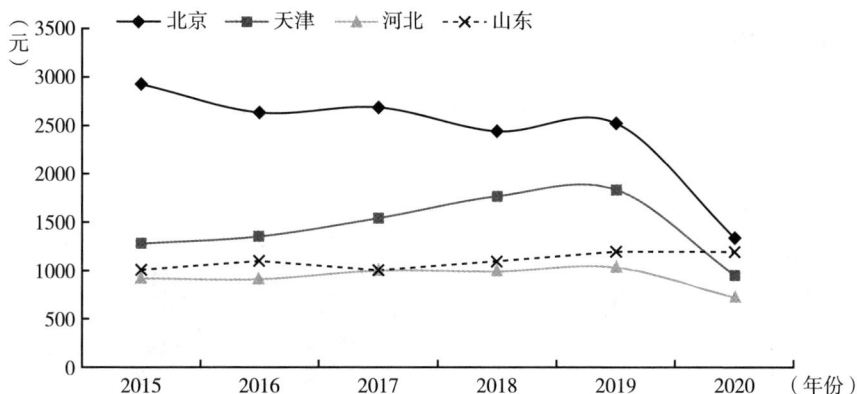

图7　2015~2020年环渤海地区城镇居民人均文化消费支出情况

资料来源：《中国文化及相关产业统计年鉴》（2016~2021）。

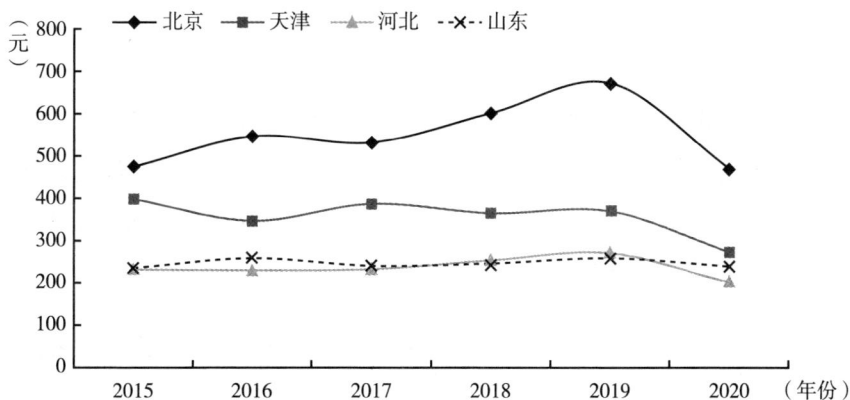

图8　2015~2020年环渤海地区乡村居民人均文化消费支出情况

资料来源：《中国文化及相关产业统计年鉴》（2016~2021）。

（五）文化产业固定资产投资平稳增长，占全社会比例平稳提升

2015～2020 年，环渤海地区文化及相关产业固定资产投资增长平稳，但地区差异较大。分省市来看，河北省、北京市文化及相关产业投资增长速度较快，年均增速分别为 19.36%、23.90%；山东省文化及相关产业固定资产投资增长速度较缓，年均增速为 3.99%；天津市出现负增长，年均增速为－10.92%（见图 9）。

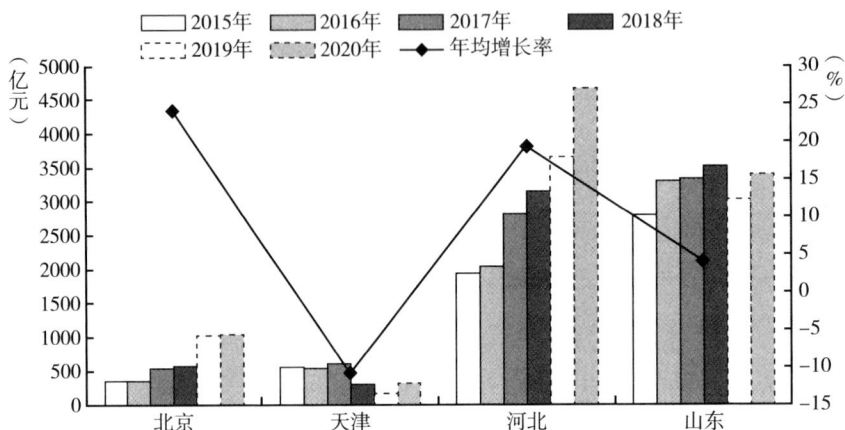

图 9　2015～2020 年环渤海地区文化及相关产业固定资产投资情况

资料来源：《中国文化及相关产业统计年鉴》（2016～2021）。

2015～2020 年，环渤海地区文化及相关产业固定资产投资占全社会固定资产投资比重增长较快。分省市来看，2020 年北京市占比最高，达到 13.12%；河北省、山东省次之，分别达到 12.00%、6.23%；天津市相对较低，达到 2.51%（见图 10）。

（六）文化企业规模持续扩大、数量持续增长，经营效益增速放缓

2015～2019 年，环渤海地区规上文化企业总数增长速度较快，由 9645 家增长至 17620 家，年均增长率为 16.3%。分省市来看，北京市规上文化企业总数增长迅速，由 3418 家增长至 9510 家，年均增速达 29.2%；河北省、

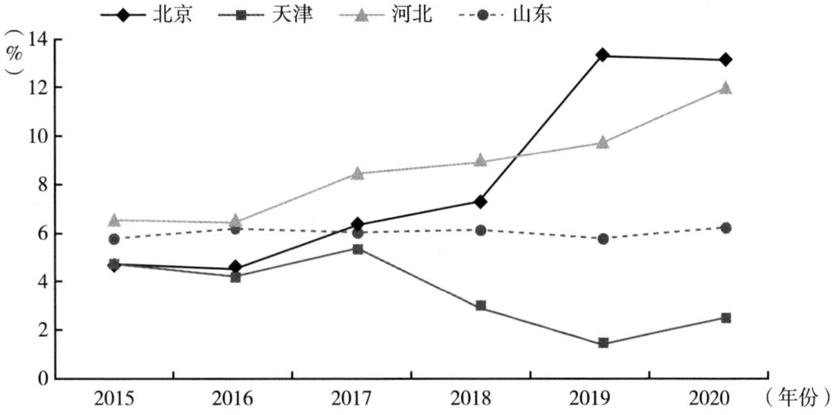

图 10　2015~2020 年环渤海地区文化及相关产业固定资产投资
占全社会固定资产投资比重

资料来源：《中国文化及相关产业统计年鉴》（2016~2021）。

天津市保持平稳增长，年均增速分别为 16.95%、11.3%；山东省增长速度
较慢，年均增速仅为 1.5%。2020 年受新冠疫情影响，各省市的总数和增速
都有所下降（见图 11）。

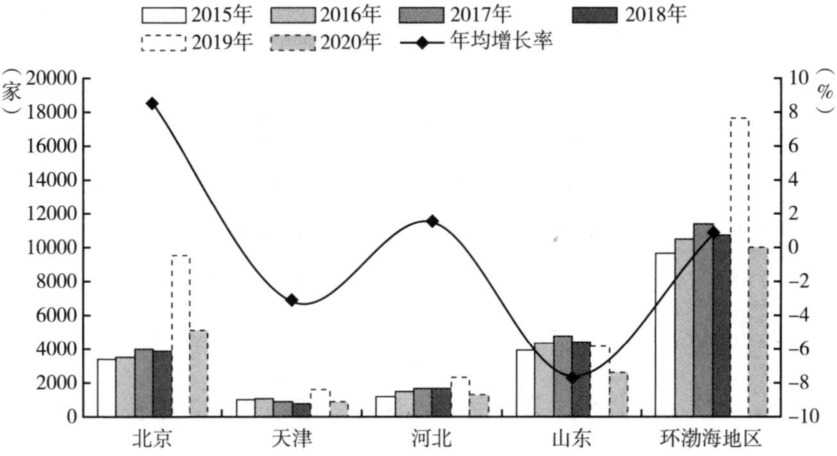

图 11　2015~2020 年环渤海地区规上文化企业总数增长情况

资料来源：《中国文化及相关产业统计年鉴》（2016~2021）。

2015~2020年，环渤海地区法人单位数先增长后下降。分省市来看，河北省增长迅速，年均增长率达到52.43%，规下企业数呈快速增长趋势，年均增长率为53.75%，规上企业数总体呈下降趋势，年均增长率为-3.24%；天津市增长速度较快，法人单位数年均增长率达到22.79%，尤其是规下企业数增长迅速；山东省、北京市增长速度较慢，法人单位数年均增长率分别为14.28%、11.84%（见图12）。

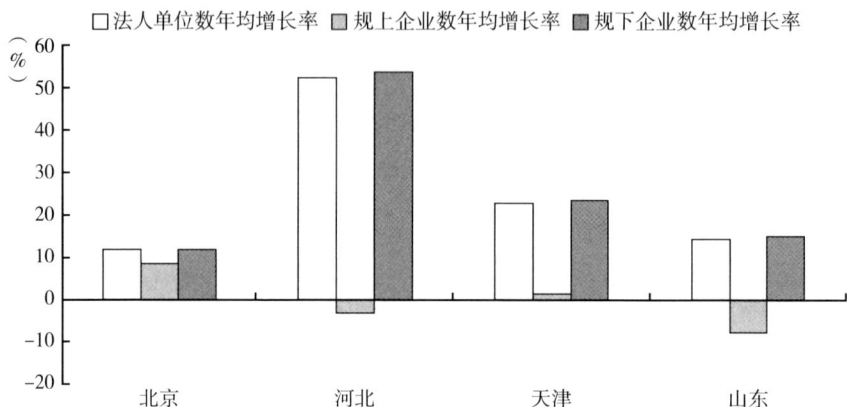

图12　2015~2020年环渤海地区法人单位数年均增长情况

资料来源：《中国文化及相关产业统计年鉴》（2016~2021）。

2015~2020年，环渤海地区文化产业法人单位资产总计总体上呈快速增长趋势，由3.41万亿元增长至5.72万亿元。营业收入由2.49万亿元增长至2.84万亿元，从业人员数、营业税金及附加则基本呈下降趋势。其中从业人员数由318.62万人下降至279.31万人，营业税金及附加由237.09亿元下降至72.15亿元（见图13）。

（七）文化企业研发投入有下降趋势，市场转化效果有待提升

2015~2020年，环渤海地区文化企业研发投入总体上呈现先升后降趋势。2017年之前，环渤海地区有R&D活动的企业数量和自筹投入资金规模年均增长率分别达到26.13%和14.14%，但是在2017年以后有R&D活动的

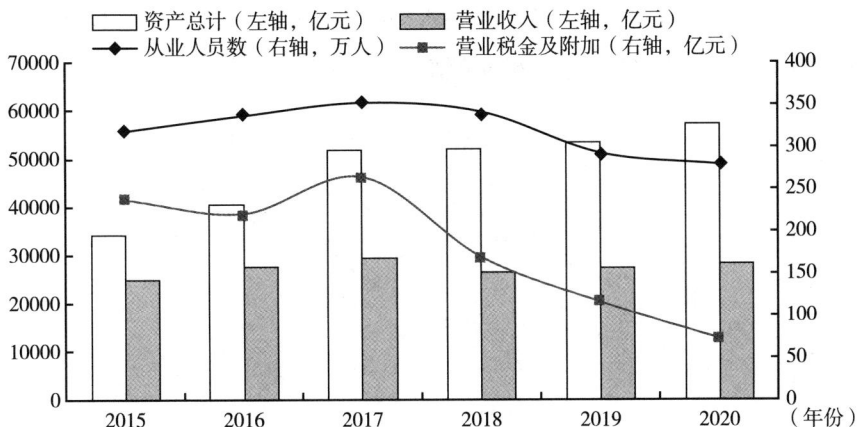

图13 2015~2020年环渤海地区文化产业法人单位经营情况

资料来源：《中国文化及相关产业统计年鉴》（2016~2021）。

企业数量和自筹投入资金规模都呈明显下降趋势。2020年，自筹投入资金规模下降趋势有所减缓，而有R&D活动的企业数量有所回升（见图14）。

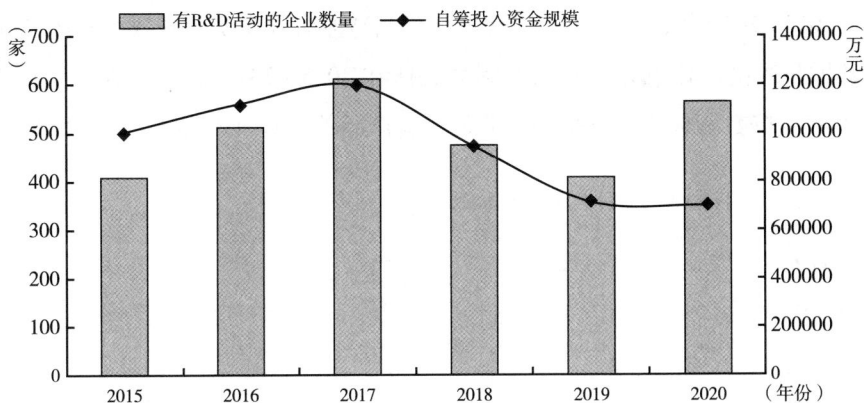

图14 2015~2020年环渤海地区规模以上文化企业研发投入情况

资料来源：《中国文化及相关产业统计年鉴》（2016~2021）。

2015~2019年，环渤海地区有R&D活动企业数占规上文化制造业企业总数的比重总体上均有所提升。其中，占本地区规模以上制造业企业比重增长速度较快，由 12.44% 增长至 20.43%。占全国规模以上制造业企业比重基本持平，由 2.02% 增长至 2.11%。2020 年受新冠疫情影响，均有所下降（见图 15）。

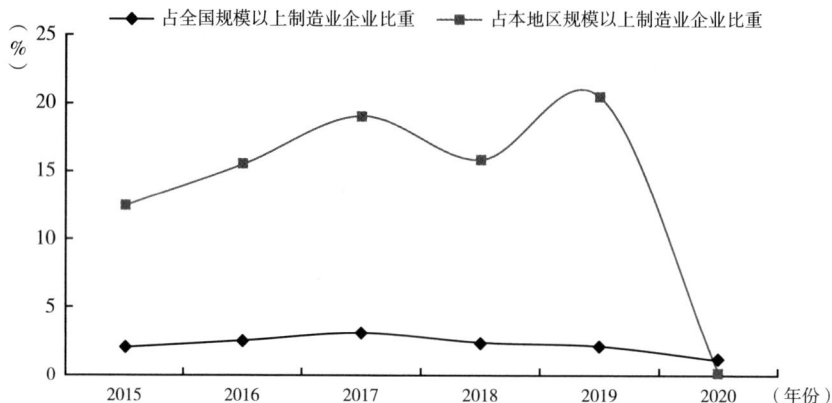

图 15 2015~2020 年环渤海地区有 R&D 活动企业数占规上文化制造业企业总数比重情况

资料来源：《中国文化及相关产业统计年鉴》（2016~2021）。

2015~2020 年，环渤海地区规上文化制造业有效发明专利数和新产品项目数增长缓慢，其中有效发明专利数总体在 2015~2018 年持续增长，但是 2019 年下降数额较大，下降趋势明显，新产品项目数基本持平（见图 16）。

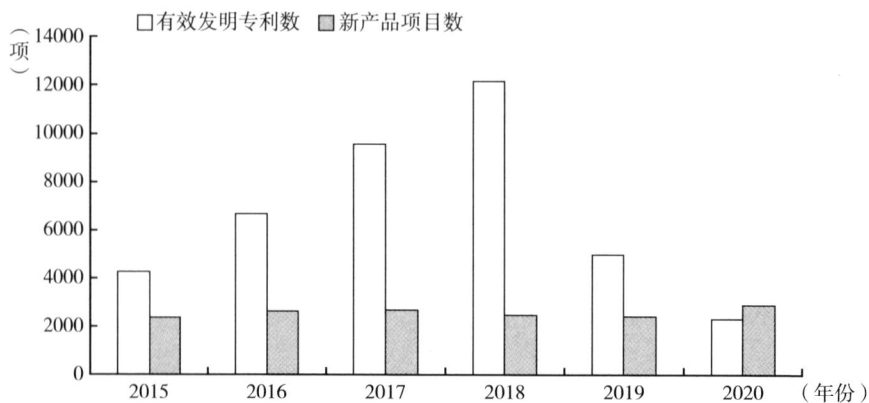

图 16 2015~2020 年环渤海地区规上文化制造业有效发明专利和新产品项目情况

资料来源：《中国文化及相关产业统计年鉴》（2016~2021）。

2015~2020 年，环渤海地区文化制造业单位新产品平均销售收入整体呈下降趋势，由 6263.03 万元降低到 834.21 万元。分省市来看，各地增减不一，且省市之间数额差异较大。其中 2020 年山东省文化制造业单位新产品平均销售收入最高，为 4909.52 万元，其他省市则相对较低（见图 17）。

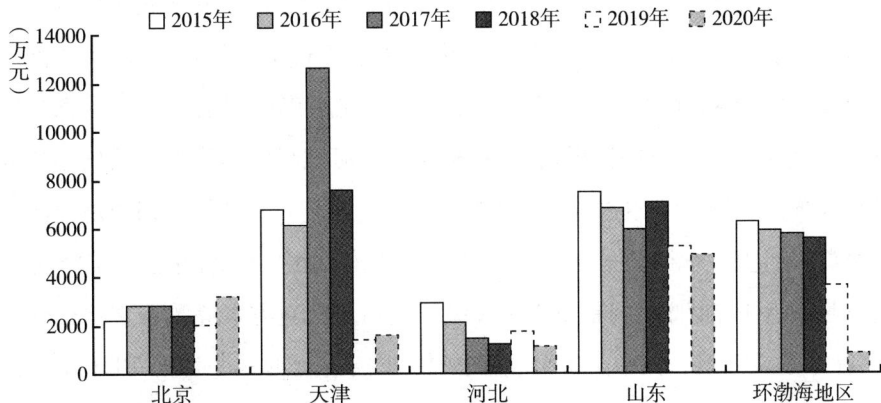

图 17 2015~2020 年环渤海地区文化制造业单位新产品平均销售收入情况

资料来源：《中国文化及相关产业统计年鉴》（2016~2021）。

二 "十三五"时期环渤海地区文化产业发展特征

（一）积极对接区域重大发展战略

"十三五"期间，国家实施多项区域重大发展战略，环渤海地区各省市积极对接京津冀、长城、大运河、黄河等区域重大发展战略，在文化领域推动实施各项发展举措。北京市、天津市和河北省积极促进产业对接、共建文化消费市场、促进文化要素流动、构建协同机制，以产业分工合作、优势互补的方式着力推进京津冀文化产业协同发展。在推进产业合作方面，京张文化产业带、京廊文化产业带、冬奥经济产业带建设加快，京津冀三地文化产业转移、文化产业项目相互承接共建、文化要素资源互通呈加速发展趋势。在文化消费促进方面，不断加强惠民一体化，推动京津冀文化走廊建设，共同举办一系列文化艺术活动、惠民演出和展演活动，近年来，京津冀三地在演艺、群众艺术馆等领域，签订了一系列合作协议，持续推动三地公共文化设施共建、文化服务资源共享。

北京市、河北省加快推进长城国家文化公园建设。北京市是全国有长城的省份中长城保存最完好、价值最突出且文化最丰富的地区，长城资源涉及北京6个区和42个乡镇，全长520余公里。北京市编制了《长城国家文化公园（北京市）建设保护规划》，积极谋划沿河城组团等五大长城核心片区建设，推进长城沿线相关博物馆改造等重点工程建设。长城在河北境内涉及秦皇岛、唐山、承德、张家口等9个市和雄安新区。河北省已经实施《河北省长城保护条例》，编制完成相关保护规划及实施方案等政策文件，确定了49个建设项目，其中，多个项目被纳入国家重点项目，截至2021年已开工项目31个。①

大运河文化带涉及环渤海四省市。北京市城市总体规划将大运河文化带作为三大建设文化带之一，相关具体规划和行动计划相继发布，品牌建设、历史风貌整治、生态景观培育、促进京津冀协同成为未来北京大运河文化带建设的重点内容。② 河北省以生态景观、燕赵文化、全域旅游以及协同发展为核心，联合沧州市、廊坊市香河县、邢台市、邯郸市等地共同推进大运河文化建设。天津编制完成大运河文化保护传承利用和文旅开发等政策文件，积极推进生态、文化与旅游融合发展。③ 山东省围绕大运河实施遗址风貌、非遗文化、河道生态、文旅线路等一系列重点项目。④

---

① 《河北努力打造长城国家文化公园建设样板》，河北新闻网，http://hbrb.hebnews.cn/pc/paper/c/202106/17/content_ 88781.html，最后访问时间：2021年11月1日。

② 《北京大运河文化带建设全面定调》，人民网，http://travel.people.com.cn/n1/2019/1206/c41570-31493123.html，最后访问时间：2021年11月1日。

③ 《指尖上的大运河文化带·天津》，新浪网，http://tj.sina.com.cn/news/zhzx/2018-03-30/detail-ifystwet5748640.shtml，最后访问时间：2021年11月1日。

④ 《讲好千年运河的山东故事，山东高点定位谋划大运河文化带建设》，大众日报客户端，http://www.xinchennews.com/sociology/21194.html/，最后访问时间：2021年11月1日。

（二）以文化赋能世界级城市群建设

随着全球化的持续推进，国家和区域之间的竞争越来越表现为具有全球政治影响力、资源配置力、科技创新力、文化引领力、人才吸引力等的世界级城市或城市群之间的竞争，如以东京、巴黎、伦敦、纽约等为中心的城市群，都是聚集国内国际重要经济社会发展要素的庞大空间。环渤海地区拥有以首都北京为核心，同时联动天津、青岛、雄安新区等国内经济社会发展重要城区的世界级城市群。文化产业不仅是城市群经济发展的重要组成部分，更是整体创新能力提升、城市空间完善、城市文化品牌和吸引力形成的重要因素。

北京市在过去几年，对标国际一流城市建设，瞄准全球城市建设目标，积极探索国际一流的和谐宜居之都的建设路径。一方面，以国际文化交流中心建设为核心，建设全球高端资源要素集聚配置区，吸引集聚国际组织、国际知名企业总部、研发中心等，承办举办重要国际会展、国际文化节庆、国际体育赛事等活动，培育引进国际高端智库，带动全球各类资源流入，提升城市国际影响力。同时，支持各类科技创新主体在全球布局，提升整合利用全球科技创新资源能力，建设世界科技文化交流合作主阵地。另一方面，随着北京"两区"建设深入推进，北京市以对外开放管理制度创新为重点进行改革，积极建设国家高水平对外开放前沿窗口。天津市近年来利用港口优势和自贸区制度优势，不断推进国际投资和贸易规则创新，积极对接产业对外合作，全力建设国际消费中心城市，提升东北亚的服务和辐射能力。青岛市近年来发挥沿海的优势，依托青岛啤酒节、亚太手工艺品牌博览会等平台，重点发展影视、文旅、文化制造、数字创意、船舶工业设计，打造东方影都国际品牌，突出影视业核心竞争优势、打造时尚设计策源地、做足海洋文化文章、促进音乐和演艺业发展，带动全省打造文化对外开放新高地。雄安新区作为国家级新区，在文化领域重点支持北京市、天津市较好的文化艺术企业和机构疏解转入，鼓励文化产业领域的前沿探索与实验，特别是重视建立数字文化和科技发展的促进机制，培育新的文化产业业态。① 尤其是在公共文化服务方面，积极探索政府主导与社会参与并行建设，城市级、组团级、社区级三级融合管理、资源共享，居民借助实体场景端和网络虚拟端两层空间与文化设施管理机构实现联动的发展模式。

目前，环渤海地区城市群建设多数具有国际化发展的趋势、满足国际化发展的具体要求并实施了相应的举措。但是总体上来看，仍然存在较多问题，在外部尤其是与其他世界级城市群相比，在经济塑造和资源的配置能力、政治革新、价值引领、规范倡导方面，以及在国际体系变革等多层全球治理结构中的地位和作用还需提升，区域内文化产业发展的梯队优势、相互辐射带动能力还有待提升。

（三）积极打造数字文化产业发展的核心区

随着数字技术加速与经济社会发展深度融合，新的业态和模式不断出现，国家和地区之间新的竞争优势和比较优势形成。尤其在文化产业领域，一批新兴文化企业、业态和消费模式不断形成。环渤海地区近年来利用经济和区位优势，紧抓数字化核心和关键领域，持续打造全国数字经济和数字文化产业领先发展的高地。

北京市提出国际科技创新中心、全球数字经济标杆城市发展目标。以互联网新视听、数字出版、游戏等为代表的新业态已经成为北京文化产业和数字经济发展的重要组成部分与增长点。2020年底，北京与数字文化产业相关的文化上市企业达到47家，占全国总量接近30%，与全国其他省市相比优势明显。与数字文化产业相关的新三板上市文化企业数达到100家，占全国总数的33.22%，居全国首位，是位列全国第二的上海市总数的两倍多。②

---

① 《中共中央 国务院关于支持河北雄安新区全面深化改革和扩大开放的指导意见》，中国政府网，http://www.gov.cn/zhengce/2019-01/24/content_ 5360927. htm，最后访问时间：2021年11月6日。

② 徐艳平：《北京市数字文化产业前景分析》，腾讯网，https://new.qq.com/omn/20210407/20210407A0ARK900.html，最后访问时间：2021年11月8日。

数字新基建、数字经济应用新场景、云游戏、沉浸式业态等数字文化产业新业态、数字新生态将是北京市未来发展的重点方向。天津市提出要将数字化发展水平提升至全国前列，提出到 2023 年其增加值占天津市 GDP 比重不低于55%的发展目标，尤其注重以数字基础设施建设为核心、助推产业数字化转型。重点以"津产发"数字综合应用平台为抓手，推动数字技术与先进制造业、城市生活场景、政务服务和管理、城乡一体化发展相结合，加大数字化基础设施建设，夯实数字经济发展基石。河北省虽然数字文化产业发展基础薄弱，但是近年来依托京津冀文化产业发展的协同和溢出效益，发展迅速。据统计，2019 年，河北省与数字文化产业相关的重点行业总资产平均增长20%左右，营业收入增长为 7.5%~23.1%，营业利润增长 1.29~9.46 倍，显示出强劲的增长态势。[1] 从其发展的细分领域来看，多数企业从事的是与北京、天津、上海、杭州、深圳等地相配套的供应链产品或劳务类代工型数字化外包服务。总体上看，数字文化产业处于产业链低端环节。[2] 山东省提出到 2025 年将数字经济占 GDP 的比重要提升至 10%左右，培育千亿级产业群、万亿级融合产业生态，培育链条完善、有竞争力的现代产业体系。[3]

三 "十四五"时期环渤海地区文化产业发展趋势及展望

（一）提升世界级城市群建设中文化的引领能力

从国际来看，以中心城市为核心的世界级城市群建设，是带动区域经济

---

[1] 陈璐、张彬、潘保海：《河北省数字文化产业的培育重点、前瞻性布局与促进举措研究》，载康振海主编《河北蓝皮书：河北文化产业发展报告（2021）》，社会科学文献出版社，2021，第 66~77 页。

[2] 陈璐、张彬、潘保海：《河北省数字文化产业的培育重点、前瞻性布局与促进举措研究》，载康振海主编《河北蓝皮书：河北文化产业发展报告（2021）》，社会科学文献出版社，2021，第 66~77 页。

[3] 《到 2025 年，山东省数字经济核心产业增加值占 GDP 的比重要提升至 10%左右》，中国山东网，http://news.sdchina.com/show/4634803.html，最后访问时间：2021 年 11 月 8 日。

社会发展的一种有效路径。从国内来看，近年来，我国实施多项重大区域发展战略，包括"一带一路"、长江、大运河、黄河等带状形式的区域重大战略，以及以粤港澳大湾区等为代表的城市群发展战略。环渤海地区拥有以首都北京为核心的城市群，具有成为世界级城市群的发展潜力，这是文化产业发展的重要空间载体和优势条件。

"十四五"时期，环渤海地区文化产业发展，需要加快以首都为核心的世界级城市群文化产业发展，提升环渤海地区城市群文化产业发展定位。一是要加强文化产业发展在全国范围内的引领能力，重点提升文化产业新基础设施、新场景、新业态的创新能力。二是要加强国内外高端文化要素资源的配置能力，积极参与全球文化资源配置，不断优化文化产业链，促进向文化产业高端迈进。三是要加强文化汇聚能力。不断探索和创新文化产业发展的制度优势、经济社会环境优势，从财税、金融、治理等制度改革创新，人才引进等优惠举措，以及良好的城市文化宽容度等方面提升城市吸引力。

（二）构建城市群文化产业发展的一体化机制

城市群是多城市集聚生产的形态，城市群发展要基于城市群范围、内部各城市功能定位、空间布局、城镇体系、产业发展与分工协作、基础设施、生态环境、公共服务、开放发展和体制机制等十大要素进行科学规划。[①] 文化产业作为城市群经济社会发展的重要组成部分，必须基于核心要素构建城市群文化产业发展的一体化机制。

环渤海地区文化产业发展虽然具有一定的一体化演进趋势，但是总体上看地区差距较大，协同发展效益不明显。"十四五"时期，环渤海各城市要在立足各自资源禀赋和特色的基础上，一是要树立一体化发展理念，建立协同发展的机制。在加强文化认同的基础上，推动形成多方面、多领域和跨区域的发展机制，出台有利于推动合作和一体化发展的政策举措。二是要强化

---

① 周锦、顾江：《城市群文化产业一体化发展的机理、绩效与路径——长三角、京津冀和珠三角的比较分析》，《江海学刊》2021年第3期，第92~97页。

产业分工，形成以中心城市为核心、大中小城市协同发展的效应。三是要构建统一的文化市场。在文化市场监管、文化消费、重点文化项目等方面推进共建共享，促进形成城市群文化市场的内循环。四是要促进文化要素互联互通，在财政政策、投融资促进、技术创新、人才扶持等方面加强合作和共享。

（三）建设面向全球的中国特色社会主义先进文化引领区

北京作为环渤海地区的核心城市，近年来，重点围绕北京落实首都城市战略定位、建设国际一流的和谐宜居之都的发展目标，积极推进全国文化中心、国际科技创新中心、国际交往中心、全球数字经济标杆城市建设等国际化发展重点任务。在文化建设方面，北京面向全球提出建设成为弘扬中华文明与引领时代潮流的文化名城、中国特色社会主义先进文化之都、建设社会主义核心价值观首善之区的发展思路。

"十四五"时期环渤海地区需要围绕首都文化发展的目标和思路，服务于"两个大局"演进，以及中国深入参与经济全球化和全球治理的需要，紧抓服务业扩大开放综合示范区、自由实验区等制度创新机遇，积极举办冬奥会等重大国事活动，积极参与全球重要国际会议论坛等平台议题设置、规则制定，不断提升我国参与全球治理的能力和水平，不断推动服贸会、软博会、世界机器人大会、金融街论坛、中关村论坛等专业展会国际影响力跨越升级，促进总部企业、国际组织、全球知名机构等一批新主体新业态加速落地。充分发挥环渤海地区文化产业在服务大国外交、促进全球高端要素集聚、完善国际化发展服务环境、展示大国首都形象等方面的重要作用。着力提升中国特色社会主义先进文化的文化感染力、价值引领力，建设面向全球的中国特色社会主义先进文化引领区。

B.3
长三角地区文化产业发展
报告（2020~2021）

胡慧源　王　娇　丁潘攀　杜　纯*

摘　要： 本报告基于 2016~2021 年《中国文化及相关产业统计年鉴》相关数据的统计分析，综合运用归纳法和演绎法，从现状、特征、趋势三方面分析了 2015~2020 年长三角地区文化产业的发展情况。当前，文化产业已经成长为长三角地区的支柱性产业，且产业规模持续扩大，产业增速、人均增加值稳步上升，产业结构中服务化倾向明显，文化消费形势向好，固定资产投资热情较高，文化法人单位盈利能力稳定，研发投入效果显著。依托数字文化消费热潮、线上文旅融合、区域一体化协作、数字创意产业引领等发展特色，长三角地区文化产业将持续以"创新"为内生动力、以"双循环"为发展格局、以"走出去"为发展目标，实现更高水平的"一体化"，建造更高层次的"世界级经济型—文化型大城市群"，开创文化产业发展新局面。

关键词： 文化产业　文旅融合　区域一体化　长三角地区

---

* 胡慧源，华东政法大学传播学院副院长、副教授、硕士生导师，主要研究方向：文化与传媒经济，创意集聚与城市转型；王娇，华东政法大学传播学院研究生，主要研究方向：文化创意产业；丁潘攀，华东政法大学传播学院研究生，主要研究方向：文化创意产业；杜纯，华东政法大学传播学院研究生，主要研究方向：文化创意产业。胡慧源负责框架设计与修改，王娇执笔"一　长三角文化产业发展现状"部分，丁潘攀执笔"二　长三角文化产业发展特征"部分，杜纯执笔"三　长三角文化产业发展趋势"部分。

凭借良好的区位和经济优势，长三角地区文化产业实现了长足的高质量发展。地区内要素资源分配的差异，进一步造就了该地区与其他地区迥然不同的发展现状、特点与趋势。2015~2020年，长三角地区文化产业发展呈现良好态势，并且在数字文化消费、线上文旅融合、区域一体化协作、数字创意产业发展等领域表现活跃。未来，长三角地区将以"创新"为内生动力，以"双循环"为发展格局，构筑高水平区域一体化，打造高程度的产业集聚，拓展大范围对外开放。可以预见，"十四五"期间长三角地区文化产业的竞争力、影响力和号召力会进一步凸显，该地区将推动中国文化产业朝更加高质量的方向稳步健康发展。

一　长三角文化产业发展现状

（一）产业规模持续扩大，增长速度有所回升

2015~2020年，长三角地区三省一市的文化产业增长趋势依旧健康平稳。文化产业增加值由8333.8亿元增长到13478亿元，年均增长率达11.9%。同时，GDP占比增加0.31个百分点，达到5.51%。

分地区来看，江苏领跑长三角文化产业发展。2020年，该省文化产业增加值达4986亿元，占GDP比重为4.85%。从GDP占比来看，上海位居长三角地区首位，占比为6.18%，并且上海和浙江的文化产业增加值依然保持快速增长，增速分别为9.0%和15.5%。安徽文化产业增加值虽与苏浙沪地区还存在较大差距，但发展势头迅猛，2015~2020年的年均增长率居长三角地区首位（见图1）。

（二）人均增加值稳步上升，集聚水平有所下滑

2015~2020年，长三角地区人均文化产业增加值呈现逐年递增的趋势。从2015年人均3775元增长至2020年人均5726元，预计2021年会达到6000元。分地区来看，安徽人均文化产业增加值的年均增长率位于

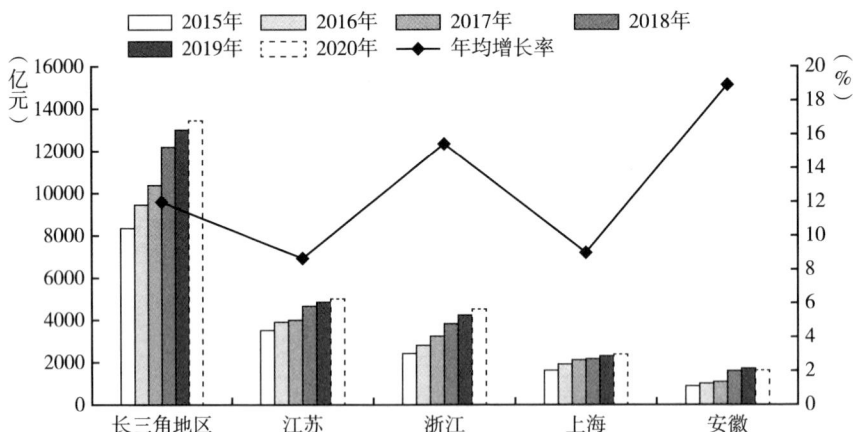

图1 2015~2020年长三角地区文化产业增加值增长情况

资料来源:《中国文化及相关产业统计年鉴》(2016~2021)。

长三角地区第1,高达14.2%,相较之下,江苏增长最慢,年均增长率仅为6.1%;另外,2020年,上海人均增加值远超其他三省,为9606元(见图2)。

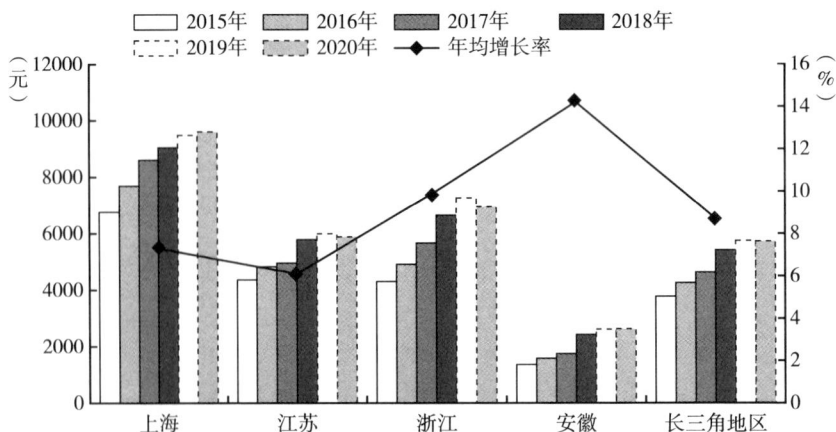

图2 2015~2020年长三角地区文化产业人均产出情况

资料来源:《中国文化及相关产业统计年鉴》(2016~2021)。

2015~2020 年，长三角地区文化产业集聚规模表现出一定的浮动，除 2018 年出现下滑外，其余年份均增长。分地区来看，2018 年起，浙江文化产业集聚程度开始超过上海，居长三角地区首位；上海在 2018 年出现明显下滑，但在 2019 年有所回升；2016~2018 年，江苏呈现逐年下降的趋势，下降速度于 2019 年有所好转，但与浙江、上海相比仍处于劣势区间；安徽文化产业集聚水平最低，2018 年前呈上升趋势，但 2018 年后下降较为明显（见图 3）。

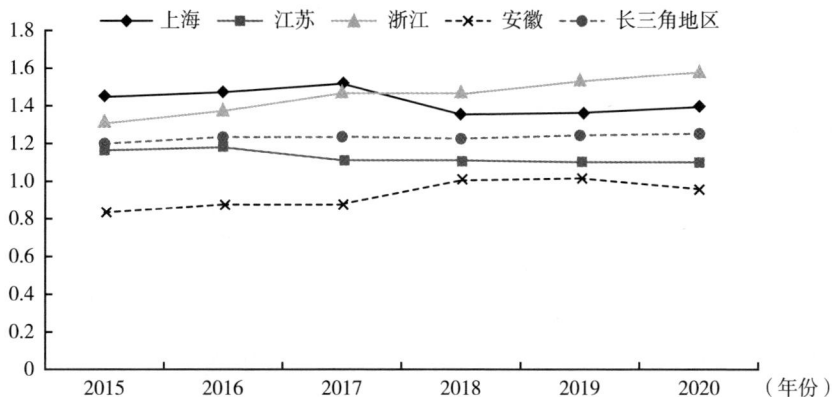

图 3　2015~2020 年长三角地区文化产业区位熵

资料来源：《中国文化及相关产业统计年鉴》（2016~2021）。

（三）产业结构特点突出，文化服务倾向凸显

2015 年，长三角地区文化产业法人单位资产总计中，文化制造业、文化批零业和文化服务业构成之比为 28.77∶13.71∶57.52，2020 年三者之比为 19.97∶7.87∶72.16。可以看出，文化服务业比重增加了近 15 个百分点，而文化制造业和批零业占比大幅下滑（见图 4）。

分地区来看，各地区文化批零业占比都呈现不同程度的下降，其中，江苏下降趋势最为明显，下降 8.83 个百分点；各地区文化服务业占比显著增加，与 2015 年相比，江苏 2019 年的增幅高达 28.61 个百分点；2019

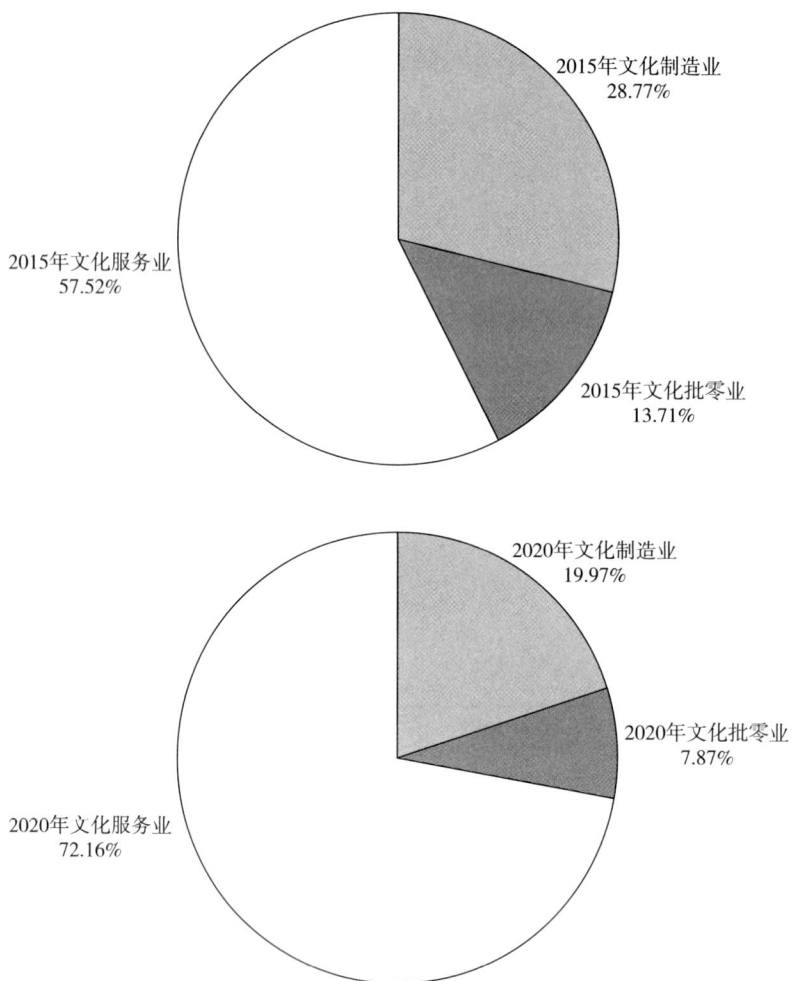

2015年文化制造业
28.77%

2015年文化服务业
57.52%

2015年文化批零业
13.71%

2020年文化制造业
19.97%

2020年文化批零业
7.87%

2020年文化服务业
72.16%

图4　2015年和2020年长三角地区文化及相关产业法人单位
资产总计分行业构成

资料来源:《中国文化及相关产业统计年鉴》(2016~2021)。

年,上海、江苏和浙江文化服务业占比均超过70%,上海更是突破了80%(见表1)。

表1   2015年与2019年长三角地区文化及相关产业法人单位资产总计分行业构成

单位：%

地区	2015年			2019年		
	文化制造业	文化批零业	文化服务业	文化制造业	文化批零业	文化服务业
上海	8.93	14.16	76.91	6.14	9.15	84.71
江苏	37.26	15.95	46.79	17.48	7.12	75.40
浙江	33.13	10.37	56.50	18.75	6.93	74.32
安徽	38.89	13.14	47.97	21.65	8.85	69.50

资料来源：《中国文化及相关产业统计年鉴》（2016~2021）。

（四）文化消费逐渐回升，城乡差异较为明显

2015~2019年，长三角地区居民人均文化消费支出水平在全国遥遥领先，占总消费比重均高出全国居民文化消费的平均占比水平。人均文化消费支出由1106.3元增加到1229.6元，年均增长率为2.7%。但在2020年，长三角地区居民人均文化消费支出水平下降到了756.7元。

其中，江苏省2020年人均文化消费支出为680元，对比2019年的1119.9元下降了439.9元。2015~2020年年均增长率为-11.7%，是长三角地区下降最快的地区。安徽省的人均文化消费支出虽然对比江浙沪地区每年都比较低，且在2020年也出现大幅下降，但是综观其在2015~2020年总体的变化仍呈现上升趋势，年均增长率为2.0%（见图5）。

长三角地区城镇、乡村居民人均文化消费支出在2020年以前都波动较小，对比来看，两者之间还存在一定的差距。2020年长三角地区整体居民人均文化消费支出都在大幅度降低。上海城镇居民人均文化消费支出居于长三角地区首位，显示出较强的消费能力；江苏乡村居民人均文化消费支出先升后降，2018年被上海和浙江赶超；浙江城镇居民人均文化消费支出在2019年以前保持缓慢增长，乡村居民文化消费在2017~2019年增速加快；2015~2019年安徽城镇和乡村居民文化消费支出都在缓慢增长，虽然2020年与其他省份的差距有所缩小，但之前的差距较大（见图6、图7）。

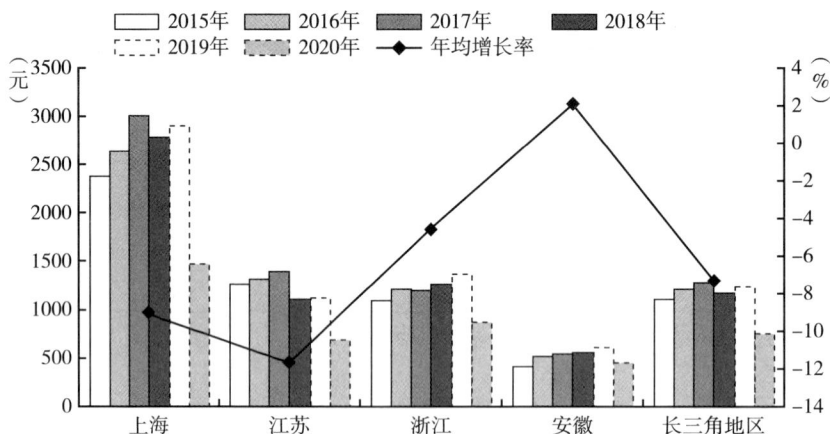

图 5　2015~2020 年长三角地区全部居民人均文化消费支出情况

资料来源:《中国文化及相关产业统计年鉴》(2016~2021)。

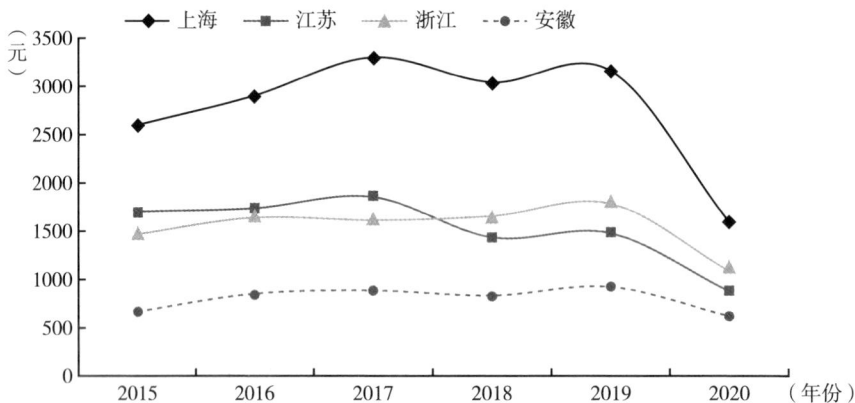

图 6　2015~2020 年长三角地区城镇居民人均文化消费支出情况

资料来源:《中国文化及相关产业统计年鉴》(2016~2021)。

(五)固定资产投资稳中求进,投资热情触底反弹

2019 年,长三角地区文化及相关产业固定资产投资有了回升,但 2020 年出现小幅度下降。分地区来看,2015~2020 年,浙江固定资产投资规模增

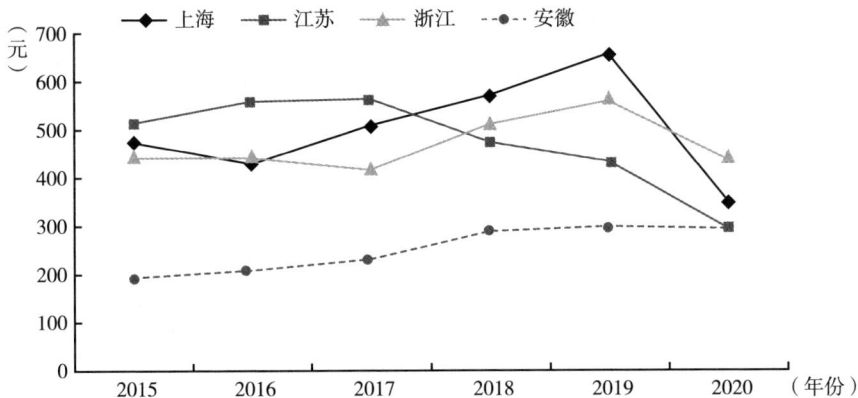

图7 2015~2020年长三角地区乡村居民人均文化消费支出情况

资料来源：《中国文化及相关产业统计年鉴》（2016~2021）。

速为-0.92%，总体下降；上海和安徽增长相对较快，分别为12.39%和6.22%，江苏增速较慢，为1.31%（见图8）。

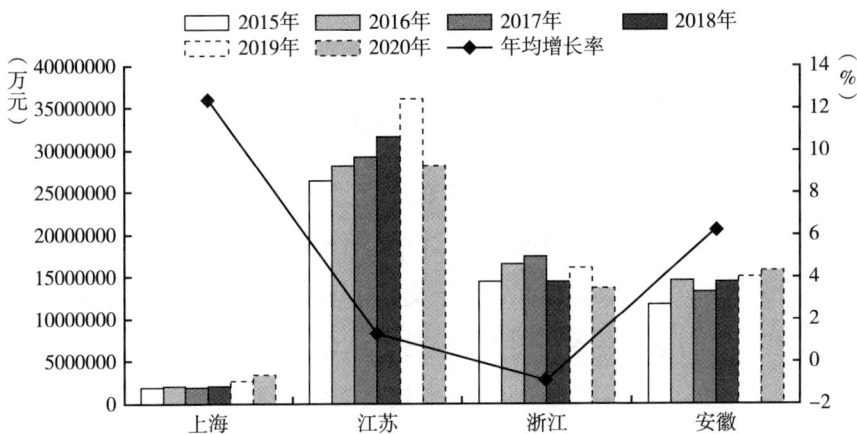

图8 2015~2020年长三角地区文化及相关产业固定资产投资情况

资料来源：《中国文化及相关产业统计年鉴》（2016~2021）。

2015~2020年，长三角地区文化及相关产业固定资产投资占全社会固定资产投资比重小幅上涨。浙江在2015~2017年呈现稳定增长趋势，分别在2018年和2020年出现两次下降；江苏总体上呈现文化及相关产业固定资产投资占全社会固定资产投资比重高且稳定的趋势，在 2020 年有所下降；安徽在 2016 年达到顶峰后开始下降；上海 2016~2020 年呈现先降再涨的发展趋势（见图 9）。

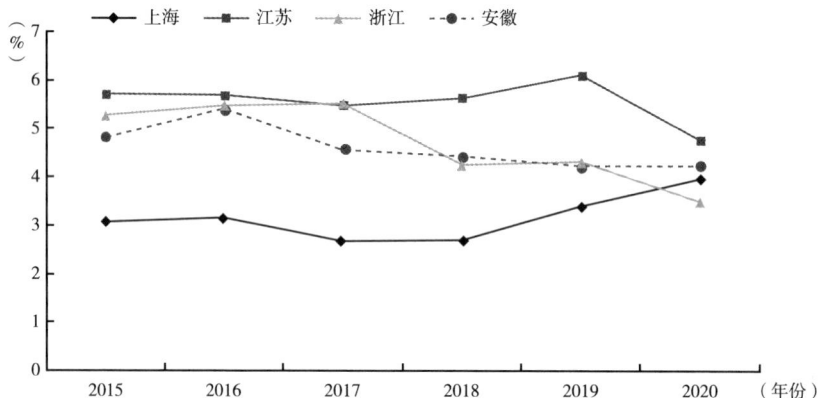

图 9　2015~2020 年长三角地区文化及相关产业固定资产投资占全社会固定资产投资比重

资料来源：《中国文化及相关产业统计年鉴》（2016~2021）。

（六）文化法人单位稳中向好，盈利能力表现稳定

2020 年，长三角地区规模以上文化企业总数打破了往年增长缓慢的局面，呈现爆发式增长，多达 19537 家，占全国比重为 30.6%，高出上年同期 1.4 个百分点。分地区来看，江苏规上文化企业总数年均增速居于长三角地区第 4，但企业总数一直保持领先，约是上海和安徽的 2 倍和 4 倍；上海规上文化企业总数年均增速较高，2020 年规上文化企业总数已达 3548 家。安徽 2020 年规上文化企业总数较 2019 年小幅上升，增加了 39 家，达到 2392 家（见图 10）。

从各地区规上文化企业法人单位数占比来看，虽然 2018 年各省市比重都有所下降，但 2019 年都有所回升，2020 年受现实情况影响，又有所下降。其中，上海 2019 年占比较 2018 年增长最多，为 9.5%，超出上年 4.4 个百分点，但同时在 2020 年也是下降最多的地区，下降了 3.1 个百分点。

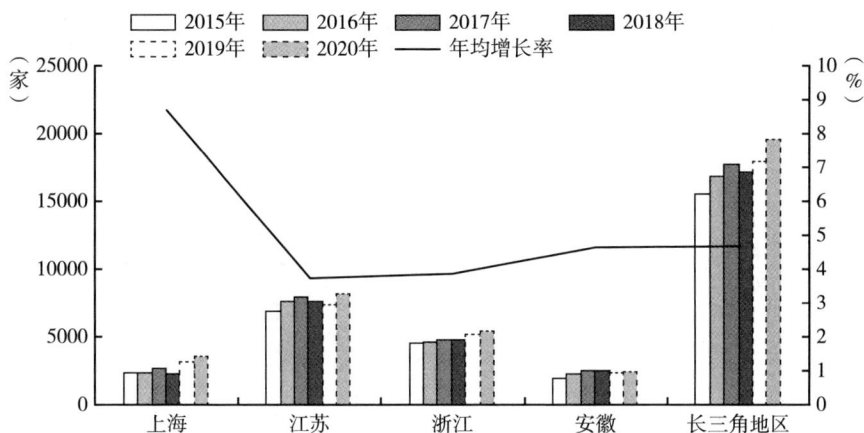

图10 2015~2020年长三角地区规模以上文化企业总数增长情况

资料来源：《中国文化及相关产业统计年鉴》（2016~2021）。

其次是江苏，2019年占比为6.1%，超出2018年2.5个百分点，但在2020年又下降了2.5个百分点（见图11）。

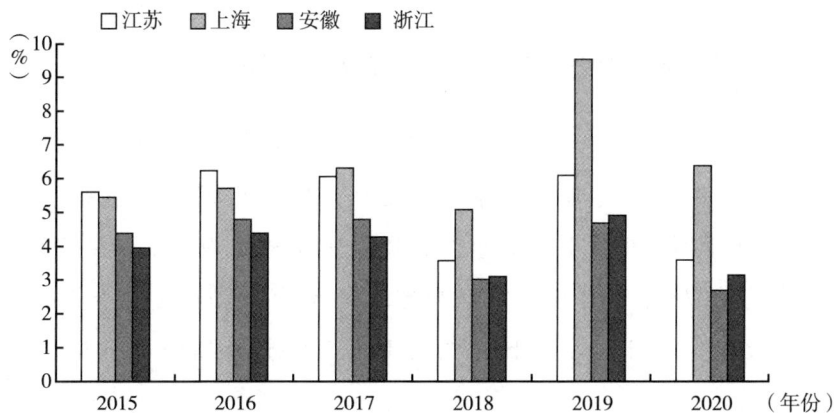

图11 2015~2020年长三角地区规上文化企业法人单位数占比

资料来源：《中国文化及相关产业统计年鉴》（2016~2021）。

2015~2020年，长三角地区文化企业法人单位经营状况良好，资产总计呈现较快增长，2020年资产总计达到93246.87亿元。营业收入虽有所波动但总体趋势稳定。从业人员数量从 2017 年起出现小幅下降，2020 年有所回升。营业税金及附加在 2018 年起出现大幅下降（见图 12）。

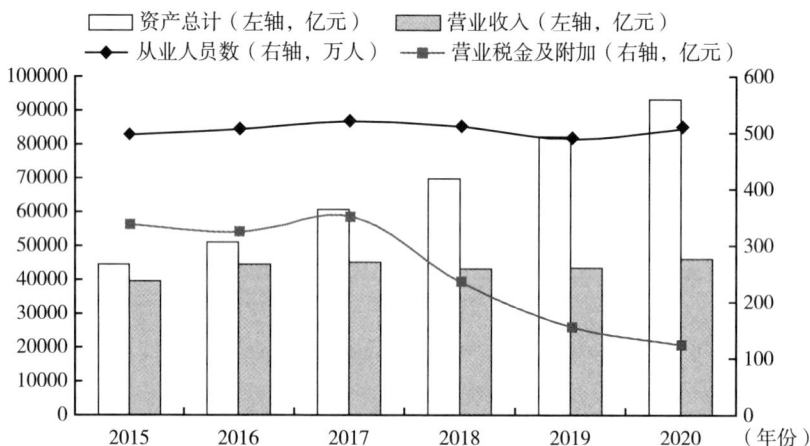

图 12　2015~2020 年长三角地区文化企业法人单位相关统计情况

资料来源：《中国文化及相关产业统计年鉴》（2016~2021）。

（七）研发投入效果显著，专利申请大幅增加

2015~2019 年，长三角地区有 R&D 活动的文化企业数量占全国及本地区规模以上制造业企业的比重逐年提高，2020 年则大幅下降。其中，2019 年占本地区规模以上制造业企业的比重高达 45.94%，但到 2020 年比重下降至 0.7%。2019 年，长三角地区有 R&D 活动的文化企业数量占全国规模以上制造业企业的比重约为 15%，是全国 R&D 企业的主力军（见图 13）。

长三角地区有 R&D 活动的文化企业数量在 2019 年大幅度增长，到 2020 年进一步稳定增长。从有 R&D 活动的企业自筹投入资金规模来看，长三角地区文化产业总投资规模在稳步增加（见图 14）。

从文化制造业有效发明专利数来看，2015~2019 年，长三角地区有效发明专利数快速稳定增加，到 2020 年达 17164 个，比 2019 年增加了 4952 个。

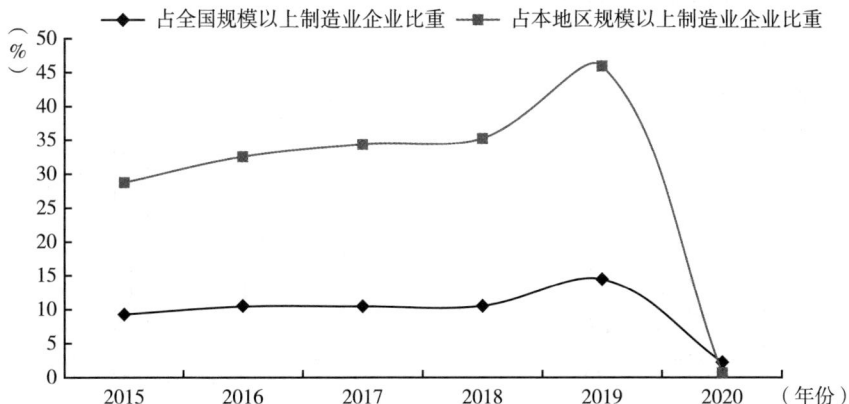

图13 2015~2020年长三角地区有 R&D 活动的文化企业数量占全国及本地区规模以上制造业企业比重

资料来源：《中国文化及相关产业统计年鉴》（2016~2021）。

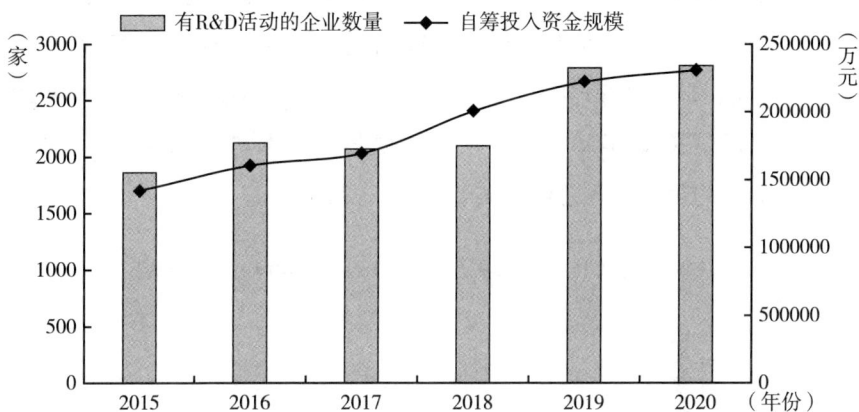

图14 2015~2020年长三角地区文化产业有 R&D 活动的企业总数及自筹投入资金规模（规上制造业）

资料来源：《中国文化及相关产业统计年鉴》（2016~2021）。

从文化制造业新产品项目数来看，2015~2020年，长三角地区文化制造业新产品项目数稳定增加，在2019年突破10000个大关，到2020年实现较大幅度增长，总体呈稳定增长态势（见图15）。

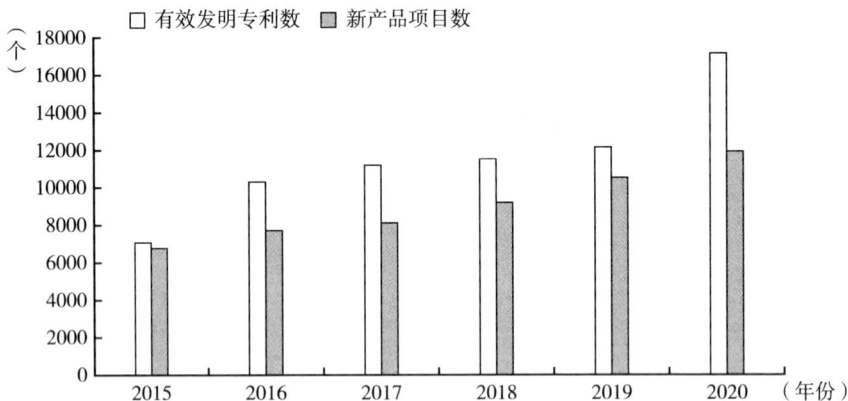

图15 2015~2020年长三角地区文化制造业有效发明专利数及新产品项目数

资料来源:《中国文化及相关产业统计年鉴》(2016~2021)。

从文化制造业单位新产品平均销售收入来看,长三角地区大体上呈下降趋势。其中,浙江下降最为明显,但在2020年下降幅度有所减小;上海在2015年达到峰值7303.95万元后,出现两轮跌落后回升,在2019年达到6975.06万元,但在2020年又下降至5107.06万元;江苏在2018年和2019年出现下降后,2020年又实现了恢复式增长,基本与2017年销售收入持平;安徽的平均销售收入总体上略有波动(见图16)。

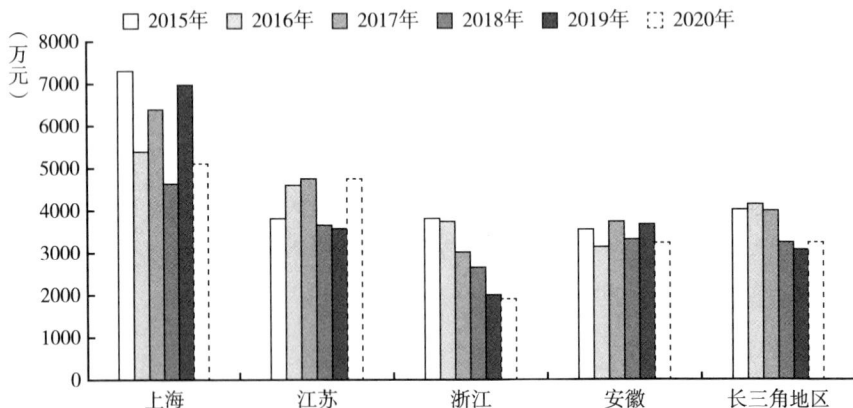

图16 2015~2020年长三角地区文化制造业单位新产品平均销售收入

资料来源:《中国文化及相关产业统计年鉴》(2016~2021)。

二 长三角文化产业发展特征

"十三五"期间，长三角地区文化产业保持良好发展态势。文化产业结构呈现明显的"服务化"倾向，数字文化消费形势向好，线上布局成为文旅融合新阵地，区域合作深化推动文化产业一体化，数字创意产业引领长三角地区文化产业发展新方向。

（一）文化产业结构"服务化"倾向明显

近年来，长三角地区文化产业结构所呈现的"服务化"倾向愈加明显，在上海、浙江、江苏三省市的三大产业比重变化中，这种趋势显而易见。三省市第三产业较第一、二产业均拉开了较大差距，且占比逐年攀升。2019年，上海市第一、二产业占比之和仅为27.3%，第三产业占比高达72.7%，高出第一、二产业之和45.4个百分点①，存在明显差距。另外，长三角地区除了经济总量领跑全国，第三产业产值占地区 GDP 比重也已过半，2019年占比达到55.4%，超出第二产业14.7个百分点。

从长三角地区的文化及相关产业的投资情况来看，2015~2019年固定资产投资额占比并没有明显提升，但文化服务业法人单位数量不降反增，2019年，在地区文化产业法人单位总数中占比超过76%②。此外，为提升"服务化"程度，长三角地区积极推进文化产业与不同服务领域的融合，不断拓展"文化+X"的范围，涉及旅游、金融、科技、教育等。由此可以推断，"服务化"将继续主导长三角地区文化产业发展方向。

（二）数字文化消费形势向好促进发展

2015~2019年，长三角地区居民人均文化消费支出水平均高于全国平均

---

① 资料来源：《长三角地区：经济总量领跑全国》，光明网，https://www.sohu.com/a/439497515_ 162758，最后访问时间：2021年9月20日。

② 资料来源：《中国文化及相关产业统计年鉴》（2020）。

水平，居于领先地位，并且呈现一定的增长态势，文化消费活力可见一斑，尤其值得注意的是长三角数字文化消费表现优异。

长三角地区文化消费基础良好，同时，国家及地方政府出台了相关数字文化消费政策加以扶持，如《上海在线新文旅发展行动方案（2020—2022年）》《南京市数字经济发展三年行动计划（2020—2022年）》等。目前，长三角数字文化消费形成了明显的"一超多强，拉动全域"的特点，文化消费潜力不断被释放。《长三角数字文化消费研究报告》显示，长三角城市群的数字文化指数总量和增速，在国内 11 大城市群中，均居首位，且与其他城市群拉开了较大差距[①]。可见，长三角地区数字文化消费将成为促进文化产业经济增长的新动能。

（三）线上布局助力文旅融合持续推进

文旅融合在推动长三角一体化国家战略实施、促进文化发展高地建设、打造世界知名旅游目的地的过程中发挥着重要作用。数字信息技术的发展推动各行各业开启"云"模式，文旅产业也不例外，开始走数字产业化与产业数字化相结合的发展道路。数据显示，文旅产业的"用云量"增速极高，已超过400%，可见，当下的文旅产业数字化正值转型初级阶段和飞速增长阶段[②]。

上海市文化和旅游局为推动文旅融合工作作出明确指示，要求各相关单位抓住全球新一轮信息技术变革的新机遇，主动顺应数字化发展趋势。上海借助"文化云"平台，提供集"看、听、游、赛、品、互动"于一体的线上文化服务与文化消费体验。浙江打造"诗画浙江·文化和旅游信息服务平台"，建立起一体化监管、一体化应用、共建共享的全省统一文旅信息服务平台和文旅数据仓。安徽加快推进数字赋能智慧旅游，助力文旅

[①] 荆如忆：《引领未来消费，首份长三角数字文化消费报告发布》，价值中国，http://www.chinavalue.net/Story/2020-11-23/786015.html，最后访问时间：9 月 20 日。

[②] 资料来源：《2020 数字中国指数报告》，福州新闻网，https://baijiahao.baidu.com/s？id = 1678054757220198635，最后访问时间：2021 年 9 月 22 日。

高质量发展，实现"一屏观景区、一网管全域、一机游安徽"。江苏构筑"一图览文旅、一机游江苏、一键管行业"的智慧文旅体系，满足群众智能化需求。

长三角地区各省市逐渐将线上作为文旅融合的新阵地，但要实现区域内文旅融合依然离不开三大基础：一是作为价值根基的传统江南文化；二是作为现实动力的城市经济实力和文旅消费潜力；三是作为创新支撑的文创科创发展和现代都市魅力①。文旅融合，智慧先行，有效建设文旅休闲大数据，使"吃住行游购娱""一机搞定"，真正实现文旅融合数字化转型，需要大平台、大网络的支撑与推进。长三角地区坚持以创新驱动文旅产业发展，施行"上云用数赋智"，以数字化手段推动文旅产业转型升级，必将极大提高其核心竞争力。

（四）区域合作推动文化产业一体化进程

近几年，长三角地区陆续形成了六大一体化联盟，包括红色文化资源、文旅产业、动漫产业、文创特展产业、文化装备产业以及影视基地。为进一步提升区域内文化惠民质量，长三角地区成立了长三角文化馆联盟，旨在共同推动公共文化旅游服务体系建设，通过社保卡为四省市居民提供文化体验以及旅游观光领域的"同城待遇"。四省市还制定了《2021年长三角文化和旅游联盟的重点工作计划》，明确了"深化合作机制、协同构建市场与执法体系、推动项目合作、建立服务体系、保护与传承文化遗产、促进文艺交流与繁荣、宣传推广等方面的工作"②

区域交流与合作在推动长三角一体化进程的同时，也促进该地区文化产业升级，表现在：一是知识产权将发挥产业核心要素作用；二是促进形成覆

---

① 李萌、胡晓亮：《长三角都市文旅融合一体化发展研究》，《江苏行政学院学报》2020年第5期，第43页。

② 资料来源：《长三角文化旅游合作再出新招》，东方财富网，http：//finance.eastmoney.com/a/202103121842279883.html，最后访问时间：2021年9月25日。

盖全产业链且国际化程度更高的产业生态系统；三是实现高度产业化运作①。整体来看，长三角文化产业形成了有效的区域合作机制与强盛的产业集群，这得益于有为政府、有效市场、有益文化等诸要素的协同②。

（五）数字创意产业引领文化产业新方向

目前，长三角数字创意产业的主要特点在于"一生态两引擎"，即"创新和创业一体化生态"和"数字文化生产力引擎""数字文化消费力引擎"③。国家及地方政府政策扶持以及雄厚的地区经济实力推动了长三角地区数字创意产业迅速发展。

为促进数字创意产业发展，上海市提出构建生态创意环境，建立健全知识产权体系，加大对数字创意企业的扶持力度，重视创意人才的培养④。浙江将"数字技术＋创新设计"作为数字创意产业的发展重点，挖掘数字经济发展新动能，构建国际化发展格局。江苏以文化创意和数字设计为核心，注重加强"创作、创造、创意、创新"，促进"数字创意＋相关产业"的融合渗透。安徽成立数字创意产业联盟，汇集数字技术和文化创意资源，专门从事虚拟现实、增强现实、创意设计等领域的研发、制作以及运营。

着眼未来，可以预见数字创意产业将成为引领文化产业发展新方向的一大主力军，加快长三角地区向"世界级经济型—文化型大城市群"迈进的步伐。

---

① 袁玥赟、张世明：《长三角文化产业升级研究》，《宏观经济研究》2020年第12期，第131页。

② 花建：《长三角文化产业高质量一体化发展：战略使命、优势资源、实施重点》，《上海财经大学学报》2020年第4期，第47页。

③ 花建：《长三角数字文化产业：一体化与新动能》，《江苏社会科学》2021年第2期，第49页。

④ 朱政平：《关于促进数字创意产业蓬勃、健康发展的建议》，上海政协，http://www.shszx.gov.cn/node2/node5368/node5376/node5388/u1ai99535.html，最后访问时间：2021年9月30日。

三 长三角文化产业发展趋势

在"十三五"期间，长三角地区的文化产业整体发展态势良好，产业增加值持续增加，产业结构持续优化，文化企业高度集聚，文化消费动力旺盛，牢牢稳居我国文化产业的第一梯队。预计"十四五"期间，长三角文化产业将会呈现如下发展态势：产业区域一体化水平逐步深化、集聚规模进一步提高、增长依靠创新内生驱动、融入"双循环"发展战略、"走出去"步伐加快。

（一）产业区域一体化水平将逐步深化

打造长三角城市群不仅是对标国际城市群提升区域竞争优势的重要手段，也是发挥长三角地区在全国示范和支撑作用的重大战略部署。2016 年，国家发改委印发了《长江三角洲城市群发展规划》，为长三角城市群一体化发展提供了重要的方向引领和政策保障。2018 年，在首届中国国际进口博览会开幕式演讲中，习近平总书记明确支持长江三角洲区域一体化发展上升到国家战略高度，这一战略部署凸显了推动区域一体化发展对长三角乃至全国经济高质量发展的重要意义和价值。在这一宏观背景下，大力推进长三角城市群文化产业一体化发展正是对这一发展战略的严格贯彻和落实，所以可以预见的是，未来长三角城市群文化产业一体化发展的协同程度将会进一步得到强化。协同作战能力是对区域一体化发展的重大考验，这不仅需要三省一市主动破除行政区划的制约和过去以本地为中心的发展思维，还需加强顶层设计，从"全局一盘棋"的角度来进行谋篇布局，构建区域协调、联动、利益分配机制，深化区域间的沟通和合作，以引导三省一市立足国家和区域发展的大局，规避与区域一体化发展相悖的局面出现，如当某一规划利于自身发展时，才主动出谋划策，投入相关要素资源①。此外，文化产业一体化

---

① 刘志彪、孔令池：《长三角区域一体化发展特征、问题及基本策略》，《安徽大学学报》（哲学社会科学版）2019 年第 3 期，第 147 页。

发展还需要三省一市以"合作共赢"为发展导向,不断提高区域间的协作水平、充分发挥各自的比较优势,实现错位发展,以提升城市群文化产业发展的整体水平和效率,避免出现重复建设带来的资源浪费和产业过度同构带来的低效竞争的局面。

(二)产业集聚规模将进一步得到提高

现实发展已表明,文化产业集群与城市群的发展是密不可分的,如欧洲西北部城市群的会展和设计产业集群。因此,打造高度集聚和专业化的文化产业集群是区域文化产业和城市群实现高质量发展的关键。近年来,依托区域发达的经济水平、旺盛的文化消费需求、良好的地缘优势、人才条件及文化氛围,长三角地区文化产业的集聚规模保持着稳步上升的态势,已经具备了相当程度的集聚经济,现已形成了"Z"字形走势的文化产业集群①。长三角地区的文化产业集群大都分布在三省一市的中心节点城市,如上海、杭州、南京和合肥,这些城市由于具备了文化产业发展所需的人才、资金、政策和体制等要素条件,吸引了大批的文化企业集聚,整体的空间分布也由此呈现"由点带线"向外辐射的趋势,地区间的文化产业不再有明显的行政区隔。未来可以预见,在"十四五"期间,伴随着体制障碍的破除、区域联动频率的增加以及合作体制和机制的持续优化,在上海、南京、杭州和合肥等中心节点城市的持续辐射和示范作用下,长三角地区将会有更多的优质要素资源汇聚在此地,并逐步形成高度集聚和高度专业化的文化产业集群。

(三)产业发展将更加依靠创新驱动

世界级城市群的高质量和可持续发展,必须以文化创新为抓手,从需求端精准把握消费需求,从供给端优化产品供给,为激发新动能、促进新消费

---

① 胡慧源:《长三角文化产业发展——现状、特点与趋势》,《文化产业研究》2019年第1期,第193页。

而作出贡献①。但一直以来，长三角城市群的文化产业结构处于不合理的状态，文化制造业占据了较高的比重，文化服务业的占比虽一直在提高，但是并没有占据绝对主导地位，产业增长的动力主要来自固定资产投资的外生驱动。这种由投资驱动的文化产业发展与传统的制造业别无二致，体现出的是低附加值的粗放式发展，这与文化产业的集约式发展极其不符。近几年，为了响应供给侧结构性改革、创新驱动和"双循环"的发展战略以及突破创新驱动不足的现实困境，长三角地区也在积极主动转变发展理念、拥抱创新、寻求转型升级。所在区域的文化企业更加注重对优秀传统文化的挖掘和创造性转化、积极探索文化科技的融合发展、强化文化金融等方面的创新，并不断加快平台经济和数字文化产业创新的步伐，创新和创意逐渐成长为长三角地区文化产业发展的新动能。有理由相信，"十四五"期间，创新的内生驱动将会成为长三角文化产业高质量发展的重要增长动力。

（四）产业格局将积极融入"双循环"战略

改革开放以来，我国居民收入水平和生活条件发生了翻天覆地的变化，与之前注重吃饱穿暖相比，现在人们更加重视文化和娱乐等精神层面上的需求，这种需求转向表明文化消费已经成为当前人们生活不可分割的一部分。毋庸讳言，我国已经成长为全球最大的文化消费市场之一，电影产业就是有力的现实例证。但是，目前我国文化产业普遍存在供给质量不高的问题，难以有效满足消费者日趋个性化和多元化的文化需求，这就需要从供给端发力，提供文化精品以满足人们对高品质生活的追求。基于对我国国情的深刻认识和把握，习近平总书记于2020年提出了"双循环"的发展战略，也即构建以国内大循环为主体、国内国际双循环相互促进的新发展格局，这也预示着长三角地区的文化产业甚至全国范围内的文化产业都将会以供给侧改革为主线，通过扩大优质文化产品的供给，推动文化消费的转型升级，更好地

① 花建：《长三角文化产业高质量一体化发展：战略使命、优势资源、实施重点》，《上海财经大学学报》2020年第4期，第36页。

挖掘和利用国内及国外这两个庞大的文化消费市场，用积极的姿态融入"双循环"的新发展格局。

（五）产业"走出去"步伐将进一步加快

长三角是中国开放程度最高和外向型文化企业最为集中的地区，这里的对外文化合作与国际文化贸易表现得尤为活跃①。得益于上海自贸区"一带一路"桥头堡的作用，长三角地区的文化市场得以从过去小范围的国家间交易扩展到东亚、东盟10国和南亚8国等165个共建"一带一路"国家和地区，为跨国文化贸易的开展开拓了更广泛的国际市场。另外，长三角地区为了拓展海外的文化消费市场，也加快文化"出海"的步伐，秉持着"打铁还需自身硬"的发展理念，持续加强文化内容等方面的创新，积极探索中国故事国际表达的有效方式，不断加快优秀产品和服务的开发力度，现已涌现出了一批文化精品，这同样为长三角地区加快"走出去"的步伐夯实了基础。此外，长三角地区的一些重点文化企业也纷纷对外进行投资，如浙江华策影视和江苏凤凰出版集团等，这进一步加快了我国对外文化贸易的步伐。所以，可以预见的是，在"十四五"期间，长三角将会推动更多的优质文化产品成功"出海"，"走出去"的步伐也会越迈越快、越迈越稳，这也将助力中华文化走向世界和我国文化强国目标的建设。

---

① 孔令君、陈抒怡、施晨露：《"借长三角大平台，容易走得更远"》，《解放日报》，https：//www.jfdaily.com/journal/2018-11-30/getArticle.htm？id=262088，最后访问时间：2021年9月27日。

B.4
东北地区文化产业发展
报告（2020~2021）

高学武　徐铭英*

摘　要： "十三五"时期，东北地区文化产业发展呈负增长态势，区域产业发展持续下滑明显，文化产业创新研发动力不足，产业集聚程度较低，专业化水平不高，缺乏龙头企业带动。但文化服务业发展向好，服务质量不断提高，数字科技渗透较好，文旅融合高质量发展成为主旋律。"十四五"时期，在文化强国和东北振兴战略的双重引领下，东北地区文化产业将迎来新的发展时期，冰雪文化将为东北地区文化产业高质量发展赋能，东北地区文化消费需求不断提升，同时对复合型产业人才的需求也将愈加明显。

关键词： 文旅融合　文化产业　东北地区

　　本报告围绕辽宁、吉林、黑龙江三省开展东北地区文化产业发展情况研究。东北地区文化产业资源独具特色，但"十三五"时期整体发展呈负增长态势，文化产业核心竞争力较弱。近年来，随着东北地区经济的整体下滑，文化产业固定资产投资也大幅下滑，辽宁省最为严重，但文化产业固定资产投资在全社会固定资产投资的占比依旧保持小幅提升，文化产业在东北地区经济发展中仍占据较为重要地位。

---

* 高学武，东北财经大学经济与社会发展研究院副研究员，主要研究方向：新兴产业与政策、东北经济与政策；徐铭英，看见（大连）现代产业咨询有限公司研究员，主要研究方向：文旅产业与战略性新兴产业。

一 "十三五"期间东北地区文化产业发展现状

（一）区域文化产业发展呈负增长，年均增速低于全国水平

2015~2020年，东北地区是我国七大区域中唯一处于负增长态势的地区，产业增加值由2015年的1197.1亿元下降至2020年的983.0亿元，年均增速为-3.9%，预计2021年将有所好转。

从各省数据来看，东北地区文化产业下滑主要受黑龙江省影响，黑龙江省文化产业增加值由2015年的383.6亿元下滑至2020年的201.0亿元；吉林省文化产业规模也呈现下降态势，文化产业增加值由2015年的162.3亿元下降至2020年139.0亿元，年均增速为-3.1%；辽宁省文化产业总体增加值由2015年的651.2亿元下降至2020年的643.0亿元，年均增速为-0.3%，是东北地区下降最缓慢的省份（见图1）。

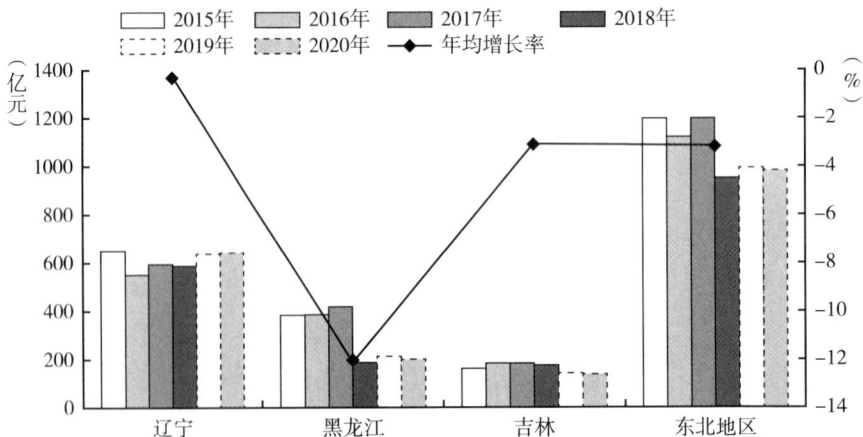

图1 2015~2020年东北地区文化产业增加值增长情况

资料来源：《中国文化及相关产业统计年鉴》（2016~2021）。

（二）人均文化产业增加值与产业集聚均呈现下降态势

2020 年，东北地区人均文化产业增加值为 1001 元，与 2015 年的 1093 元相比有所下滑，年均增速为-1.80%，增长速度处于我国七大区域最低水平。

分地区来看，2015~2020 年黑龙江省人均文化产业增加值年均增速为 8.8%，吉林省年均增速为-0.3%，辽宁省年均增速为 0.3%，截至 2020 年，辽宁省人均文化产业增加值以 1511 元位列东北地区第 1，与第 2 名吉林省拉开了 877 元的差距（见图 2）。

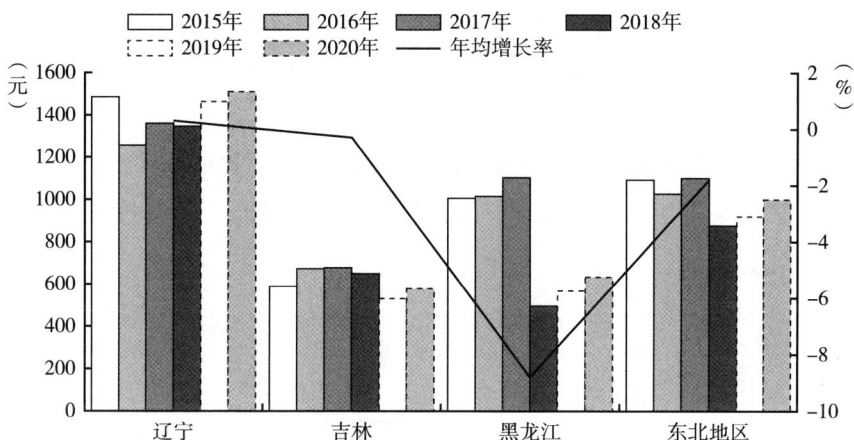

图 2 2015~2020 年东北地区文化产业人均产出情况

资料来源：《中国文化及相关产业统计年鉴》（2016~2021）。

2015~2018 年东北地区劳均文化产业增加值总体呈下降趋势，2019 年有所上升，2020 年又开始下降，2015~2020 年的年均增速为-5.1%。这主要是受到辽宁省和黑龙江省负增长影响，两省年均增速分别为-3.5% 和-13.6%；吉林省以 3.1% 的年均增速保持正增长（见图 3）。

2015~2019 年，东北地区文化产业集聚程度有所下降，在全国范围内不具备发展优势。分地区来看，辽宁省文化产业集聚发展较为稳定，专业化程度最高；黑龙江省文化产业专业化程度基础最好，但 2018 年下降较为明显，

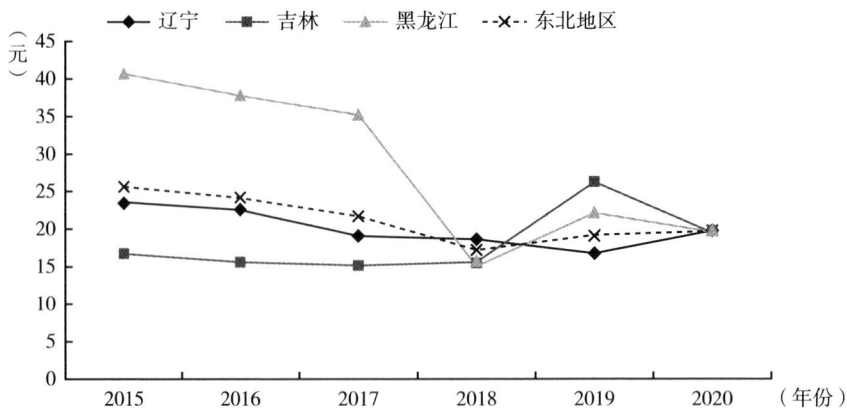

图3 2015～2020年东北地区文化产业劳均产出情况

资料来源：《中国文化及相关产业统计年鉴》（2016～2021）。

导致总体呈现下降趋势；吉林省文化产业集聚水平虽起步基础较弱，但2018年前整体呈增长态势，2018年后开始下降（见图4）。

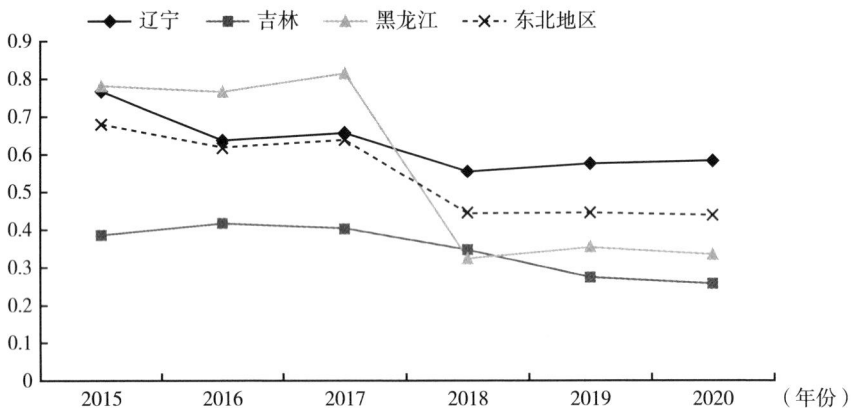

图4 2015～2020年东北地区文化产业区位熵

资料来源：《中国文化及相关产业统计年鉴》（2016～2021）。

（三）文化产业结构逐步调整，文化服务业比重大幅提升

东北地区文化产业法人单位资产总计分行业构成由2015年的24.8：

8.5∶66.7 调整为 2020 年的 10.79∶5.99∶83.22，文化服务业占比显著提升（见图5）。

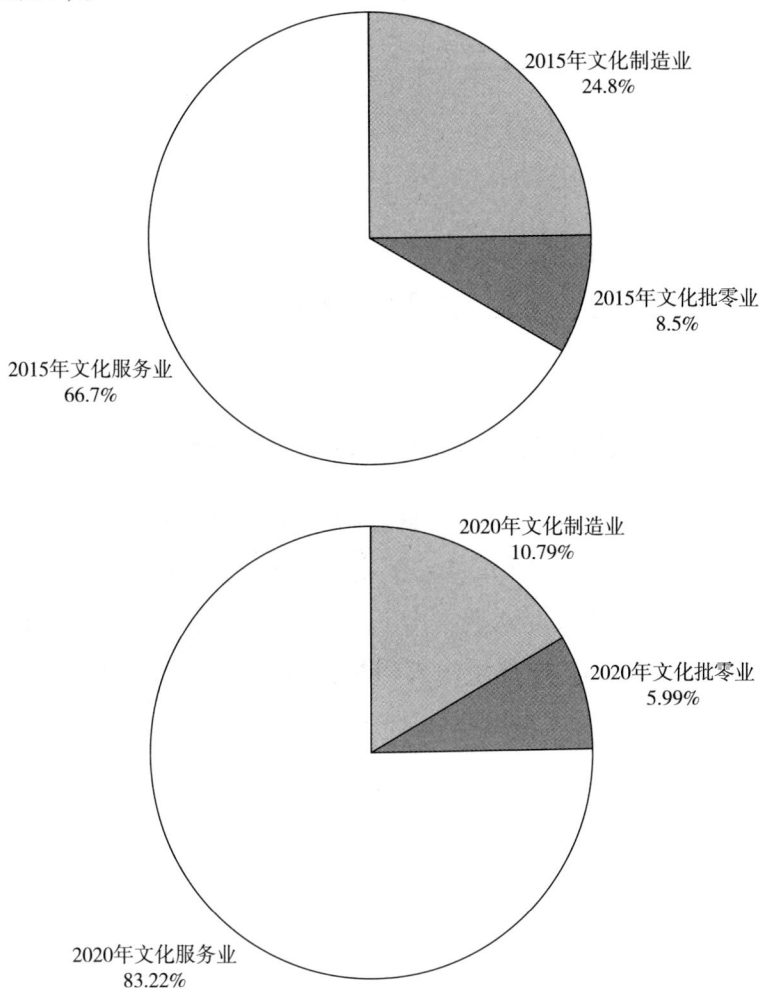

图5 **2015 年与 2020 年东北地区文化及相关产业法人单位资产总计分行业构成**

资料来源：《中国文化及相关产业统计年鉴》（2016~2021）。

　　分地区来看，2015~2019 年三省文化制造业占比均呈现下降趋势；文化批零业占比方面，辽宁省小幅下降，吉林省和黑龙江省呈现增加后下降的趋势；文化服务业占比方面，三省均有明显增长，2019 年，三省服务业占比均超过80%（见表1）。

表1　2015年、2018年及2019年东北地区文化
及相关产业法人单位资产总计分行业构成

单位：%

区域	2015年			2018年			2019年		
	文化制造业	文化批零业	文化服务业	文化制造业	文化批零业	文化服务业	文化制造业	文化批零业	文化服务业
辽宁	28.77	9.82	61.41	14.93	8.29	76.78	13.01	5.95	81.04
吉林	19.55	4.25	76.20	10.22	7.10	82.68	8.03	4.27	87.70
黑龙江	18.25	9.64	72.11	11.13	11.71	77.17	10.79	5.99	83.22

资料来源：《中国文化及相关产业统计年鉴》（2016~2021）。

（四）居民文化消费稳步增长，城乡差距进一步拉大

2015~2019年，东北地区居民文化消费呈稳步增长态势，全部居民人均文化消费支出由2015年的672.0元提高到2019年的803.1元，2020年出现下降，全部居民人均文化消费支出下降至487.64元，年均增长率达到-6.21%。2020年，三省全部居民人均文化消费支出排名为辽宁省（586元）、吉林省（487.6元）和黑龙江省（397元）（见图6）。

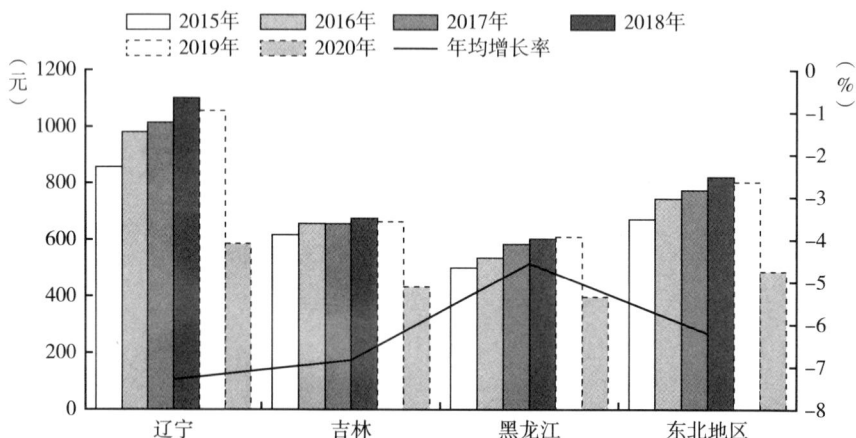

图6　2015~2020年东北地区全部居民人均文化消费支出情况

资料来源：《中国文化及相关产业统计年鉴》（2016~2021）。

东北地区全部居民人均文化消费支出占人均消费支出比重由2015年的4.48%下降至2020年的2.61%，低于同期全国2.68%的占比（见图7）。

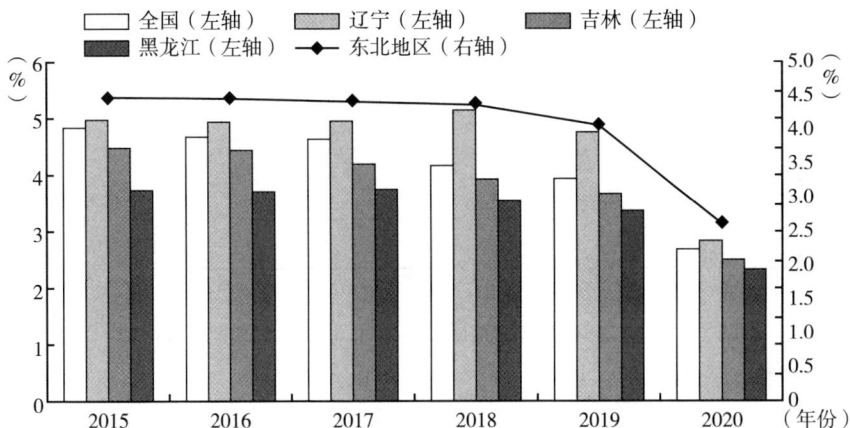

图7　2015～2020年东北地区全部居民人均文化消费支出占居民人均消费支出比重情况

资料来源：《中国文化及相关产业统计年鉴》（2016～2021）。

分城镇和乡村来看，东北地区城镇居民人均文化消费支出在2018年以前呈现稳步增长态势，2019年和2020年有大幅下降。乡村居民人均文化消费支出总体稳定，城乡差距进一步拉大。2015～2020年辽宁省乡村居民人均文化消费支出年均增速为-0.85%，吉林省和黑龙江省分别为-2.84%、-0.38%（见图8、图9）。

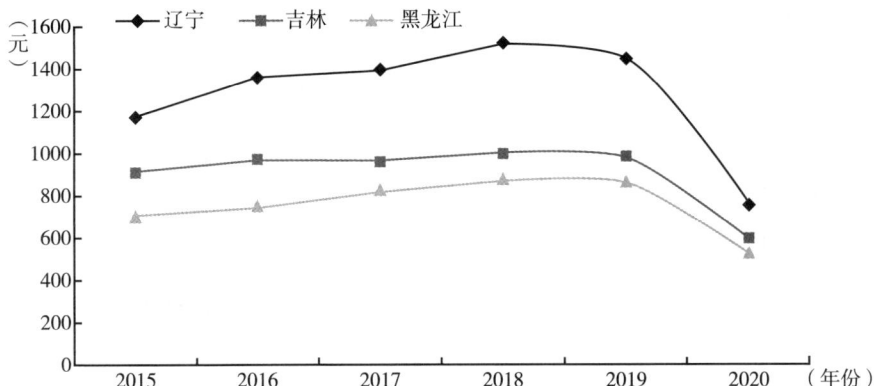

图8　2015～2020年东北地区城镇居民人均文化消费支出情况

资料来源：《中国文化及相关产业统计年鉴》（2016～2021）。

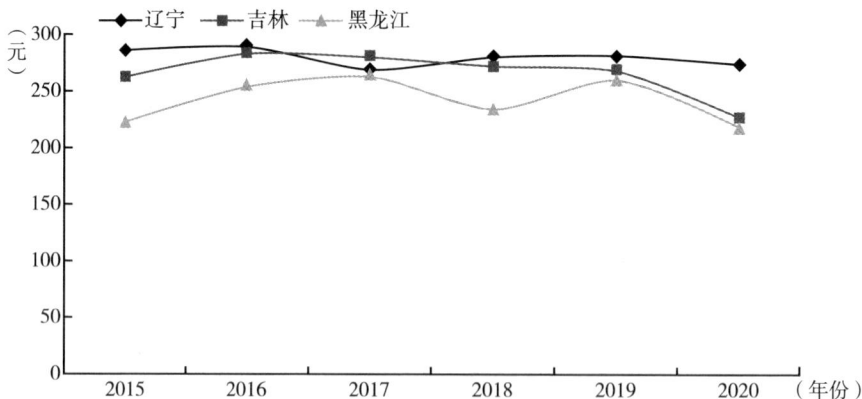

图9　2015～2020年东北地区乡村居民人均文化消费支出情况

资料来源：《中国文化及相关产业统计年鉴》（2016～2021）。

（五）文化产业固定资产投资下滑明显，占全社会比重小幅增长

2015～2020年，东北地区文化及相关产业固定资产投资整体呈负增长趋势，是全国七大区域中唯一呈负增长态势的地区。其中，辽宁省文化及相关产业固定资产投资大幅萎缩，年均增速为-37.50%；黑龙江省年均增速为-10.28%，吉林省则呈现较为稳定的增长趋势，年均增速为7.35%（见图10）。

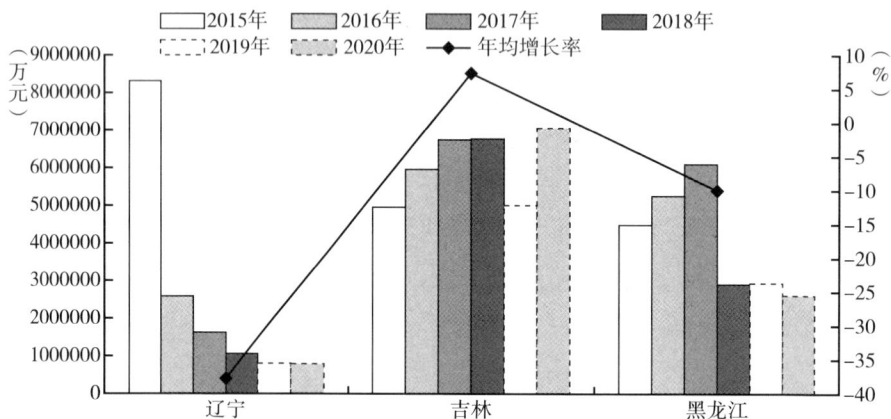

图10　2015～2020年东北地区文化及相关产业固定资产投资情况

资料来源：《中国文化及相关产业统计年鉴》（2016～2021）。

从文化及相关产业固定资产投资额占全社会固定资产投资比重来看，黑龙江省在 2013～2017 年保持平稳增长，2018 年出现大幅度下降，2019～2020 年持续下降；辽宁省自 2015 年出现占比峰值之后开始逐年下降；吉林省总体呈现上升的趋势，只在 2019 年有下降波动，2020 年又快速回升，并且再创新高（见图 11）。

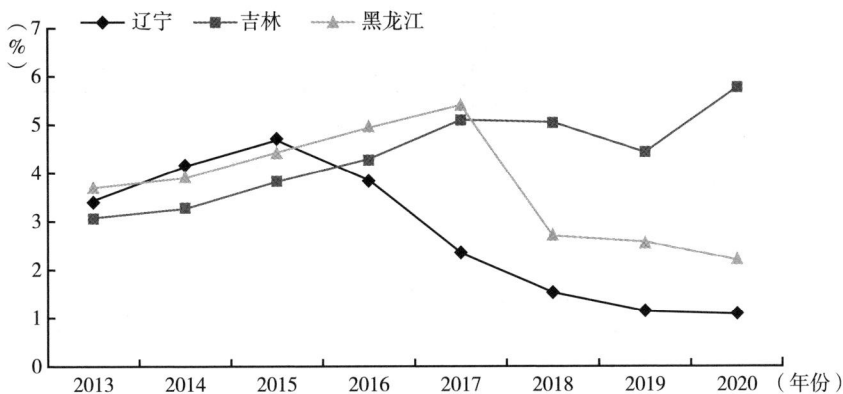

图 11　2013～2020 年东北地区文化及相关产业固定资产投资占全社会固定资产投资比重

资料来源：《中国文化及相关产业统计年鉴》（2014～2021）。

（六）文化企业数量增长较快，带动就业能力不断提升

东北地区规上文化企业总数从 2015 年的 1395 家下降至 2020 年的 1254 家，减少了 10.11%，辽宁、吉林、黑龙江三省的年均增速分别为-2.6%、-3.5%、1.1%。总体来看，东北地区规上文化企业总数在 2019 年大幅度增加之后，在 2020 年都出现了大幅度的减少（见图 12）。

2015～2020 年黑龙江省及辽宁省法人单位数量保持持续增长，年均增速分别为 12.09%、6.92%。吉林省则增长不明显，年均增速为 0.01%，主要是规上企业数减少导致的（见图 13）。

2015～2020 年，东北地区文化法人单位资产总计除在 2019 年有小幅度下降以外，总体呈现增长态势，营业收入有所缩减，文化产业带动就业能力

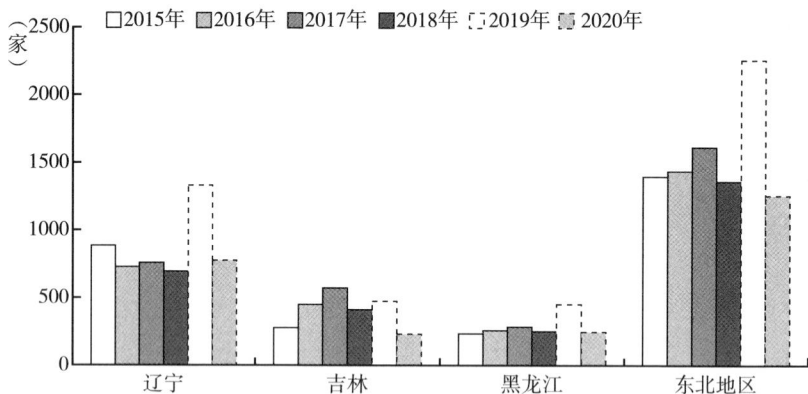

图12 2015~2020年东北地区规上文化企业总数增长情况

资料来源:《中国文化及相关产业统计年鉴》(2016~2021)。

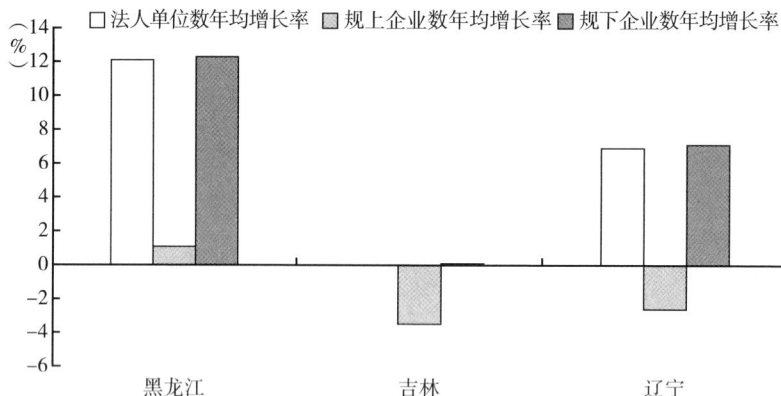

图13 2015~2020年东北地区法人单位数年均增长情况

资料来源:《中国文化及相关产业统计年鉴》(2016~2021)。

进一步提高,从业人员数由2015年的46.73万人增长到2018年的55.32万人,后又下降至2020年的49.91万人(见图14)。

(七)文化产业研发活力不足,市场转化效果不甚理想

东北地区文化企业研发活力不足,有R&D活动的企业数量较少,研发投入资金规模在2018年以前持续减小,2018年出现增加后,又在2019年

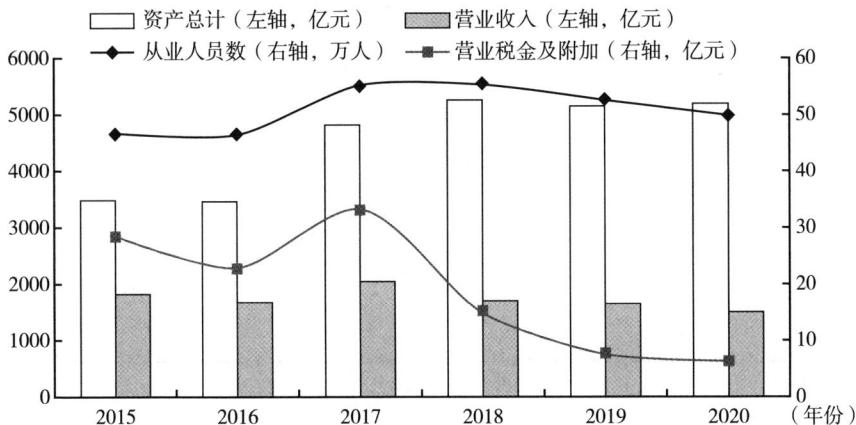

图14　2015~2020 年东北地区文化产业法人单位经营情况

资料来源：《中国文化及相关产业统计年鉴》（2016~2021）。

大幅度减少，2020 年又增加至 41458.9 万元，与全国其他六大地区相比，数据排名不理想（见图15）。

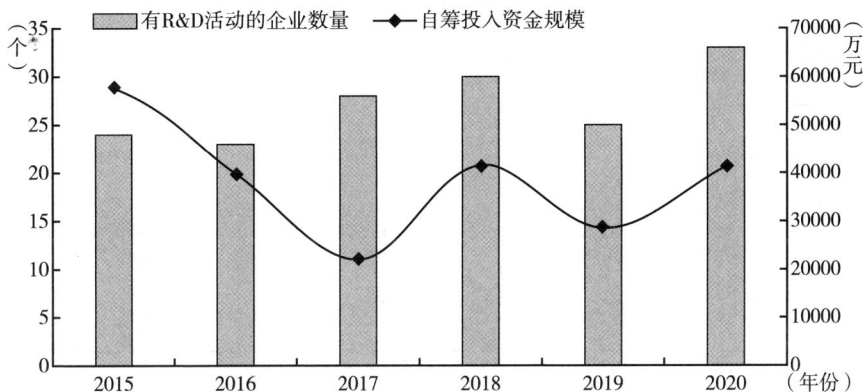

图15　2015~2020 年东北地区文化产业研发投入情况

资料来源：《中国文化及相关产业统计年鉴》（2016~2021）。

2015~2020 年，东北地区有 R&D 活动的文化企业数量占全国规模以上制造业企业比重的增加幅度极小，而占本地区规模以上制造业企业比重的增幅较大，但也在 2020 年出现了很大幅度的下降（见图16）。

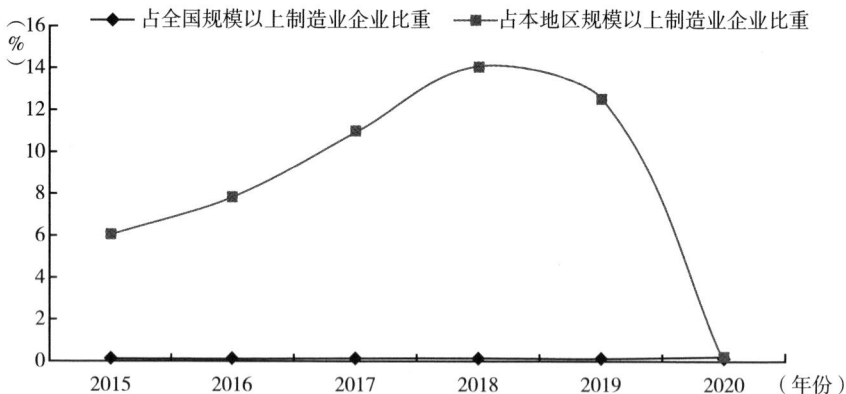

图16 2015~2020年东北地区有R&D活动文化企业数占规上制造业企业总数比重情况

资料来源:《中国文化及相关产业统计年鉴》(2016~2021)。

2015~2020年东北地区有效发明专利数呈现先增后减再增加的趋势,新产品项目数的增长有波动,出现先减少后增加的情况(见图17)。

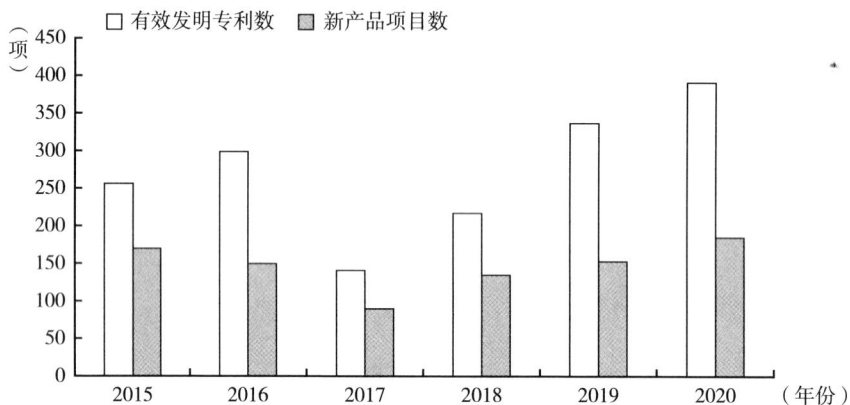

图17 2015~2020年东北地区规上文化制造业有效发明专利数和新产品项目数

资料来源:《中国文化及相关产业统计年鉴》(2016~2021)。

东北地区文化制造业单位新产品平均销售收入在2018年大幅度上升之后,在2019年和2020年出现持续降低的情况,从2015年的1201.49万元增加到2018年的5986.16万元,又下降到2020年的2276.24万元。其中,吉林省 2019 年新产品平均销售收入为 7667.88 万元，高于辽宁（2569.84 万元）和黑龙江（4513.00 万元）两省之和（见图 18）。

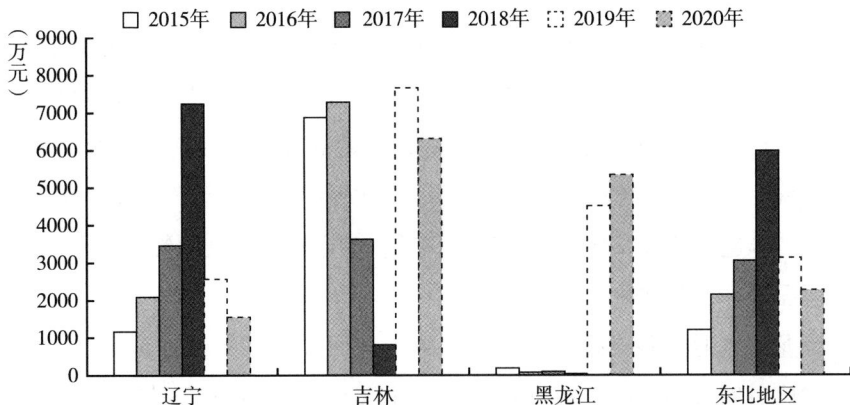

图 18　2015~2020 年东北地区文化制造业单位新产品平均销售收入情况

资料来源：《中国文化及相关产业统计年鉴》（2016~2021）。

二　"十三五"期间东北地区文化产业发展特征

（一）东北地区文化服务业发展向好，服务质量不断提升

"十三五"时期，东北地区文化产业结构不断调整，文化服务业比重不断攀升，电影电视、体育、艺术、文物及娱乐服务等文化服务业发展较好。为营造良好营商环境，政府部门高度重视文化产业市场服务质量，以旅游市场监管为突破口，加强文化市场执法力度，不断改善文化市场发展环境。面对新冠疫情带来的艰巨挑战，东北地区也积极采取各项措施，为文化市场提供健康发展保障。

辽宁省组织多级文化市场综合执法培训，提高服务质量。出台和实施《辽宁省文化和旅游业复工复产疫情防控措施 20 条》等多项政策，积极应对疫情冲击，确保群众生命安全。大连市通过分类指导、精准发力切实扎牢

文化和旅游系统疫情防控安全网。省财政厅筹集 2 亿元资金，助力省内旅游企业缓解疫情影响导致的经营困难，充分展现政府服务功能①。

吉林省率先发布全国首个疫后产业振兴计划——文旅春风计划，全力支持企业发展、渡过难关，助力产业发展②。印发《关于规范冬季旅游市场经营秩序的通知》，加强经营行为管理与疫情常态化防控；推动金融机构与优质文旅项目对接，提高服务质量，营造良好营商环境。在文旅融合背景下，长春市首家文化旅游公共服务综合体于 2019 年 12 月 30 日正式挂牌运营，在阅读、非遗、培训、研学、文创等领域，为市民提供文旅综合展示服务平台，全面提升公共文化服务水平。

黑龙江省通过各类行动计划的实施，全面提升文化产业服务质量。开展全省旅游服务质量提升行动计划，组织实施文旅市场"利剑 2019"、边境旅游市场专项整治、"安全生产月"和文物建筑火灾隐患排查整治等各类专项整治行动，针对哈尔滨、牡丹江、伊春、漠河等重点地区及重点线路旅游市场进行重点监管，重点关注冬季旅游市场安全监管。为加强新冠疫情防控，全面暂停旅游产品③。在文旅行业审批、文物审批、"证照分离"商事制度、"放管服"服务等方面持续深化改革，全面优化营商环境氛围④。

（二）新冠疫情助推下，东北地区文化产业数字科技得到快速渗透

2020 年初突如其来的新冠疫情对文化产业带来结构性冲击与影响，在大数据、5G、VR、人工智能技术和新基建的快速发展背景下，东北地区不

---

① 《辽宁财政筹资 2 亿元支持旅企发展》，https：//www. mct. gov. cn/whzx/qgwhxxlb/ln/202008/t20200811_ 874039. htm，最后访问时间：2021 年 9 月 28 日。
② 《吉林文旅"春风计划"九任务助推产业发展》，https：//www. mct. gov. cn/whzx/qgwhxxlb/jl/202002/t20200224_ 851241. htm，最后访问时间：2021 年 9 月 28 日。
③ 黑龙江省 2021 年 12 月 1 日《加强冬季旅游市场秩序整治新闻发布会》网上文字直播，https：//www. hlj. gov. cn/33/49/788/index. html，最后访问时间：2021 年 9 月 28 日。
④ 黑龙江省 2020 年 1 月 10 日《"重振雄风再出发·龙江这一年"主题系列新闻发布会：文化和旅游专场》网上文字直播，https：//www. hlj. gov. cn/ftzb/system/2020/01/10/010917557. shtml，最后访问时间：2021 年 9 月 28 日。

断探索尝试"云直播""云综艺""云导游"等线上方式，积极利用数字科技发展文化产业新业态、新模式，以此对冲疫情带来的产业动荡，文化产业数字化发展在东北地区得到较好渗透。

2020年，黑龙江省开展了"云游览""云演出"等各类活动。省文旅厅发布了"云游龙江"系列内容，通过图片、视频、全景VR等方式，实现线上游览13个地市风光。成立网络表演（直播）委员会，将演出活动转移到网络大舞台，实现线上观看；为营造良好和谐的网络直播空间，制定《黑龙江省演出行业协会网络表演（直播）委员会健康有序发展计划》，推动网络表演（直播）持续健康发展①。

辽宁省注重电商直播产业发展，出台《关于推动电商直播提质网红经济促进网络消费的指导意见》，以电商直播载体、主播运营人才、创新发展模式等方面为重点，进一步探索疫情防控下辽宁省文化产业线上发展新业态。各类文化产业载体也积极开设线上数字平台，以数字科技带动文化的多样传播②。

"互联网+"模式在吉林省文化产业发展上实现较好渗透。吉林省积极布局"一部手机游吉林"，推出了"吉旅行"App；通过"赋能·重构"2020智慧博物馆创新论坛活动，成立中国第一家智慧博物馆联合实验室，探索博物馆核心业务智能化升级③；通过全球文化旅游创享者大会暨吉林文旅新媒体"双百计划"总结会活动，加强与马蜂窝旅游合作，探索"文旅+互联网"新模式。④

---

① 《省演艺集团拓展线上生存发展之路 成立专门委员会推出系列"云演出"》，https：//baijiahao. baidu. com/s？id=1663821174759265069&wfr=spider&for=pc，最后访问时间：2021年9月28日。

② 《辽宁20条措施推动文旅业复工复产》，https：//www. mct. gov. cn/whzx/qgwhxxlb/ln/202003/t20200330_ 852173. htm，最后访问时间：2021年9月28日。

③ 《"赋能·重构"2020智慧博物馆创新论坛在长春举行》，https：//www. mct. gov. cn/whzx/qgwhxxlb/jl/202009/t20200922_ 875286. htm，最后访问时间：2021年9月28日。

④ 《吉林举办全球文旅创享者大会》，https：//www. mct. gov. cn/whzx/qgwhxxlb/jl/202012/t20201217_ 919666. htm，最后访问时间：2021年9月28日。

（三）文旅融合高质量发展成为东北地区文化产业发展主旋律

文化和旅游部挂牌成立以来，加快了"以文促旅、以旅彰文"的文旅融合步伐。2020年是东北地区深化推进文旅融合、提升文化地位、强化旅游建设之年，新兴业态、高端项目不断呈现，推动文旅融合高质量发展。

辽宁省文化和旅游融合发展保持良好发展态势。2019年，辽宁省累计接待国内旅游人数63875.6万人次，与上年同期相比增长13.6%；旅游总收入6222.8亿元，与上年同期相比增长15.9%；旅游项目投资251.3亿元，与上年同期相比增长17%[1]。辽宁省拥有丰富的文化遗产资源，为促进资源转化为旅游品牌，2018年以来，辽宁省政府出台系列政策与措施，并设立2亿元旅游发展专项基金，促进文旅融合发展[2]。

吉林省探索发展文旅融合新模式。2019年吉林省接待游客数量为24833万人次，同比上涨12.1%；旅游收入4920.4亿元，同比上涨16.8%[3]。文旅融合发展较好。吉林省交通旅游集散中心联盟"美好2020·幸福长春直通车"、长春市图书馆的新型城市阅读空间"城市阅书房"、长春市非物质文化遗产保护中心"非遗传承基地"、吉林省中小学教学研究会"好少年成长中心"等各类文旅融合项目纷纷成立运营。[4] 延边州以"旅游兴州"创新文旅融合发展路径，揭牌成立延边州文化广播电视和旅游局。

文旅融合推动黑龙江省旅游业提档升级。2019年黑龙江省接待国内外游客2.2亿人次，同比增长19%；实现旅游收入2684亿元，同比增长19.6%。黑龙江省通过积极开发哈尔滨万达文旅城、哈尔滨西城红场红塔时尚中心和

---

① 《辽宁推进文旅融合高质量发展》，https://www.mct.gov.cn/whzx/qgwhxxlb/ln/202001/t20200113_850261.htm，最后访问时间：2021年9月29日。

② 《叫响辽宁品牌 辽宁全面发力做强文化旅游》，https://www.mct.gov.cn/whzx/qgwhxxlb/ln/201909/t20190911_846772.htm，最后访问时间：2021年9月29日。

③ 《2019年吉林省旅游产业发展现状及趋势分析［图］》，https://www.chyxx.com/industry/202007/885591.html，最后访问时间：2021年9月29日。

④ 《长春首家文旅公共服务综合体挂牌运营》，https://www.mct.gov.cn/whzx/qgwhxxlb/jl/202001/t20200117_850401.htm，最后访问时间：2021年9月29日。

融创文化产业园等文旅融合大项目建设，累计带动旅游业投资超300亿元，为旅游业发展提供新动力①；通过举办非遗文化进景区等系列文旅融合文艺表演活动，充分释放龙江魅力，文化和旅游融合发展得到全面推进。

三 "十四五"期间东北地区文化产业发展趋势与展望

（一）冰雪产业将迎来发展高峰，为东北地区文化产业高质量发展赋能

随着2022年北京冬奥会的成功申报，以及在"鼓励三亿群众参与冰雪运动"的契机下，冰雪文化成为新的发展热点。黑龙江省最早发展冰雪文化，依托冰雪大世界、太阳岛雪博会等活动，成功将冰雪文化发展为重点产业②。吉林省依托长白山粉雪资源，结合少数民族文化，以"冰雪旅游、冰雪体育、冰雪文化"为核心，构建"3+X"产业体系，冰雪产业进入黄金发展期③。辽宁省推出"冰雪+"系列产品及冬季旅游精品线路，顺应居民消费升级趋势，全面打开冰雪文旅市场④。

2020年虽然新冠疫情暴发给冰雪产业造成了巨大影响，但随着后疫情时代的到来，以及2021年雪季的来临，旅游业稳步有序复苏，游客被压抑的消费需求逐步释放。中国旅游研究院《中国冰雪旅游发展报告2021》数据显示，53%的游客选择维持往年消费水平甚至增加预算⑤。预计东北地区冰雪产业将迎来飞跃式发展，为东北地区文化产业高质量发展赋能。

---

① 《建设如画龙江 共享美好生活》，https://www.mct.gov.cn/whzx/qgwhxxlb/hlj/202101/t20210113_920721.htm，最后访问时间：2021年9月29日。

② 王镜然、王球琳、张颖：《黑龙江省冰雪文化产业发展策略》，《科技经济市场》2021年第4期，第141页。

③ 《吉林雪博会推动冰雪经济高质量发展》，https://www.mct.gov.cn/whzx/qgwhxxlb/jl/201912/t20191216_849598.htm，最后访问时间：2021年9月29日。

④ 《冷资源变热经济 辽宁"冬季旅游不冻手"》，https://www.mct.gov.cn/whzx/qgwhxxlb/ln/202012/t20201207_918892.htm，最后访问时间：2021年9月29日。

⑤ 《大数据显示：冰雪旅游成"热经济"》，https://baijiahao.baidu.com/s?id=1688916064402035766&wfr=spider&for=pc，最后访问时间：2021年9月29日。

（二）东北地区文化消费提质扩容，新项目新业态或将成为关键

2020 年 3 月，国家发展改革委、中央宣传部、教育部等 23 部门联合印发《关于促进消费扩容提质加快形成强大国内市场的实施意见》，对文旅休闲消费提质升级进行重点推进。我国具备强大的文化消费市场规模优势，促进文化消费提质升级，已成为不可阻挡的发展趋势。① 以成都为例，作为国家文化和旅游消费示范城市，通过成都融创文旅城、绵阳"方特东方神画"等新项目、新业态的建设布局，结合年度文化和旅游消费季活动，极大地拉动了文化消费，有效增加游客量，创造本地就业机会，促进了文化消费提质扩容，为文化产业发展提供充足后劲。

"十三五"时期，东北地区居民文化消费水平不断增长，文化消费需求愈加强烈，同样作为示范城市的吉林省长春市以及作为试点城市的吉林市，当前还仅停留在通过发放惠民文化和旅游电子消费券的形式来促进文化和旅游市场复苏。进入"十四五"发展新时期，在新世代消费群体崛起、消费场景多元化的内外因素作用下，或许以成都为代表的新项目、新业态拉动的文化消费提质扩容模式，将为下一步东北地区文化产业发展提供经验。结合数字技术，沉浸式、互动性、创新型、多样化的新项目、新业态，或将重新定义东北地区文化产业消费市场。

（三）专业人才的保育与素质提升，在东北地区文化产业中的地位愈加重要

东北地区作为老工业基地有着辉煌的发展历史，但改革开放不断深入，东北地区经济发展速度不断被赶超。东部沿海地区对人才吸引力度不断加强、人才培育与外来人才引进机制不断完善，东北地区人才吸引力相比较

---

① 《2020 文化产业十大关键词、十大特征及 2021 趋势预测发布》，https://baijiahao.baidu.com/s? id = 1689577719279241366&wfr = spider&for = pc，最后访问时间：2021 年 9 月 29 日。

弱，年轻化的高层次、技术骨干人才大量流失[1]，其中不乏文化产业急需的跨领域、跨学科的复合型新兴行业人才。

尽管"十三五"时期以来，东北地区围绕人才保有、培育和素质提升开展了一系列活动、出台了一系列政策，但力度及效果仍不及东部沿海地区。未来在国家文化强国建设背景之下，全国文化产业人才需求都将大幅增加，如何应对更加激烈的人才竞争，如何发挥高校企业资源基础、加快培育专业复合型人才，如何提高现有人才专业技能与素养，将成为东北地区相关部门及产业从业者、引领者需要思考的问题，人才在东北地区文化产业发展中的地位愈加重要。

---

[1] 郭子宸：《人才流失对东北地区经济影响分析及对策建议》，《时代经贸》2021年第1期，第82页。

B.5
东南地区文化产业发展
报告（2020~2021）

古珍晶*

摘　要： 东南地区地理区位优越，经济发展全国领先，产业要素聚集良好，文化产业发展基础十分优越。"十三五"期间，东南地区文化产业势头依然强劲，尤其是区域高度协同创新、新兴业态快速增长、文化科技深入融合、国际文化市场拓展方面，文化产业发展卓有成效。"21世纪海上丝绸之路"、国家粤港澳大湾区战略、中国特色社会主义先行示范区建设、海南自由贸易港建设等，为东南地区文化产业腾飞提供重大历史机遇。尽管近年来受新冠疫情影响文化产业发展偶有波动，"三省三地"区域联动速度放缓，但作为中国南部发展重镇，东南地区在文化产业跨区域联动、产业业态融合创新及优化相应体制机制、推动国际协作机制改革等方面不断探索，以开放的姿态先行先试，为不同地区文化产业发展提供了新的借鉴。

关键词： 东南地区　区域联动　融合创新　文化产业

东南地区是广东、福建和海南三个省的区域简称。"十三五"期间，东南地区颁布实施多项国家战略，全面部署了东南地区发展新格局。其间，东

---

* 古珍晶，经济学博士，深圳职业技术大学数字创意与动画学院教师，主要研究方向：制度创新与文化创意经济。

南地区文化产业总值依然强势增长，文化业态创新引领全国，公共文化服务建设成效卓越，文化遗产保护备受关注。这一时期东南地区文化产业的最大特点是区域联动发展频繁且效果显著、文化产业国际化发展迅速、政策利好加速区域文化产业各要素流动协作。

一　"十三五"期间东南地区文化产业发展现状

（一）区域文化产业高速增长，文化产业增加值逐年递增

2015~2020年，恰逢国家"十三五"规划、"一带一路"倡议、粤港澳大湾区政策实施，为东南地区文化产业发展带来重大历史机遇。东南地区各省区市文化产业呈现健康快速发展态势。2015~2020年，东南地区文化产业增加值年均增速高达12.2%，从4830亿元增长至8572亿元，文化产业占GDP的比重由4.71%提升至5.35%，呈高速发展态势。据此增长形势，预计2021年东南地区文化产业增加值将远超全国其他地区。

分省区市来看，广东省文化产业发展依然在东南地区领先，2020年文化产业增加值达到6211亿元，占据东南地区大部。2015~2020年，东南地区文化产业发展最迅速的是福建省，年均增速达到了15.1%，其次是海南省达12.1%，广东省的增速有所放缓为11.2%。2015~2020年，海南省的文化产业增加值总量远远低于同区域的广东、福建两省，2020年增长了195亿元，但其文化产业增加值依旧逐年稳步增长（见图1）。

（二）从业人员人均文化产业增加值快速增长，产业集聚增减相间

东南地区人均文化产业增加值呈现出稳步增长态势，2015~2020年年均增长率达到9.20%。分地区来看，福建省增长最快，增速高达13.30%，海南、广东依次降低，分别为9.70%和7.90%（见图2）。2015~2020年东南地区从业人员人均文化产业增加值总体呈上升趋势（年均增长率为11.5%），其中广东、福建年均增速较大，分别为11.9%和10.5%，海南年

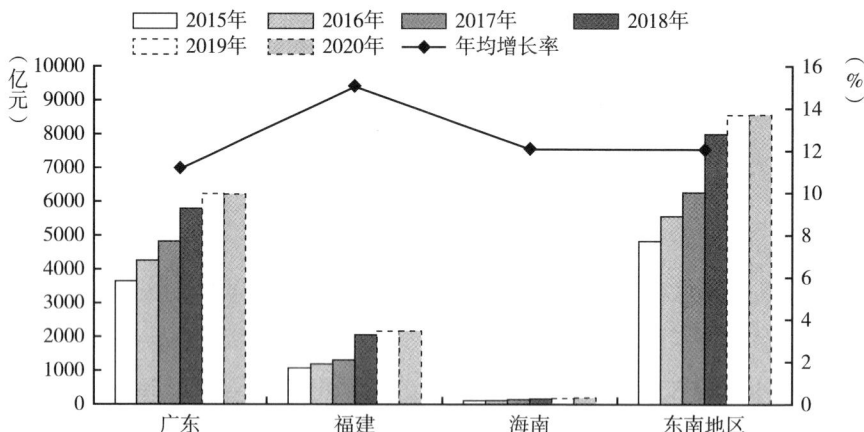

图1 2015~2020年东南地区文化产业增加值增长情况

资料来源：《中国文化及相关产业统计年鉴》（2016~2021）。

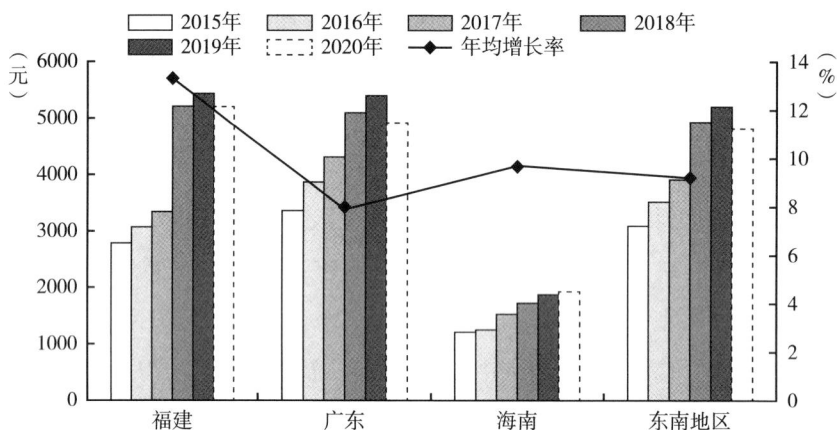

图2 2015~2020年东南地区文化产业人均产出情况

资料来源：《中国文化及相关产业统计年鉴》（2016~2021）。

均增速较小，仅为3.3%（见图3）。

文化产业发展不断推进，必然形成集聚式发展。产业集聚是衡量文化产业发展程度的重要指标之一，2015~2019年东南地区文化产业集聚发展增减相间。分地区来看，广东省文化产业集聚发展最为明显，2020年区位熵达1.27，

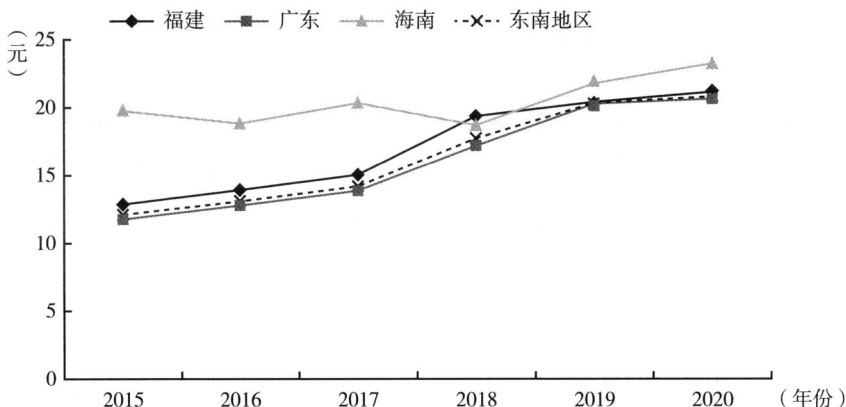

图3 2015~2020 年东南地区从业人员人均文化产业增加值

资料来源：《中国文化及相关产业统计年鉴》（2016~2021）。

在全国范围内处于优势区间，文化产业专业化程度最高；福建文化产业集聚发展也相对较好，2017 年以前缓慢下降后至 2018 年开始明显升温，并在 2019年又小幅回落，整体呈波浪式发展。而海南在 2015~2019 年文化集聚程度有增有减，但一直处于比较劣势区间，产业专门化率也依然在相对劣势区间。除海南省外，东南地区其余两省文化产业集聚发展均处于相对优势（见图4）。

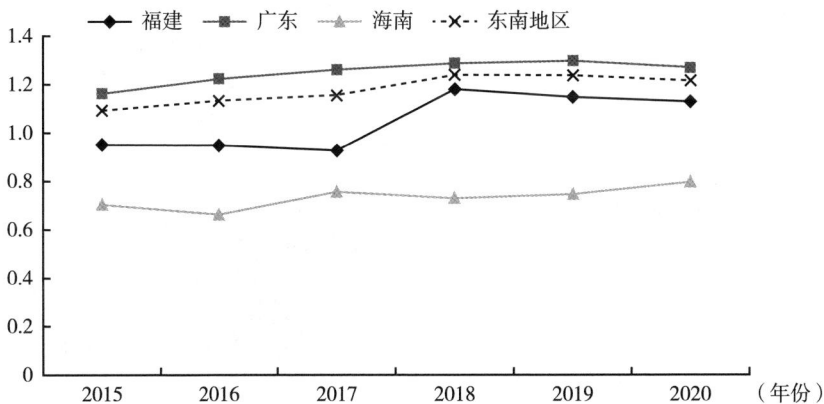

图4 2015~2020 年东南地区文化产业区位熵

资料来源：《中国文化及相关产业统计年鉴》（2016~2021）。

（三）文化产业结构持续优化，文化服务业占绝对比重

东南地区文化产业法人单位资产总计分行业构成由 2015 年的 44.88∶11.03∶44.09 调整为 2020 年的 32.81∶7.71∶59.49，文化服务业占比显著提升，文化制造业占比显著下降，文化批零业占比小幅下降（见图 5）。

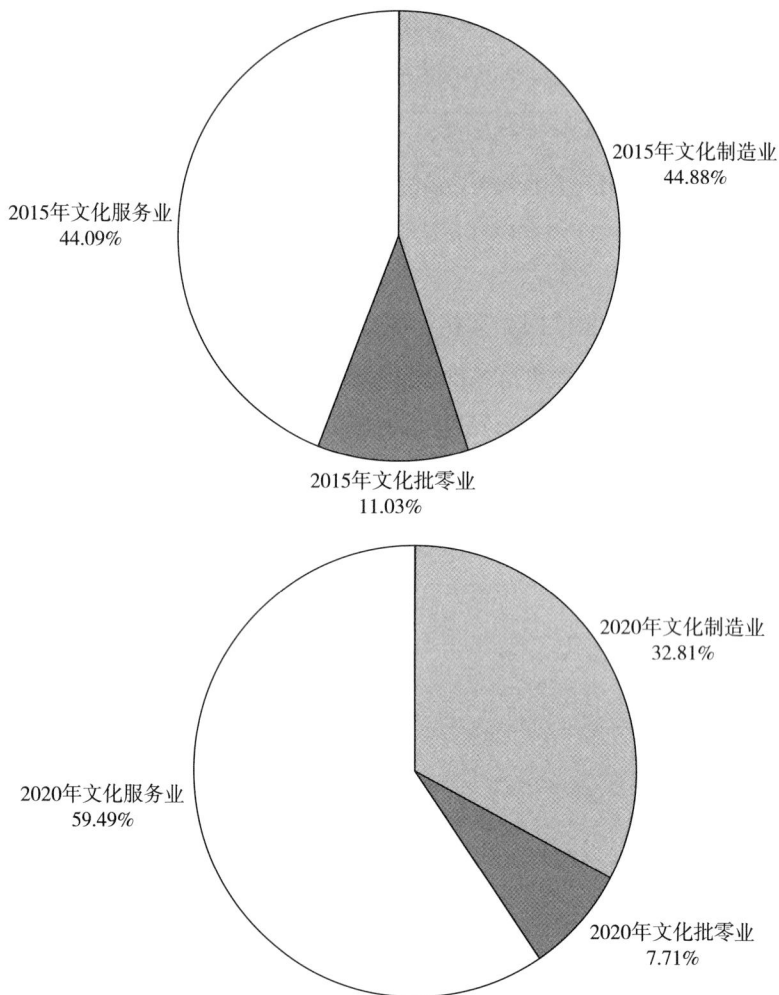

2015年文化制造业
44.88%

2015年文化服务业
44.09%

2015年文化批零业
11.03%

2020年文化制造业
32.81%

2020年文化服务业
59.49%

2020年文化批零业
7.71%

图 5　2015 年与 2020 年东南地区文化及相关产业法人单位资产总计分行业构成

资料来源：《中国文化及相关产业统计年鉴》（2016~2021）。

分地区来看，东南三省的文化制造业占比均不同程度下降；批零业占比除海南有小幅上升外，其余两省均有不同程度的下降；文化服务业占比均有较大幅度的增加，其中广东省的文化服务业占比超过60%，福建省的文化服务业占比相对较低（见表1）。

表1 2015年与2020年东南地区文化及相关产业法人单位资产总计分行业构成

单位：%

地区	2015年			2020年		
	文化制造业	文化批零业	文化服务业	文化制造业	文化批零业	文化服务业
福建	43.93	13.28	42.79	42.12	11.91	45.97
广东	45.39	10.89	43.72	31.34	7.11	61.55
海南	38.11	4.49	57.40	34.43	6.47	59.09

资料来源：《中国文化及相关产业统计年鉴》（2015~2020）。

（四）居民文化消费稳步增长，城乡差距逐步缩小

东南地区全部居民人均文化消费支出在2015~2020年，除2018年、2020年有所下降以外，其他时间呈现稳步增长，全部居民人均文化消费支出由2015年的1012.9元提高到2019年的1072.5元，但2020年减少到684.8元，全部居民人均文化消费支出年均增长率为-7.53%。增速虽然低于全国平均水平，但支出水平稳定在高均值上（见图6）。同时，东南地区居民人均文化消费支出占居民人均消费支出的比重持续下降，广东呈现大幅下降趋势（见表2）。

分城镇和乡村来看，2015~2020年东南地区三省区城镇、乡村居民人均文化消费支出呈现不同发展态势。2020年前，城镇居民人均文化消费支出总体发展平稳，而乡村居民人均文化消费支出呈显著增长态势。从城镇与乡村对比来看，广东、福建城镇和乡村居民文化消费比逐步缩小，而海南城镇和乡村居民文化消费比变化较小。2020年受新冠疫情影响，三省区城镇和乡村居民人均文化消费支出均有所下降（见图7和图8）。

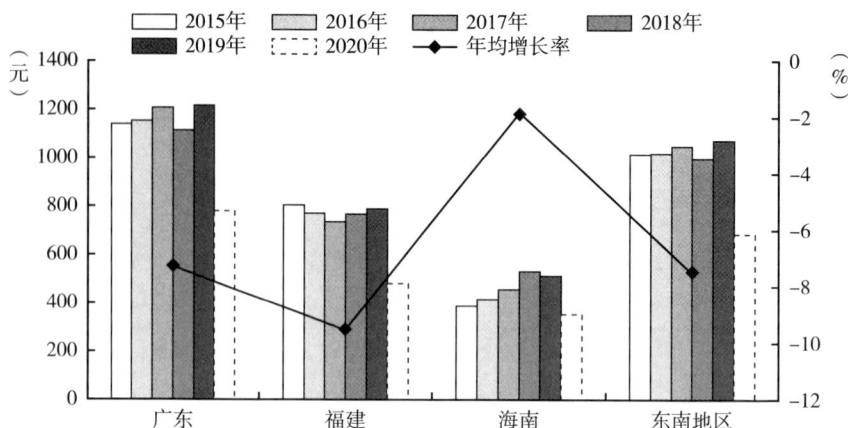

图6 2015~2020年东南地区全部居民人均文化消费支出情况

资料来源:《中国文化及相关产业统计年鉴》(2016~2021)。

表2 2015~2020年东南地区居民人均文化消费支出占居民人均消费支出比重情况

单位:%

地区	2015年	2016年	2017年	2018年	2019年	2020年
全国	4.84	4.68	4.64	4.17	3.94	2.68
福建	4.26	3.82	3.46	3.34	3.12	1.91
广东	5.43	4.92	4.86	4.28	4.19	2.73
海南	2.85	2.89	2.96	3.03	2.62	1.86
东南地区	5.06	4.60	4.48	4.01	3.89	2.52

资料来源:《中国文化及相关产业统计年鉴》(2016~2021)。

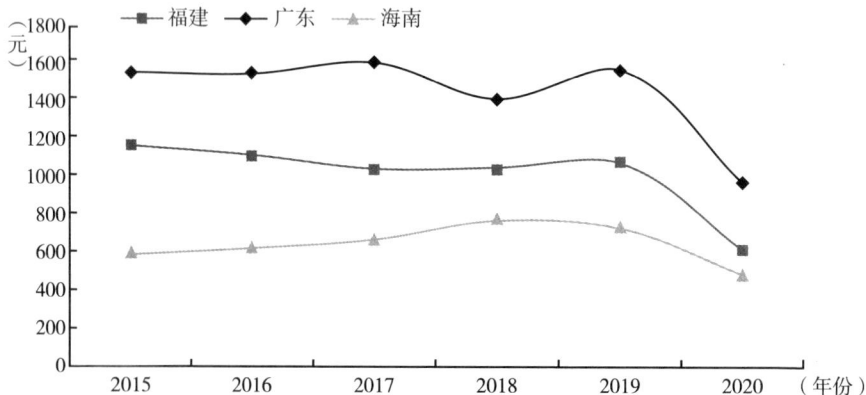

图7 2015~2020年东南地区城镇居民人均文化消费支出情况

资料来源:《中国文化及相关产业统计年鉴》(2016~2021)。

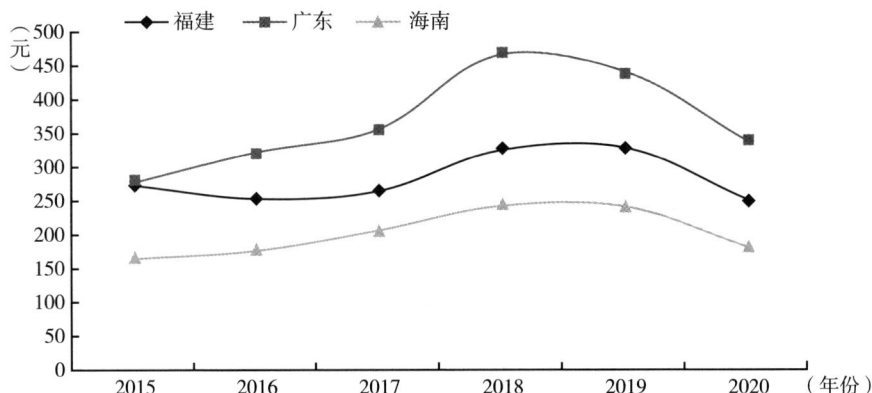

图8　2015~2020年东南地区乡村居民人均文化消费支出情况

资料来源：《中国文化及相关产业统计年鉴》（2016~2021）。

（五）文化产业固定资产投资快速增长，占全社会比例平稳提升

东南地区文化及相关产业固定资产投资增速较快，依旧领先全国其他区域。从东南地区不同省份来看，福建省增长最快，年均增长率达到25.65%，其次为广东、海南，年均增长率依次为14.43%和4.39%（见图9）。

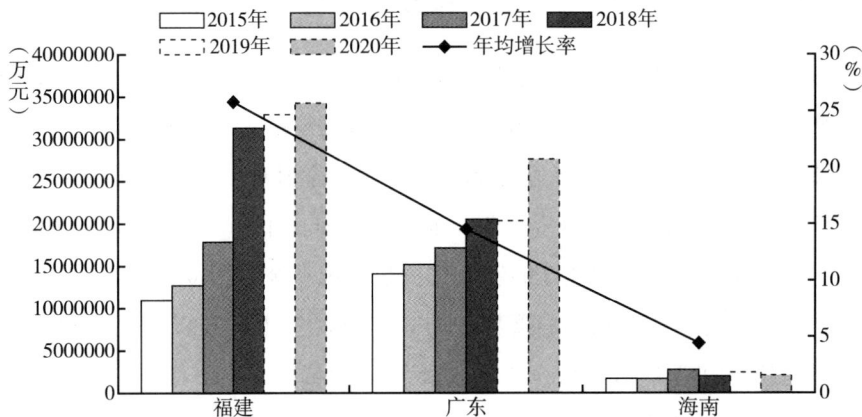

图9　2015~2020年东南地区文化及相关产业固定资产投资情况

资料来源：《中国文化及相关产业统计年鉴》（2016~2021）。

从文化及相关产业固定资产投资占全社会固定资产投资比重来看，东南地区总体呈现向上增长态势。从各省来看，海南省和福建省增速较快；广东省趋势较为平稳，但在 2019 年有小幅下降，并在 2020 年回升（见图 10）。

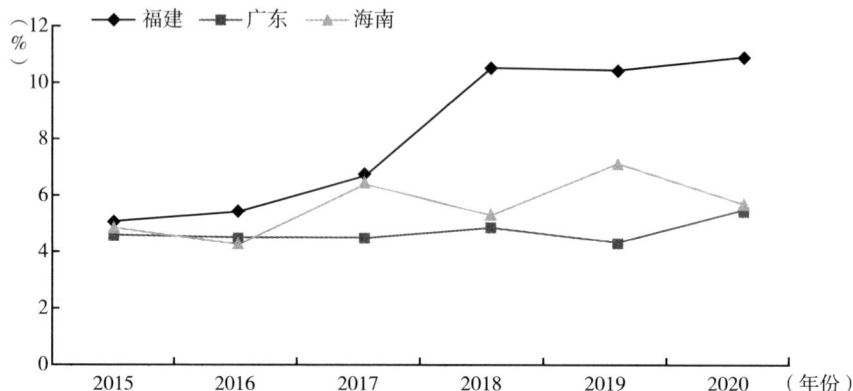

图 10　2015~2020 年东南地区文化及相关产业固定资产
投资占全社会固定资产投资比重

资料来源：《中国文化及相关产业统计年鉴》（2016~2021）。

（六）文化企业规模扩大、收益增长，显著带动就业

东南地区规上文化企业总数从 2015 年的 9347 家增加到 2020 年的 13640 家，增长了 45.9%。2015~2020 年，海南省增长最快，增速为 12.3%，广东省依旧保持高速增长，增速为 8.3%，福建省相对较缓，增速为 6.4%。2020 年受疫情影响，各省规上文化企业总数均有所下降（见图 11）。

2015~2020 年，东南地区的法人单位数、规下企业数也大幅增长，其中广东、海南两省增长迅猛，各项数据均达 20% 以上（见图 12），属于全国较高水平。2020 年受疫情影响，各项数据有所下降。

2015~2020 年东南地区文化产业法人单位资产总计、营业收入、从业人员数、营业税金及附加呈现不同发展走势。东南地区的文化产业带动就业能力稳步提升，从业人员数由 2015 年的 398.88 万人增长至 2018 年的最高点

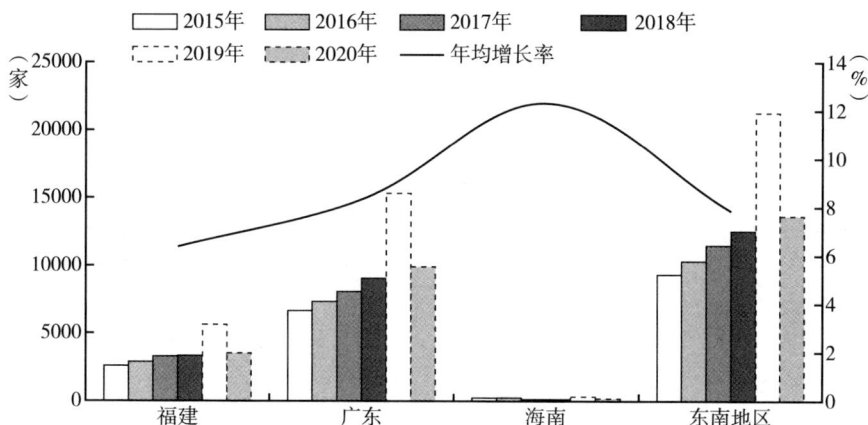

图 11　2015~2020 年东南地区规上文化企业总数增长情况

资料来源：《中国文化及相关产业统计年鉴》（2016~2021）。

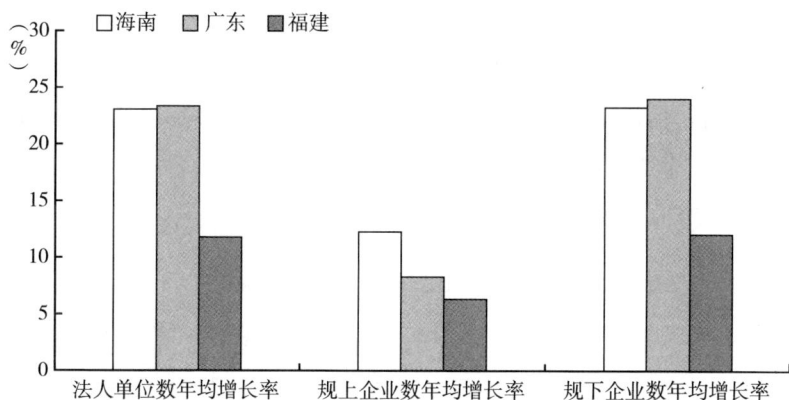

图 12　2015~2020 年东南地区法人单位数年均增长情况

资料来源：《中国文化及相关产业统计年鉴》（2016~2021）。

451.32 万人后在 2019 年出现回落；资产总计从 2015 年的 23050.13 亿元增长到 2020 年的 44827.79 亿元；营业收入基本也逐年增加；营业税金及附加增长至 2017 年的 215.93 亿元后开始持续下降（见图 13）。

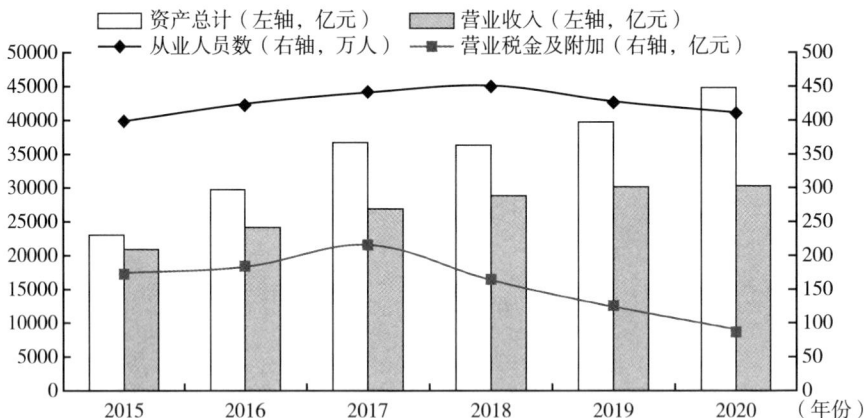

图13　2015~2020年东南地区文化产业法人单位经营情况

资料来源：《中国文化及相关产业统计年鉴》（2016~2021）。

（七）文化产业研发持续活跃，市场转化效果总体显著

东南地区2015~2020年规上文化企业的研发持续活跃，有R&D活动的企业数量和自筹投入资金规模逐年攀升。有R&D活动的企业数量由2015年的792个增长至2020年的1881个，自筹投入资金规模由2015年的990156万元增长到2020年的2225901万元，年均增速较高（见图14）。

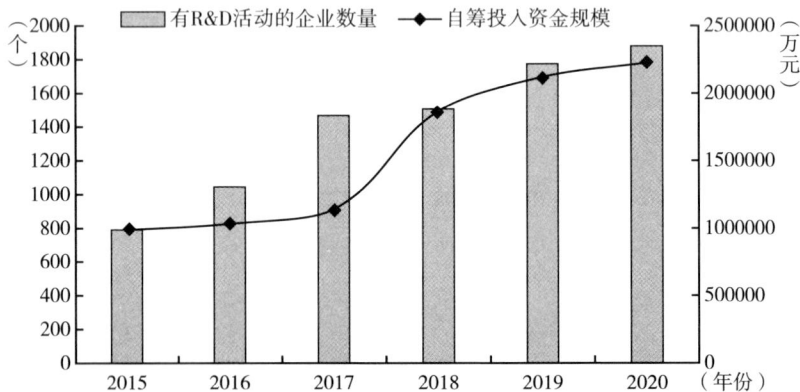

图14　2013~2020年东南地区规模以上文化企业研发投入情况

资料来源：《中国文化及相关产业统计年鉴》（2016~2021）。

此外，2015~2019 年东南地区有 R&D 活动企业数量占规上制造业企业总数的比重总体呈现较快增长态势，其中占本地区规模以上制造业比重总体增加，占全国规模以上制造业企业比重除 2018 年有小幅下跌以外，均处大幅增长态势。2020 年受疫情影响，均有大幅下跌（见图 15）。

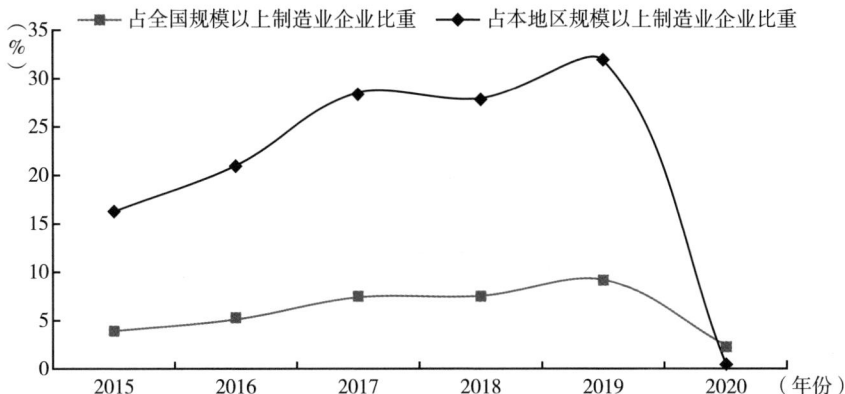

图 15　2015~2020 年东南地区有 R&D 活动企业数占规上制造业企业总数比重情况

资料来源：《中国文化及相关产业统计年鉴》（2016~2021）。

2015~2020 年东南地区有效发明专利数和新产品项目数均有较大增长，有效发明专利数从 2015 年的 6961 项，增长到 2020 年的 19101 项，新产品项目数从 2015 年的 3839 项增长到 2020 年的 11950 项，研发活动非常活跃（见图 16）。

2015~2020 年，文化制造业单位新产品平均销售收入增减不一，省际差异较大。从文化制造业单位新产品平均销售收入绝对值来看，2015 年福建省的收入总额最高，但逐年较大规模递减；广东省保持稳定的高水平发展状态；海南省较为特殊，仅 2016 年、2020 年有 7.57 万元、3035.62 万元的销售收入，其他年份均未统计此类数据（见图 17）。

二　"十三五"期间东南地区文化产业发展特征

"十三五"时期，东南地区文化持续繁荣发展，基本完成了阶段性任

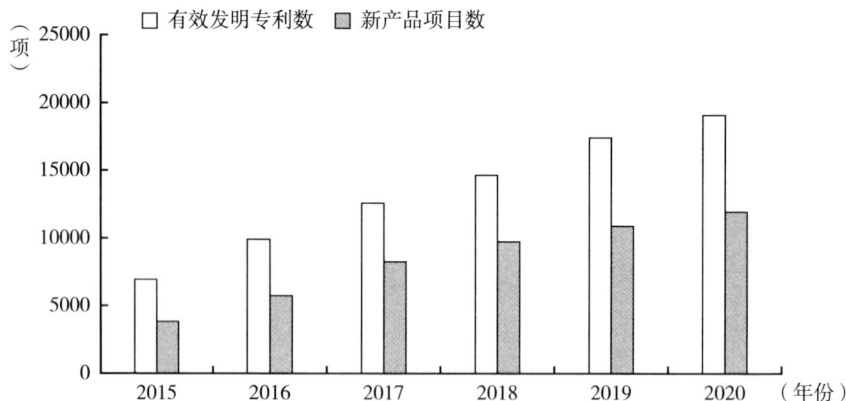

图16 2015～2020年东南地区规上制造业有效发明专利数和新产品项目数

资料来源:《中国文化及相关产业统计年鉴》(2016～2021)。

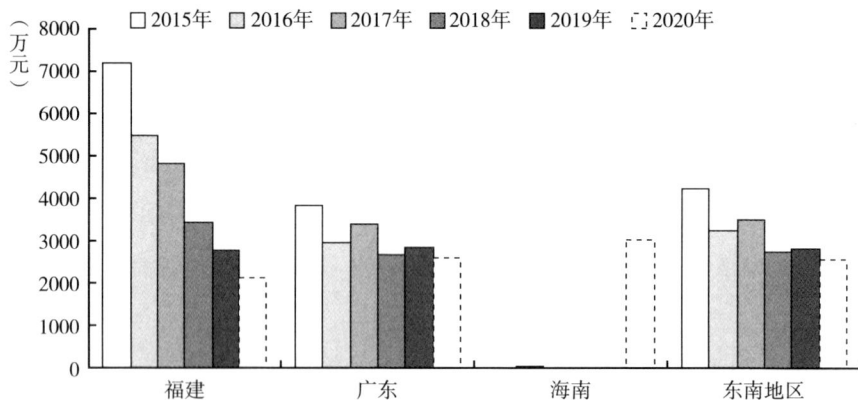

图17 2015～2020年东南地区文化制造业单位新产品平均销售收入情况

资料来源:《中国文化及相关产业统计年鉴》(2016～2021)。

务,取得了新的成效,主要体现在五大方面:区域融合发展,文化共同体意识增强;外向发展战略探索,积极与国际接轨;公共文化服务建设成果丰硕;非遗文化保护持续升温;文化旅游融合深入,不断涌现"文旅+"新业态等。为东南地区文化产业发展带来了持续热点与新的产业特征。

（一）区域融合发展增强文化共同体意识

"十三五"期间，广东省与港澳台文化交流合作不断深入，粤港澳大湾区国家级发展规划的落地实施使这种交流更加凸显。规划目标包括共筑内地与港澳深度合作示范区、打造宜居宜业宜游优质生活圈、争取建设成世界级城市群，为区域发展树立典范[①]。在清晰目标导向下，粤港澳三方订立了文化合作规划，提出要设立粤港澳文化交流合作示范点，架起三地文化互信互鉴互惠之桥，引领粤港澳大湾区文化大发展。在三地文化合作上，通过联合制作、联合办展、合办文化交流活动等形式，推动粤港澳大湾区文化合作共进。在这些具体措施的共同作用下，深圳中国特色社会主义先行示范区建设必将更进一步，两岸三地的文化认同、身份认同、文化归属也同时得到加强。

闽台文化交流合作持续深化。以港澳地区为依托举办各类国际性文化活动及三地文化交流与合作，同时还加强了闽台社团与学术的交流深度与广度。另外，闽台两地近年还连续合作举办了系列内容丰富的涉台文化交流活动，包括海峡两岸共同举办的和在闽举办的各类文化艺术节和交易博览会[②]，为闽台文化深度交流搭建了重要平台，促进了闽台文化产业合作，巩固文化领域常态化合作机制。增进闽台两地互动，增进了中华同根同源意识。2020年6月1日印发的《海南自由贸易港建设总体方案》特别提出要促进与粤港澳大湾区联动发展。两个区域的联动发展无疑可以优劣互补，同时可以形成两大国家级重大区域决策部署的叠加效应，促进区域经济更好地发展。海南自贸港政策的落地实施，加速海南省文化产业外向发展，与闽粤港澳的文化产业发展共享便利政策与文化市场。

2020年在海南三亚召开了泛珠三角区域合作行政首长联席会议，会议

---

① 《粤港澳大湾区发展规划纲要》。

② 《福建省人民政府办公厅关于印发"十三五"文化改革发展专项规划的通知》，福建省人民政府办公厅，http://sft.fujian.gov.cn/zwgk/zxwj/sfwj/201605/t20160518_3020036.htm，最后访问时间：2021年8月30日。

中与会者达成了泛珠三角①发展共识：要充分发挥建设粤港澳大湾区和海南自贸港的辐射效应，推进泛珠三角区域整体协同发展，建成资源共享、互惠互利、优势互补的区域发展共同体。文化发展方面重点关注公共文化基础设施优化、文化发展合作平台搭建、文化市场一体化发展以及区域生态文明建设等领域。同时积极借鉴国际高水平文化经贸规则，让文化贸易投资自由化便利化，使区域内文化产业人才、科技、资金等要素流动，共享海南自贸港机遇，推动泛珠三角区域联动发展。

因此，在"十三五"时期，东南三省区及周边港澳台经济文化合作一体化趋势越来越显著，随之显现的是区域文化共同体意识的不断增强，这为东南地区的文化产业发展提供了强大的精神动力。

（二）大力实施文化产业国际化发展战略

"十三五"期间广东省在对外交流合作上成果丰硕。在国际文化拓展方面，大力实施文化"走出去"战略，覆盖近150个国家和地区，出口方式由传统的加工贸易和实物贸易逐渐转为版权输出、联合制作、企业投资等多种国际新兴出口方式。在国际文化输出上，广东省积极向海外推广中华传统文化，一直践行的有传统的"欢乐春节"活动，新兴起的有在共建"一带一路"国家举办"广东文化周""广东文化丝路行"等文化交流活动、与世界各大城市文化中心建立对口合作等。在国内文化建设方面，打造对外文化交流品牌，如连州国际摄影年展以及珠海国际马戏节；成立国家级对外文化贸易基地，以深圳文博会最为典型；华侨经济文化合作试验区筹备建设中。由此可以看出，广东省正试图建设国际科创中心，成为"一带一路"建设的有力支撑，使其以多元化的发展方式参与国际文化竞合。

福建省在"十三五"发展时期的对外文化建设主要体现在两方面。一方面是有效推进了海上丝绸之路核心区文化建设，借助"海丝"的品牌辐

---

① 泛珠三角区域合作行政首长联席会议是经国务院批准，2004年由福建、江西、湖南、广东、广西、海南、四川、贵州、云南等九省区和香港、澳门两个特别行政区（简称"9+2"）共同推动成立的一个重要区域性合作交流平台。

射力，加强与共建"一带一路"国家或地区开展文化交流，合作开展国际艺术节、丝绸之路国际电影节活动，以舞剧《丝海梦寻》为引领带动"海丝"题材精品创作与生产，出版众多"海丝"相关图书以构建外宣平台和数字出版平台。另一方面是成功申报了一项世界遗产，2017年7月8日中国鼓浪屿成功申遗，成为中国第52处世界遗产。这极大地提升了福建省文化"走出去"的品牌形象，扩大福建文化国际影响力，繁荣文化经贸。

海南省加大了对外开放力度，通过完善入境政策、提供具有国际水准的文化配套设施与公共文化服务水平等方式，优化了对外文化交流服务水平；搭建起国际性文化交流合作平台，吸引更多国际文化相关机构在海南开展合作交流。

（三）"科技+"赋能促使文旅新业态不断涌现

在"十三五"发展时期，广东省的文化和旅游各项指标成绩斐然，居全国前列。全省的文化产业增加值、旅游业总收入、入境过夜游客数等均列国内第一，表现出绝对的发展优势，文旅融合态势也十分强劲。统计数据显示，2018年广东全省文化产业增加值达5787亿元，增长了20%，占全国比重的1/7，连续17年保持在全国首位[①]。2019年，广东省文化和旅游业投融资进行对接并成立了"文旅产业投资基金"，总投资额高达100亿元，这为深入推进文旅产融长效机制建设打好了坚实基础。同年，广东国际旅游产业博览会吸引了50多个国家近50万人次的参与，开创了观众人次最多、市场化程度最高、政府投入资金最少的展会，为行业树立了标杆。在文旅产品建设上，广东相继推出100个文旅特色村、100条乡村旅游精品线、64条历史文化游径、20个省旅游风情小镇，培育了"文博游""文化遗产游""红色游""工业游""商贸游"等新消费热点。除此以外，广东省文化产业发展进程中在文化科技深度融合、创新驱动产业内核上开辟了发展的成功典范，腾讯、奥飞动漫、励丰文化、多益网络、锐丰音响科技等文化科技领头羊企

---

① 《广东文化强省建设交出亮眼成绩单》，《南方日报》2020年10月20日。

业不断涌现就是最好的例证。

福建省加快数字文旅建设，推动服务高质量发展。近些年，福建省的文化旅游产业呈现持续健康快速增长的态势，产业增加值占据福建地区生产总值的5%还多，表明文旅产业已在逐渐向全省支柱性产业发展，产业结构将得到进一步优化，最终形成区域布局合理、本土特色彰显、主导产业突出、市场繁荣有序的现代产业体系。另外，以工艺美术为代表的传统产业发展水平显著提高，新闻出版和广播影视业的产业竞争力迅速增强。大力实施文旅重大项目，提出至少要培育2家总资产高于100亿元、5家总资产超50亿元的文化企业，带动文化企业实现"上云用数赋智"发展。

近年来，海南大胆创新，继成立海南省旅游和文化广电体育厅之后，探索编制省级旅游文化广电体育融合发展规划——《海南省"十四五"旅游文化广电体育发展规划》，加快海南旅文体广融合发展进程。作为国际知名旅游目的地、首个"全域旅游创建示范省"，海南省在推进旅文广体融合发展中先行先试、积极作为。海南省于2017年印发的《关于加快发展健身休闲产业的实施意见》明确提出要打造全国体育旅游示范区。紧接着次年4月，印发了《中共中央国务院关于支持海南全面深化改革开放的指导意见》，提出要积极开拓消费型发展路径，培育旅游消费新业态，促使旅游消费提质增效。在同年9月，海南省开始进行文化、旅游、广电、体育职能部门的整合，以组建海南省旅游和文化广电体育厅，这是地方机构改革的新创举。从建设国际旅游岛到国际自由贸易港，海南省逐步推进产业融合，以此推动旅文广体产业又好又快发展。

三 "十四五"时期东南地区文化产业发展趋势及展望

"十四五"时期，是国内、国际双循环发展趋势下的第一个五年，也是东南三省的文化厅和旅游厅等机构重组后的第一个五年，这对东南地区文化产业发展提供了更多的机遇与挑战。一是中央对闽粤的发展做出重大战略部署，为文化产业发展开辟新空间；二是东南地区区域联动愈发紧密，为共建繁荣的文化市场提供新机遇；三是经济发展新常态为文化改革创造新契机。同时，"十四五"时期推进东南地区文化产业发展还必须持续利用海洋优势，以海洋文化产业发展带动相关产业集聚、创新文化业态，争取在新的五年里，实现东南地区文化产业共谋精进发展。

（一）探索海洋文化产业发展新模式，让海洋文化成为创新引领新动力

在 21 世纪海上丝绸之路建设不断取得新进展的形势下，继续充分利用海洋文化资源，发掘闽粤琼海洋文化精神内涵，打造东南地区海洋文化产业创新经济带，走经济、文化融合发展之路，通过"科技+""文化+""互联网+"的方式创新海洋经济形态，对于增强中华文化自信、推动海洋经济升级发展和 21 世纪海上丝绸之路建设，将发挥巨大作用。21 世纪海丝建设与"人类命运共同体"建设共同为打造中国海洋文化产业创新经济带带来了历史契机。福建省首先应审时度势，充分利用良好的现实基础，大力发展新型海洋文化产业，打造海洋文化产业创新经济带；其次，借鉴海洋文化产业发达国家经验，把海洋文化资源开发推进到深挖文化内涵、探索求知领域、全面渗透日常生活的 IP 开发新阶段；最后，进一步进行远海文化产业开发，充分利用"智慧海洋"提供的技术条件和 21 世纪海上丝绸之路创造的文化市场，做大做强海洋文化产业。总之，应积极打造中国海洋文化产业创新经济带，抓住宝贵机遇，充分发挥东南地区的经济基础和海洋文化资源优势，合理利用海洋空间，以文化力量促进海洋生态保护与开发利用矛盾的解决，促进海洋经济的转型升级，促使东南地区海洋开放开发水平和海洋文化建设水平跃上新台阶。

（二）借助政策优势强化文化产业集聚，发挥区域联动发展的叠加效应

在闽粤琼三省创新区域建立互动合作机制。深化泛珠三角区内部合作，推进闽琼主动融入粤港澳大湾区建设，扩大科技创新之间的互惠互利，促进

共创旅游会展、共享文化金融、共通文化基础设施等全方位合作,共建闽港澳"并船出海"。深入开展国际区域合作,建设"一带一路"国际合作示范区以促进国际产能合作共赢,深化科教文卫等国际合作,培育境外经贸合作重点园区①。《海南自由贸易港建设总体方案》(以下简称《方案》)特别提出要促进与粤港澳大湾区联动发展。两个区域联动发展无疑可以优劣互补,同时形成两大国家级重大区域决策部署的叠加效应,促进区域文化产业进入更高发展平台。另外《方案》还特别强调以海南自贸港与粤港澳大湾区联动发展促进区域合作,这在文化方面无疑能大大增进两地文化认同,为自贸港引进高端文创人才并为优秀文化项目吸引更多的大湾区投资,同时大湾区也可借助自贸港的政策制度优势,发挥其世界顶级文化装备制造、创意设计团体、文化科技企业等各类优势文化市场主体对国内外高端要素的吸纳与聚集能力。海南自贸港与粤港澳大湾区的强强联动,将迸发出两大国家级重大区域战略的叠加效应,促进两大区域文化产业更好地发展。

(三)文化与科技从融合走向更新,将加速战略性新兴产业发展

东南地区文化产业正朝品牌化、融合化、数字化和 IP 化发展,不断催生文化新业态。以"文化+"模式推进文化产业与一二三产业、文化事业以及文化产业不同行业之间的融合发展;以大数据、人工智能、数字化技术以及 AR、VR、MR 等为代表的高新技术在文化生产中日渐普及,数字文化产业倍增;有的文化企业积极贯彻从"泛娱乐"到"新文创"的理念升级,向内探求产品精神内涵,满足人们对美好生活追求的不断提升。

广东省继续深入推动文化与科技融合发展,实现科技创新成果在文化领域的集成、转化、应用与支撑,保持广东省在舞台美术研发等领域在全国的领先地位。积极探索文化"互联网+"之后的"智能+"建设,如"智能+"文化生产供给、"智能+"文化交互传播、"智能+"文化消费、"智能+"公共文化服务等,让科技进一步赋能文化产业发展。运用数字智能技术、网络传

---

① 《关于建立更加有效的区域协调发展新机制的实施方案》。

播等优势，提升公共文化服务能力与辐射效应，强化公共文化服务体系数字化建设。

地方特色资源、优势资源产业化是如今全国各地文化发展的基本思路，福建也不例外。一方面，它以"五大文化产业工程建设"为目标，重点发展广告、影视、动漫、文化、茶文化产业等行业。另一方面，通过"十大文化产业"① 的组团式发展，优化产业结构布局，推进全省文化产业高质量发展。

自由贸易港建设是对海南省当前发展影响最密切的政策因素。围绕自贸港建设和"十四五"发展规划目标，海南省需继续以旅游业、现代服务业、高新技术产业为发展重点，特别是以高新技术产业为纽带和引擎深度联结岛内外并开拓新兴业态。另外，就海南省发展中的宏观热门议题"高新技术产业""自贸港资本市场""海南文化产业发展优势"开展产学研合作，对发展中的行业微观热点议题"海南投资机会""海南直播电商数字消费环境""琼澳创意设计产业合作"提出可落地执行方案。最后，凭借海南丰富的文化资源和地理优势，在会议展览、影视拍摄、艺术表演等地方特色文化产业发展上深耕拓展。

---

① 指由出版发行、报刊服务、广告业、广播影视、动漫游戏、演艺娱乐、工艺美术、文化会展、文化旅游、文化创意等十大文化产业组成的重点发展产业群。

B.6
中部地区文化产业发展
报告（2020~2021）

柯尊清　赵悦彤*

摘　要： "十三五"期间，中部地区文化产业总体平稳发展，产业规模稳步扩大、产业集约化程度日益提升，文化产业逐步成为经济社会发展的强大动力。在后疫情时代，中部地区文化产业发展也随之进入了新阶段，"云平台""文化金融""非遗+""品牌化"成为发展的热点。立足新阶段，面向新热点，中部地区文化产业转型升级和高质量发展，应该借势文化与科技融合、融入国内国际双循环拓展文化消费新亮点、拥抱全域旅游提升文旅品牌、推动特色文化产业融入乡村振兴新高地。

关键词： 文化产业　文旅与科技融合　文旅消费　全域旅游　中部地区

一　中部地区文化产业发展现状

（一）产业整体发展迅速，文化产业增加值占比呈上升趋势

2015~2019年，中部地区文化产业迅速发展，中部五省文化产业增加值由2015年的4219.9亿元增加到2019年的7293.589亿元，年均增速达到

---

* 柯尊清，云南大学文化发展研究院、国家文化和旅游研究基地助理研究员，博士，硕士生导师，主要研究方向：政府文化管理、文化产业理论与实践；赵悦彤，云南大学民族学与社会学学院研究生，主要研究方向：文化产业、文化管理。

14.7%，2014～2017 年的年均增速多出 7.08 个百分点。中部地区文化产业增加值占地区 GDP 的比重由 2015 年的 3.38%增加到 2019 年的 4.17%，为七大区域中 GDP 占比增速最快的区域。但在 2020 年新冠疫情的影响下，中部地区文化产业发展速度整体放缓，部分省份的文化产业增加值以及其占地区 GDP 比重均有所下降。

从中部地区内部来看，2015～2020 年湖北、河南两省的文化产业发展较为迅速，文化产业增加值年均增长率分别为 15.1%、14.7%。江西和山西增速相对平缓，分别达到 12.3%、9.6%。湖南省文化产业发展放缓，2015～2020 年文化产业增加值年均增长率仅为 8.5%（见图 1），但文化产业增加值占地区 GDP 的比重有小幅上升，由 2015 年的 4.75%上升至 2020 年的 4.93%。中部地区除山西省之外，其他四省文化产业增加值占 GDP 的比重相对均衡，2020 年山西省文化产业增加值占 GDP 比重仅为 2.29%（见图 2）。

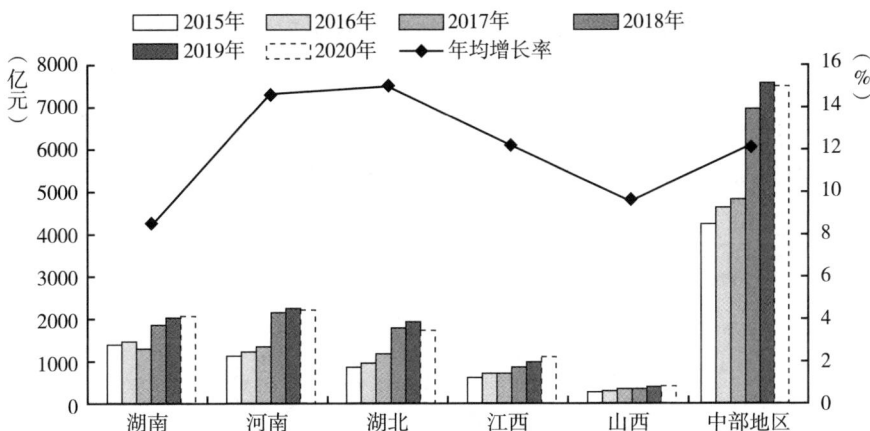

图 1　2015～2020 年中部地区文化产业增加值增长情况

资料来源：《中国文化及相关产业统计年鉴》（2016～2021）。

（二）人均文化产业增加值快速增长，产业集聚幅度由快放缓

中部地区人均文化产业增加值呈现快速增长态势，从 2015 年的 1391 元增加到 2020 年的 2467 元，实现年均增长率 12.1%。分地区来看，湖北、河南、

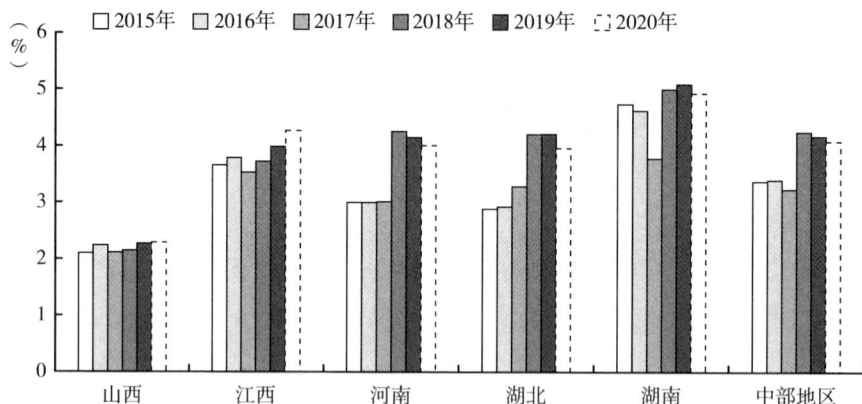

图 2　2015~2020 年中部地区文化产业增加值占 GDP 比重情况

资料来源:《中国文化及相关产业统计年鉴》(2016~2021)。

江西增长相对较快,年均增长率分别达到 15.5%、13.6%、12.5%,均超过中部地区的总增长速率;山西增长平稳,年均增长率为 9.1%;湖南省最低,年均增长率仅为 8.9%(见图3)。2015~2020 年中部地区从业人员人均文化产业增加值总体呈上升趋势,年均增长率为 8.4%,其中,湖南、河南上升幅度较大,江西、湖北较为平稳,唯有山西省呈现下降趋势(见图4)。

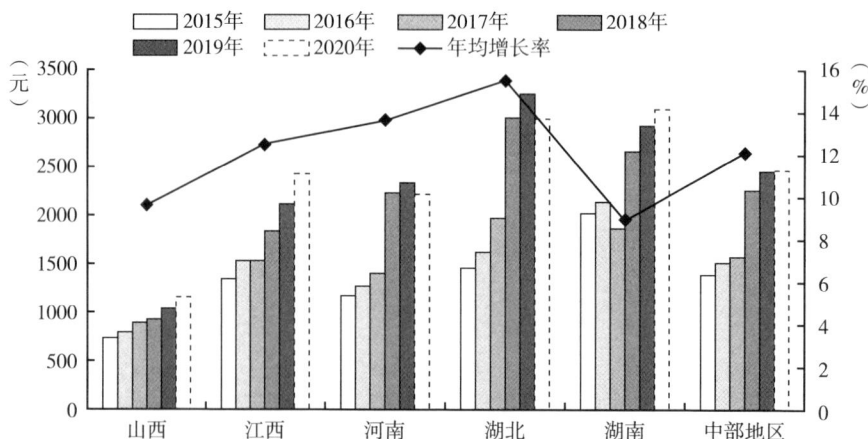

图 3　2015~2020 年中部地区文化产业人均产出情况

资料来源:《中国文化及相关产业统计年鉴》(2016~2021)。

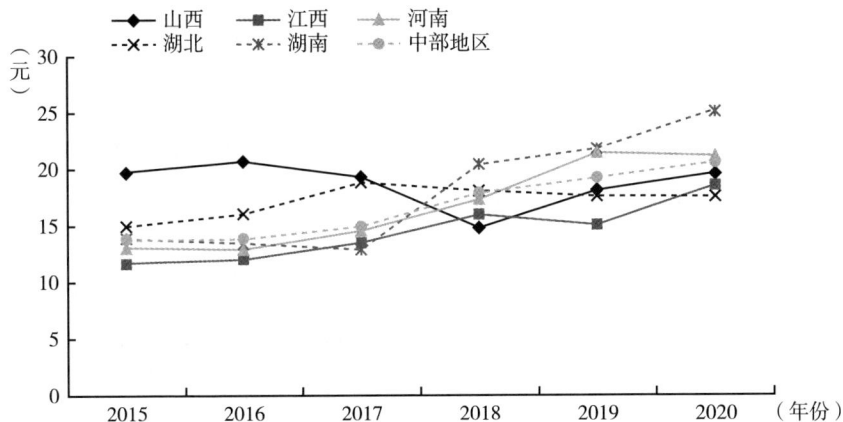

图4　2015~2020年中部地区从业人员人均文化产业增加值

资料来源：《中国文化及相关产业统计年鉴》（2016~2021）。

2015~2020年中部地区文化产业集聚发展总体来说相对稳定，并呈现下降趋势。分地区来看，湖北文化产业集聚发展的相对优势自2017年大幅上升后，在2020年又出现明显下降，但总体呈上升趋势；山西省文化产业专门化率一直处于相对劣势区间；湖南文化产业集聚发展虽然走在五省前列，但近几年逐渐呈现下降趋势（见图5）。

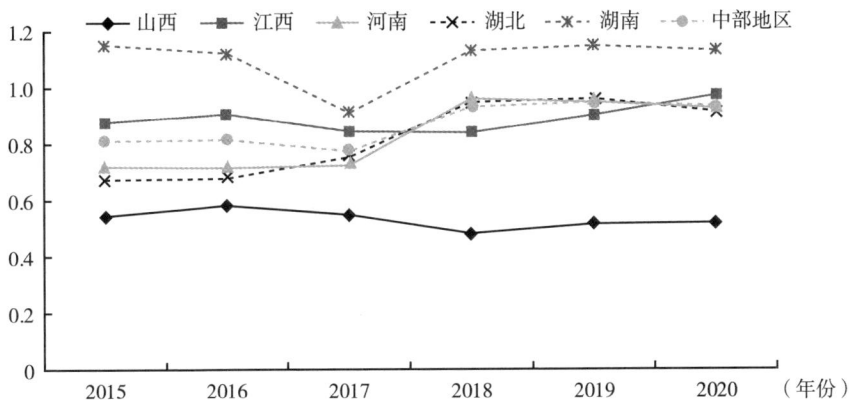

图5　2015~2020年中部地区文化产业区位熵

资料来源：《中国文化及相关产业统计年鉴》（2016~2021）。

（三）文化产业结构逐步调整，文化服务业比重显著提升

中部地区文化产业法人单位资产总计分行业构成由 2015 年的 34.3：9.5：56.2 调整为 2020 年的 31.2：7.1：61.7，文化服务业比重显著提高，文化制造业和文化批零业比重小幅下降（见图6）。

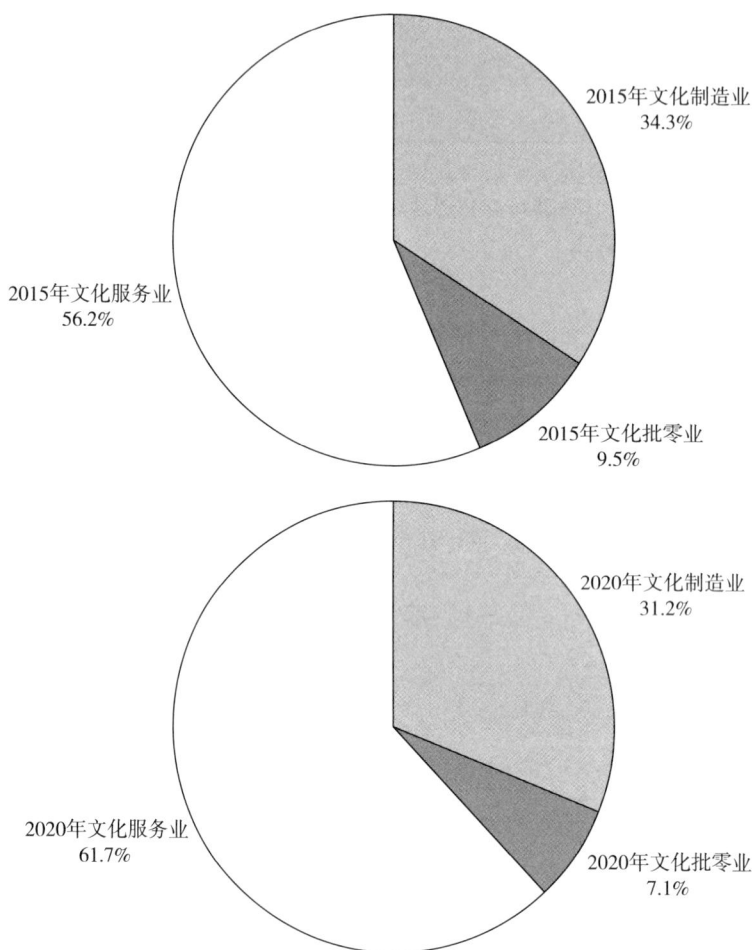

2015年文化制造业
34.3%

2015年文化服务业
56.2%

2015年文化批零业
9.5%

2020年文化制造业
31.2%

2020年文化服务业
61.7%

2020年文化批零业
7.1%

图6　2015 年与 2020 年中部地区文化及相关产业法人单位
资产总计分行业构成

资料来源：《中国文化及相关产业统计年鉴》（2016~2021）。

从各省来看，文化制造业和文化批零业比重均有不同程度的下降，下降最为明显的是山西省的文化制造业和文化批零业，分别下降了 9.49 个百分点和 5.07 个百分点；江西省文化服务业是五省中服务业占比最低的省份，2020 年只有 37.50%；截至 2020 年，山西省的文化服务业占比最高，超过80%（见图 7）。

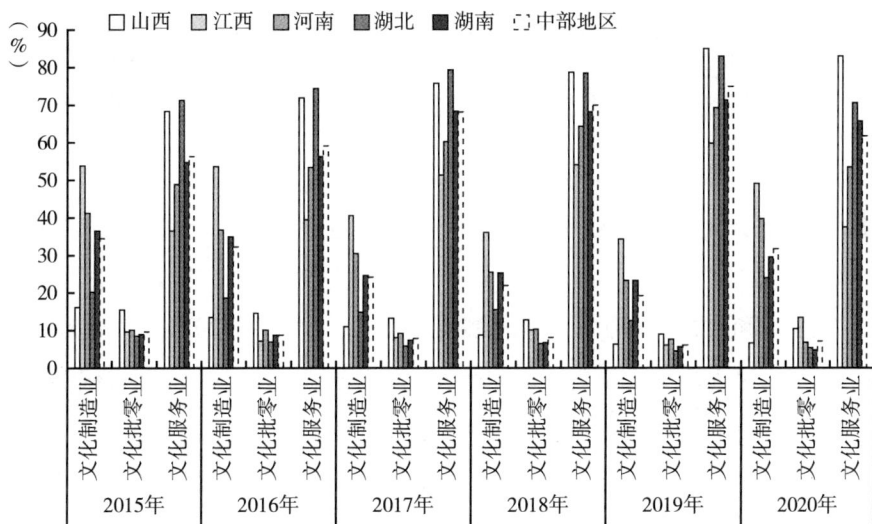

图 7　2015~2020 年中部地区文化及相关产业法人单位资产总计分行业构成

资料来源：《中国文化及相关产业统计年鉴》（2016~2021）。

（四）居民文化消费缓慢增长，城乡差距变化不一

中部地区人均文化消费支出总体上呈下降态势，全部居民人均文化消费支出由 2015 年的 600 元下降至 2020 年的 466.4 元，年均增速为-4.9%。其中，湖南省人均文化消费支出最高，高于中部地区平均水平；河南省人均文化消费支出年均增长率最低，为-9.2%，从 2015 年的 573.7 元下降到 2020 年的 354 元，成为 2020 年中部地区人均文化消费支出最低的省份。此外，河南、江西、湖北、山西四省 2015~2020 年的人均文化消费支出均呈下降趋势（见图 8）。

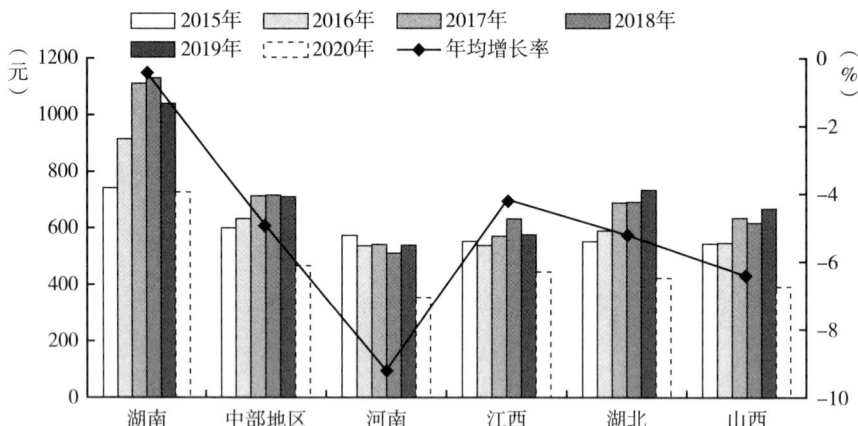

图8　2015~2020年中部地区全部居民人均文化消费支出情况

资料来源：《中国文化及相关产业统计年鉴》（2016~2021）。

就城镇和农村人均居民文化消费支出而言，2015~2020年，中部地区各省份城镇居民人均文化消费支出均呈现负增长态势。其中，湖南省城镇居民人均文化消费支出位列中部地区第1，超过千元，且下降最为缓慢，年均增长率为-2.06%。山西、江西、湖北三省的城镇居民人均文化消费支出年均增长率较为相似。河南省的年均增长率为-11.82%，河南省城镇居民人均文化消费支出降幅最大，从2015年的1039元降为2020年的553.6元。相比较之下，尽管城乡差距较大，但中部地区农村居民人均文化消费支出的年均增长率整体上要高于城镇居民人均文化消费支出的增长率。其中，江西省、湖北省和湖南省农村居民人均文化消费支出均呈现正增长。江西省农村居民人均文化消费支出从2015年的217.8元增加到2020年的286.8元，年均增长率最高，达到5.66%，湖南省农村居民人均文化消费支出最高，由2015年的300.4元上升至2020年的315.5元，而山西省农村居民人均文化消费支出最低，从2015年的183.7元下降至2020年的151.9元，年均增长率为-3.72%。分地区而言，湖南省的城镇和农村居民人均文化消费支出居于首位，2020年，湖南省城镇和农村居民人均文化消费支出分别为1121元和315.5元，年均增长率分别为-2.06%和0.99%；河南省发展状况不佳，位于末位，城镇和农村居民人均文化消费支出年均增长率仅为-11.82%、-4.78%（见图9、图10）。

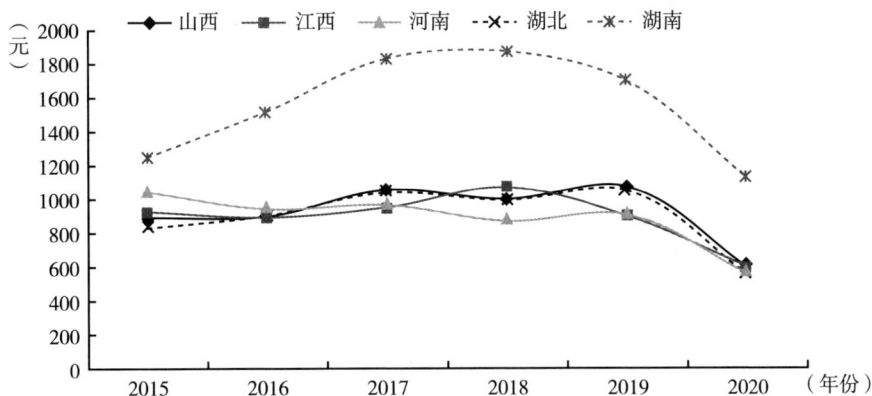

图9　2015~2020年中部地区城镇居民人均文化消费支出情况

资料来源：《中国文化及相关产业统计年鉴》（2016~2021）。

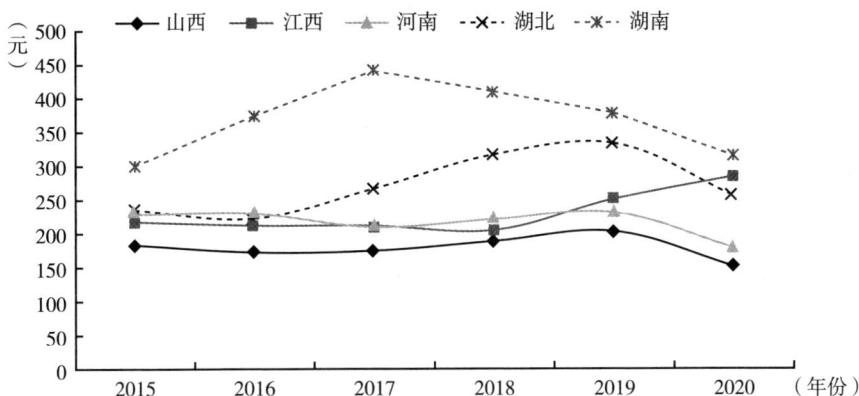

图10　2015~2020年中部地区农村居民人均文化消费支出情况

资料来源：《中国文化及相关产业统计年鉴》（2016~2021）。

（五）文化产业固定资产投资增长迅速，占全社会固定资产投资比重稳步提升

2020年之前，中部地区文化及相关产业固定资产投资额总体上呈快速增长态势。分省份来看,湖北省文化产业固定资产投资年均增长率最高,达到34.64%,河南省以24.26%的速度次之,湖南省和江西省为16%左右,山西省在2017年出现大幅下降,自2018年开始逐渐稳定,但总体上仍然处于下降趋势,年均增速为-7.98%。2020年受新冠疫情影响,除江西、河南两省外,中部地区其他省份文化及相关产业固定资产投资额均有所下降(见图11)。

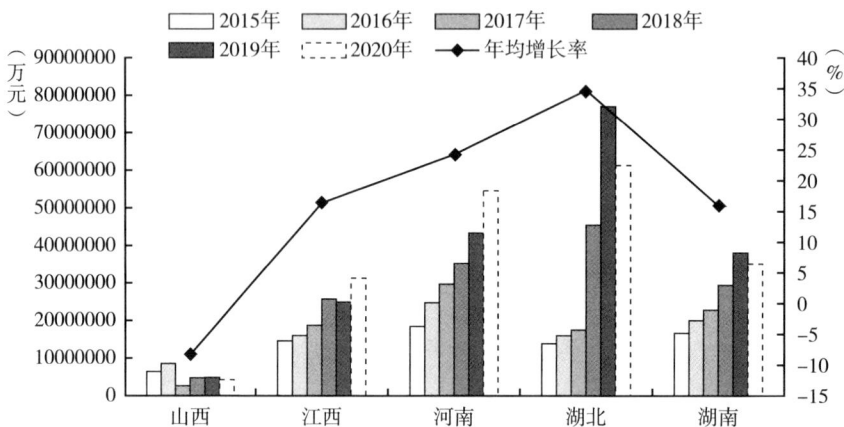

图11 2015~2020年中部地区文化及相关产业固定资产投资情况

资料来源:《中国文化及相关产业统计年鉴》(2016~2021)。

从文化及相关产业固定资产投资占全社会固定资产投资的比重来看,中部地区总体保持增长态势,但是增速相对平缓。湖北省增速最快,文化及相关产业固定资产投资占全社会固定资产投资比重由2015年的5.21%增加至2020年的19.03%,位于中部地区第1,江西省次之,从2015年的5.16%上升到2020年的10.07%。山西省和湖南省的文化及相关产业固定资产投资占全社会固定资产投资比重在2019年后呈下降趋势,文化及相关产业固定资产投资占全社会固定资产投资比重分别由2019年的6.97%、9.85%下降到2020年的5.50%、8.41%(见图12)。

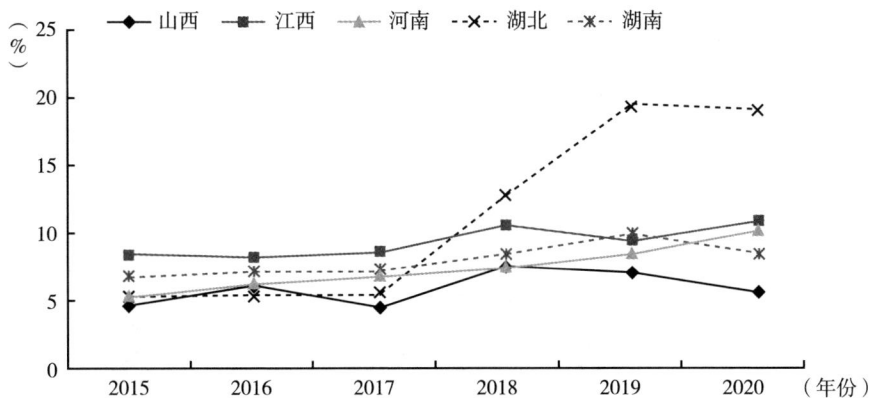

**图 12　2015～2020 年中部地区文化及相关产业固定资产投资
占全社会固定资产投资比重**

资料来源：《中国文化及相关产业统计年鉴》（2016～2021）。

（六）文化企业实力逐步增强，带动就业能力显著

中部地区规模以上文化企业总数由 2015 年的 8244 家增加到 2019 年的 18925 家，年均增长率为 23.1%，其中，湖北、江西、湖南三省份增长较快，年均增长率分别达到 30.8%、26.0%、24.7%，均超过中部地区总的增长速率，河南、山西规模以上文化企业总数增长相对较慢，年均增速不足 20%。但由于新冠疫情影响，中部地区规模以上文化企业总数在 2020 年出现迅速下降，从 2019 年的 18925 家降至 11904 家（见图 13）。

分地区来看，2015～2019 年湖南省规模以上文化企业数占总法人单位数的比重最高，2019 年达到了 9.7%，并且呈现快速增长态势；江西、湖北增长相对平稳；河南、山西呈下降趋势，其中，山西省规模以上文化企业数占总法人单位数的比重最小，仅有 1.7%。此外，在全国抗击新冠疫情的大背景下，中部地区规模以上文化企业数占总文化产业法人单位数的比重在 2020 年均有所下降，且湖南省下降最多（见图 14）。

2015～2019 年，中部地区规模以上文化企业营业收入规模呈缓慢上升的

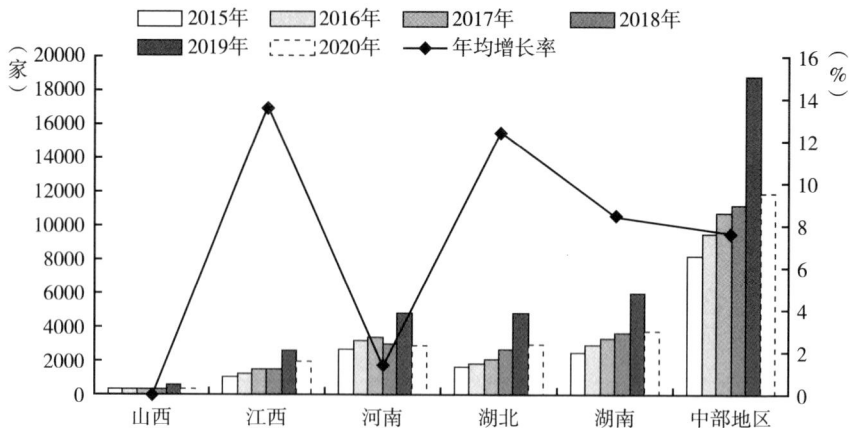

图 13　2015~2020 年中部地区规模以上文化企业总数增长情况

资料来源：《中国文化及相关产业统计年鉴》（2016~2021）。

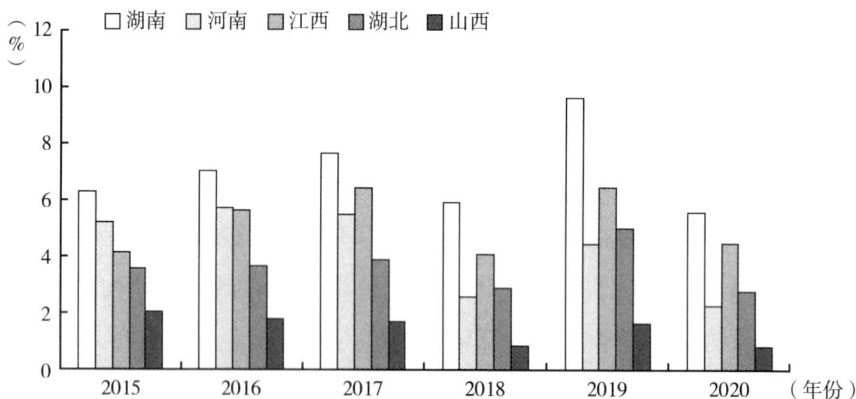

图 14　2015~2020 年中部地区文化企业法人规上企业数占总法人数比重

资料来源：《中国文化及相关产业统计年鉴》（2016~2021）。

态势，由 2015 年的 14176.05 亿元增加到 2020 年的 18089.3 亿元。2015~
2020 年，中部地区资产总计呈现稳步上升趋势，2020 年规模以上文化企业
总资产达到 32044.4 亿元。规模以上文化企业从业人员数呈现波动增长态
势，由 2015 年的 306.89 万人上升至 2020 年的 363.806 万人（见图 15）。

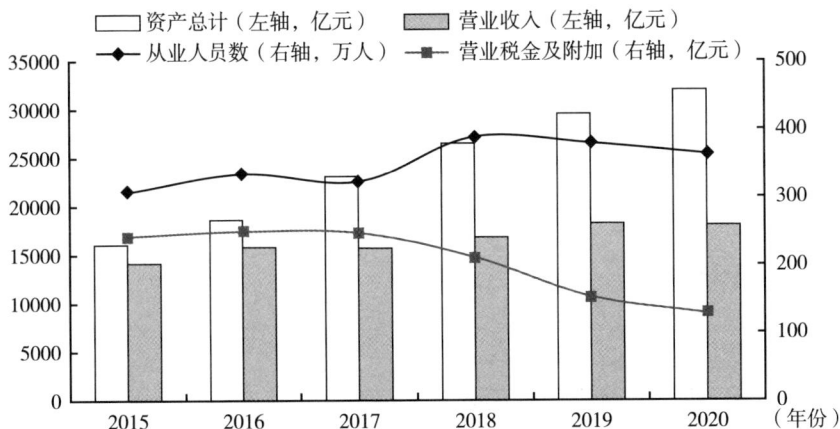

图15　2015~2020年中部地区文化法人单位相关统计情况

资料来源：《中国文化及相关产业统计年鉴》（2016~2021）。

（七）文化产业研发势头强劲，新产品市场转化效果不理想

中部地区规模以上文化制造业企业的研发持续活跃，2015~2019年中部地区有R&D活动文化企业数占规模以上文化企业总数的比重总体呈现快速增长状态，有R&D活动文化企业数占本地区规模以上文化企业总数的比重由2015年的11.42%增加到2019年的32.38%、占全国规模由2015年的2.07%增加到2019年的6.68%。但由于新冠疫情的影响，2020年中部地区有R&D活动文化企业数断崖式跌落，仅占本地区规模以上文化企业总数的0.37%，占全国规模以上文化企业总数的比重回落至2015年时的水平（见图16）。中部地区有R&D活动文化企业总数由2015年的416家增加到2020年的1470家。从单位R&D项目资本投入情况来看，中部地区自筹投入资金规模在快速增长后进入平稳发展态势，由2015年的430250万元增加到2020年的949144.2万元（见图17）。

中部地区规模以上文化制造业非常重视文化产业研发活动，中部地区文化制造业有效发明专利数由2015年的1440项增加至2020年的3807项；新产品项目数由2015年的1082项增加到2020年的3897项（见图18）。分地

109

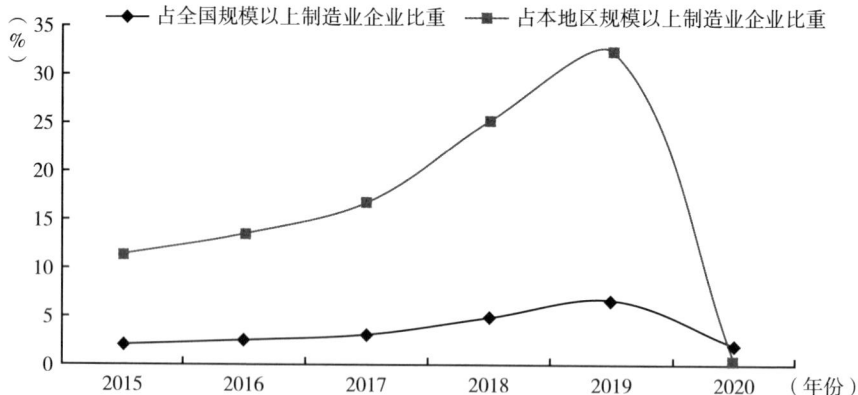

图16 2015～2020年中部地区有R&D活动文化企业数占规模以上制造业企业总数比重

资料来源:《中国文化及相关产业统计年鉴》(2016～2021)。

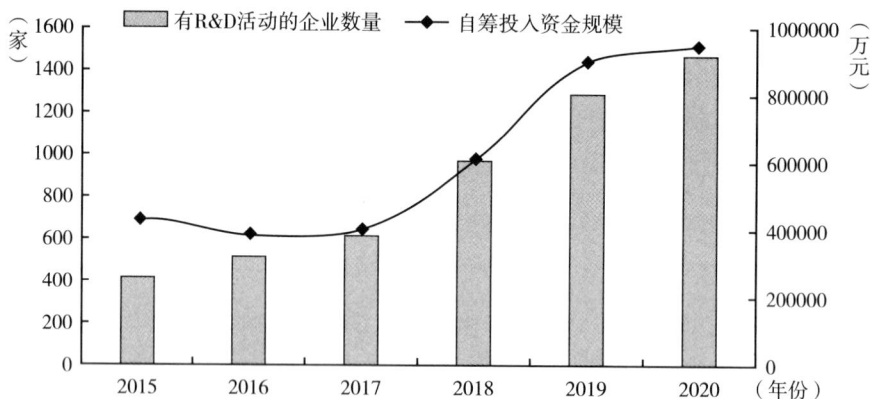

图17 2015～2020年中部地区有R&D活动的企业数量和自筹投入资金规模

资料来源:《中国文化及相关产业统计年鉴》(2016～2021)。

区来看,湖北省规模以上文化制造业有效发明专利数最多,2019年达到1189项,山西省最少,仅有49项,江西、河南、湖南三省较为稳定(见图19);江西、湖南新产品项目数相对持平,2019年分别为1007项和1001项,山西省最少,2019年文化制造业新产品项目数仅有63项(见图20)。

从文化制造业新产品平均销售收入来看,中部地区文化制造业的新产

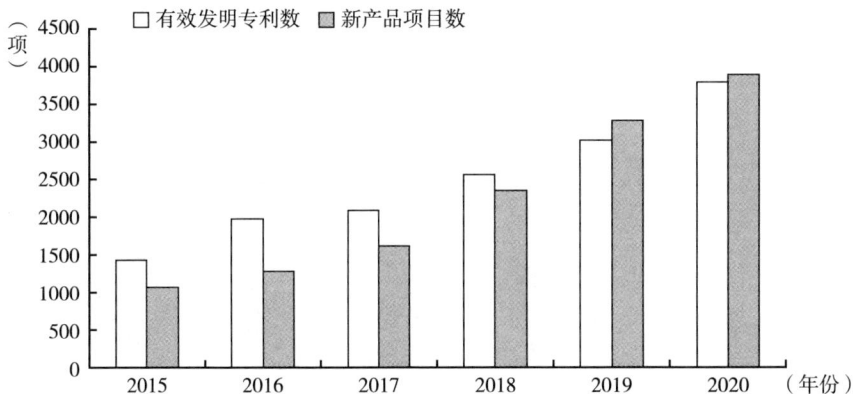

图 18　2015~2020 年中部地区文化制造业（规上）有效发明专利数和新产品项目数

资料来源：《中国文化及相关产业统计年鉴》（2016~2021）。

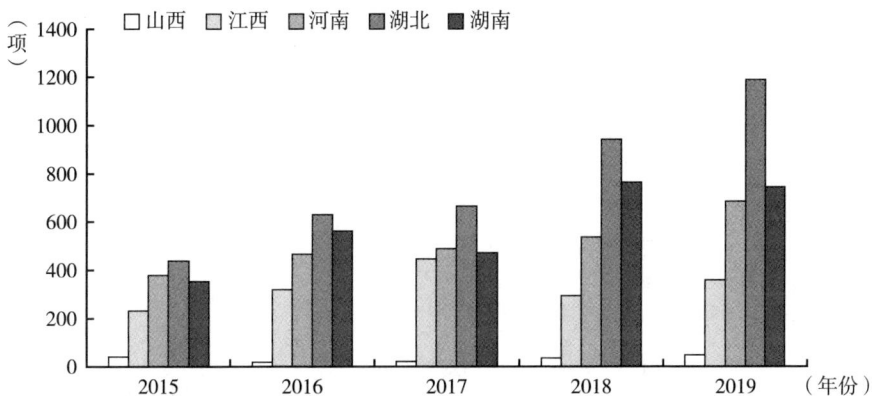

图 19　2015~2019 年中部地区分地区文化制造业（规上）有效发明专利数

资料来源：《中国文化及相关产业统计年鉴》（2016~2020）。

品平均销售收入呈下降态势，由 2015 年的 7113.79 万元下降至 2020 年的 3422.62 万元。但分地区来看，江西、山西、湖北都实现了正增长，其中湖北省新产品平均销售收入最高，由 2015 年的 4318.87 万元增加到 2020 年的 5463.3 万元；河南、湖南两省的文化制造业新产品平均销售收入出现下降趋势，其中，湖南省跌幅最大，新产品平均销售收入由 2015 年的 14846.26 万元下降到 2020 年的 2259.65 万元，低于中部地区的平均值（见图 21）。

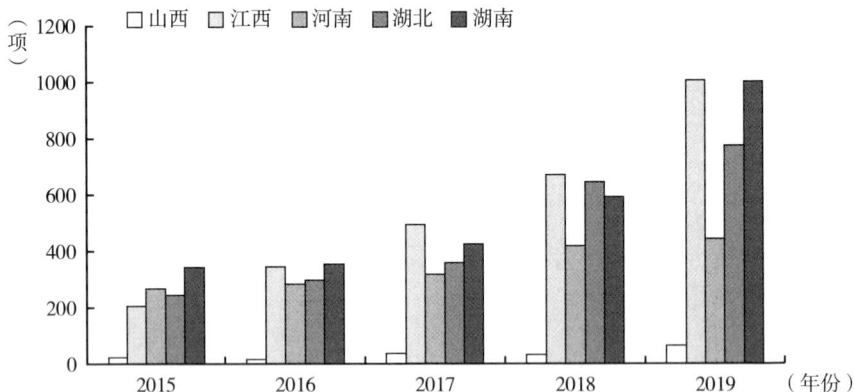

图20　2015～2019年中部地区分地区文化制造业（规上）新产品项目数

资料来源：《中国文化及相关产业统计年鉴》（2016～2020）。

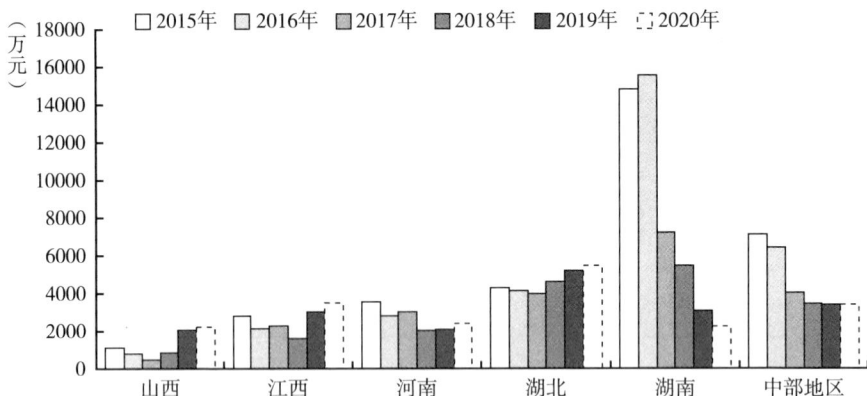

图21　2015～2020年中部地区文化制造业单位新产品平均销售收入

资料来源：《中国文化及相关产业统计年鉴》（2016～2021）。

二　中部地区文化产业发展热点

（一）"云平台"推动后疫情时代文旅产业强劲复苏

新冠疫情的出现，严重影响了文化旅游业的发展态势，人们的消费观念和旅游方式也随之发生了巨大变化，在 5G 技术的影响下，越来越多的人通过云端全景游览等方式足不出户体验"云上游"。短视频、直播等新媒体为文旅企业提供了线上生产的"云平台"，为疫情后文旅产业复苏提供了新希望[1]。为切实有效做好疫情防控工作，中部地区积极打出文旅"组合拳"，中部五省也纷纷出台相关政策措施，推动文旅企业积极应对疫情，全力以赴打赢这场疫情防控阻击战。

"云平台"在疫情期间为文创企业培育了潜在的客户并且开发出有效的营销渠道，中部地区在做好疫情防控工作的同时将重点放在旅游云平台的建设上，将旅游由线下搬到线上，旨在完善旅游服务，让游客享受到优质的旅游体验。2020 年 1 月，江西省打造的智慧旅游平台正式上线，在疫情期间，"云游江西"云平台免费开放省内 300 余个景区的线上讲解服务，利用 VR 技术在"云游江西"平台上推出个性化的文创旅游产品，完善的服务模式和崭新的旅游方式赢得了消费者的广泛好评[2]。山西省紧随其后，于 2020 年 3 月 2 日出台了《山西省关于推动文旅企业应对疫情及准备复苏的若干措施》，提出要实现旅游产品和服务的云端转化，在全省范围内对文化旅游行业进行统筹规划，不断提高文化旅游的智慧化水平[3]。此外，为支持那些受疫情影响较大的中小文化企业，江西省提前启动了 2020 年度省级文化产业扶持资金项目申报工作，大力扶持新兴数字文化内容产业发展，鼓励人工智能、大数据等技术在数字文化领域的广泛应用[4]。

虽然受到疫情的重创，但由于数字科技的不断发展，文旅产业从疫情的

---

① 张琛：《探析后疫情时代乡村文化旅游的新发展》，《人文天下》2021 年第 3 期，第 46~49 页。
② 《数字文旅赋能 江西景区添彩》，文化产业数据库，http：//d. drcnet. com. cn/eDRCnet. common. web/DocDetail. aspx? chnid = 5272&leafid = 20582&docid = 5896599&uid = 7418&version = culture，最后访问时间：2021 年 8 月 30 日。
③ 《山西多措并举推动文旅产业复苏》，文化产业数据库，http：//d. drcnet. com. cn/eDRCnet. common. web/DocDetail. aspx? chnid = 5272&leafid = 20582&docid = 5769984&uid = 7418&version = culture，最后访问时间：2021 年 8 月 26 日。
④ 《江西多措并举助力文化企业复工复产 推动文化产业高质量发展》，文化产业数据库，http：// d. drcnet. com. cn/eDRCnet. common. web/DocDetail. aspx? chnid = 5263&leafid = 20574&docid = 5840369&uid = 7418&version = culture，最后访问时间：2021 年 8 月 30 日。

打击中逐渐复苏，纷纷加快了数字化转型的步伐。湖北、湖南、河南三省依托互联网、云计算、大数据、人工智能等技术，在旅游景区大力推广智能服务，重点支持景区、博物馆、公共图书馆的数字化建设。2020年，湖南省提出要充分利用社会力量进行智慧文旅建设，对旅游景区、公共文化服务场所等实施定点监测，进行精准的大数据分析①。湖北省则立足于图书馆的数字化开发，湖北省图书馆通过开放图书馆数字平台，开通微信公众号、"掌上鄂图"手机应用软件、"智海方舟"小程序以及"数字国学馆"等方式，读者可以在线上享受各类数字文化资源，统计数据显示，2020年度湖北省图书馆数字平台总访问量接近4000万。②河南省则重点打造"云上博物馆"，不断升级游览方式，注重博物馆与新技术、新模式的线上线下联动发展。线上课堂、直播带货等"云上博物馆"活动以直播的方式拉近了与公众的距离，不仅弥补了网友无法亲临现场参观的遗憾，更让人们看到了数字化智慧博物馆的发展新趋势③。

（二）"文化金融"政策创新助力文化企业重拾信心

新冠疫情的出现使得众多文化企业遭受严重创伤，《新冠疫情对文旅企业影响的问卷报告及未来高质量发展建议》数据显示，2020年，被调查企业中可实现盈利的仅占8.7%，均为拥有VR旅游、沉浸式旅游业务的互联网企业；39.13%的企业表示将出现亏损；32.17%的企业表示仅能维持运转④。文化金融的良好发展是文化产业做大做强的基础，针对文化金融和文

① 《湖南评审智慧文旅顶层设计方案》，文化产业数据库，http：//d. drcnet. com. cn/eDRCnet. common. web/DocDetail. aspx？chnid＝5272&leafid＝20582&docid＝6004709&uid＝7418&version＝culture，最后访问时间2021年9月2日。
② 《湖北省图书馆数字平台去年访问量近4000万》，文化产业数据库，http：//d. drcnet. com. cn/eDRCnet. common. web/DocDetail. aspx？chnid＝5277&leafid＝20586&docid＝6085611&uid＝7418&version＝culture，最后访问时间：2021年9月2日。
③ 《在线看展 直播带货"云上博物馆"成趋势 解锁"新姿势"增长新知识》，大河网，https：//news. dahe. cn/2020/05-18/651493. html，最后访问时间：2021年8月31日。
④ 倪阳平、孙逸：《新冠疫情对文旅企业影响的问卷报告及未来高质量发展建议》，《中国旅游评论》2020年第2期，第34~47页。

化产业在新冠疫情影响下所面临的困境，中部地区出台政策措施，促进文化融资租赁、文化产业信贷、文化担保等文化金融业务管理规范化，着力提升文化金融服务水平以帮助文化企业积极应对疫情冲击[①]。

文化产业作为典型的高风险行业，风险构成复杂，不确定因素多。因此，文化金融政策的制定和相关风险管理工具的运用有助于降低文化企业在运营过程中的风险，保证其稳健运行。在强化金融扶持方面，山西省政府出台了《山西省关于推动文旅企业应对疫情及准备复苏的若干措施》，明确了加强信贷支持、提高融资便捷性和优化融资担保服务等三条措施，通过完善续贷政策安排、健全金融服务快速响应机制、开展线上对接服务等措施帮助受疫情影响的文化企业得到金融方面的援助[②]。2020年，江西省相继出台《金融支持文化产业高质量发展若干措施》《中小文化企业贷款风险补偿资金管理暂行办法》等政策文件，将文化金融作为支持文化产业发展的重要抓手，推出了"影视贷""文企贷"等20多个文化金融产品。其中，2020年5月，江西省将首笔"影视贷"投资到影视剧《像我们这样奋斗》的制作当中，以保障影片顺利拍摄，这一举动标志着文化金融与企业合作模式开启新篇章。[③] 2020年3月，湖南省发布了《关于有效应对新冠肺炎疫情做好金融支持文化旅游企业稳健发展工作的通知》，从优化金融服务、放宽违约认定标准、加大信贷投放、降低融资成本、建立白名单客户库等方面支持文旅企业安全有序复工复产，不盲目抽贷、断贷、压贷，主动为文化企业提供政策咨询和融资辅导。[④] 在一系列政策措施的推动下，中部地区将逐步形成

---

① 于德江：《疫情时代下推进文化金融进一步发展的几条关键路径》，《清华金融评论》2020年10期，第42~44页。

② 《山西多措并举推动文旅产业复苏》，文化产业数据库，http://d.drcnet.com.cn/eDRCnet.common.web/DocDetail.aspx? chnid=5272&leafid=20582&docid=5769984&uid=7418&version=culture，最后访问时间：2021年9月10日。

③ 《江西多措并举助力文化企业复工复产 推动文化产业高质量发展》，文化产业数据库，http://d.drcnet.com.cn/eDRCnet.common.web/DocDetail.aspx? chnid=5263&leafid=20574&docid=5840369&uid=7418&version=culture，最后访问时间：2021年9月10日。

④ 《【湖南省文化和旅游厅】联合农行发布措施，支持文旅企业稳健发展》，湖南省人民政府官网，http://www.hunan.gov.cn/hnyw/20180408_sxhy/sxjjshfzmb/szbm/202003/t20200308_11810802.html，最后访问时间：2021年9月10日。

适应文化产业发展需求的多渠道、多层次的投融资与金融服务支撑体系，帮助文旅企业重拾信心。

（三）"非遗+"让优秀传统文化焕发时代魅力

非物质文化遗产作为文化资源不可分割的一部分，近年来受到国家和政府越来越多的重视。保护好这些文化遗产，让传统历史文脉得到传承，才能更好地守护我们的精神家园。对此中部地区各省出台一系列政策措施来推动非物质文化遗产保护与传承工作的开展，并取得了显著的成效。

随着社会文化环境的不断变迁，单纯的抢救已经不能解决非物质文化遗产开发和保护所面临的问题。在数字化背景下，只有将非物质文化遗产的保护与开发和互联网、大数据、人工智能等技术的应用相结合，才能创新开发模式，更好地传承非遗文化资源。作为非物质文化遗产资源大省，拥有灿若星辰的非遗资源的河南省近年来十分重视非遗保护传承工作的开展，截至2020年，河南省拥有人类非物质文化遗产代表作名录项目2个，国家级代表性项目113个、代表性传承人127名，省级代表性项目728个、代表性传承人832名，国家级非遗生产性保护示范基地5个、国家级非遗保护研究基地2个、省级文化生态保护实验区8个、河南省非遗研究基地33个、河南省非遗生产性保护示范基地30个。在2020年"文化和自然遗产日"期间，人气主持人、网络达人等人气主播在"非遗购物节"进行抖音直播带货，济世堂李占标膏药、信阳毛尖茶制作技艺、镇平玉雕等18个非遗项目纷纷上线，55万余人次围观购买，实现了社会效益、经济效益"双赢"[1]。2020年，湖南省携手《雪鹰领主》手游，提炼出湘西代表性非物质文化遗产"钢火烧龙"中的"火龙"元素，将非遗传统文化中的传统文化元素进行数字化转型，以游戏为新载体带给大众新的文化体验。[2]

---

① 《绵延文脉，让传统非遗散发时代魅力——全省非遗保护事业综述》，河南文化网，http：//news. hawh. cn/content/202006/15/content_ 421072. html，最后访问时间：2021年9月15日。

② 《湘西用"非遗+科技"吸引年轻人传承非遗技艺》，中国新闻网，https：//baijiahao. baidu. com/s？id=1654687124386256892&wfr=spider&for=pc，最后访问时间：2021年9月15日。

在文旅融合不断深化的背景下，近年来，中部地区依托非遗文化资源，通过产业化开发促进贫困人口就业创收，探索出一条"非遗+扶贫"的创新之路。河南省积极推动非遗保护与扶贫增收相结合，利用王守义十三香非遗制作技艺项目为原料种植户带来2亿多元经济收入。江西省在2020年7月相继发布了《江西省非物质文化遗产生产性保护示范基地管理办法》和《江西省非物质文化遗产研究、传承、传播基地管理办法》，将非遗扶贫工作纳入相关规划，镇州市和上饶市分别通过"企业+基地+贫困户"模式和"公司+农户"模式，破解大余南安板鸭制作技艺项目和夏布企业的增收难题，3000多户农民投入生产加工中来，每年增收达7000万元①。湖南省则下发《关于推进非遗扶贫就业工坊建设的通知》，支持贫困县区开设"非遗+扶贫"网上商城以及相关博览会产品专区，通过非遗扶贫就业工坊拓宽传统工艺产品的销售渠道②。

（四）"品牌化"建设刺激文化消费擦亮文旅新名片

品牌作为一种文化符号，能够建构起消费者对品牌以及品牌文化的信任。随着消费方式的改变，个性化消费导致商品品牌化的不断升级，同时品牌化又为文化消费打开新世界③。中部地区依托其文化旅游资源特色，从"供""需"两端发力，注重文化旅游业融合过程中的品牌化发展，打造区域文化经济品牌。

山西省在2020年文化和旅游工作会议中提出，要依托黄河、长城、太行三大品牌的影响力推动山西文化和旅游产业实现由"资源"到"品牌"

---

① 《非遗助力扶贫·共筑美好生活——脱贫攻坚和乡村振兴中的非遗力量》，中国非物质文化遗产网，http：//www.ihchina.cn/news_ 1_ details/19182.html，最后访问时间：2021年9月15日。

② 《湖南推进非遗扶贫就业工坊建设》，文化产业数据库，http：//d.drcnet.com.cn/eDRCnet.common.web/DocDetail.aspx？ chnid = 5265&leafid = 20591&docid = 5774621&uid = 7418&version=culture，最后访问时间：2021年9月15日。

③ 潘斌：《后现代消费文化特征下的品牌塑造思考》，《商业时代》2010年第27期，第21、35页。

的时代转型①。2018 年，湖北省文化产业增加值达到 1779.75 亿元，同比增长 52.89%，规上文化企业 2717 家，比上年增加 600 家，2019 年，规上文化企业营业收入增长 12.2%，比全国平均水平高出 5.2 个百分点②。2019 年，湖北省启动"擦亮荆楚文化品牌，挖掘荆楚文化内涵，打造优质原创内容作品和精品 IP"的文化产品品牌选树活动，助推文化产业高质量发展③。近年来，河南省依托"五朵金花"文化旅游品牌大力推动以花卉为根基的旅游休闲产业发展，2020 年 7 月，"老家河南'五朵金花'协作体"正式成立，南阳、许昌、洛阳、开封、周口五所城市凭借其"金花"品牌，依托赏花经济，在品牌宣传、业态创新等方面相互协作，使得以花卉观赏为特色、节庆旅游为引领的特色文化旅游产业链条不断延伸、发展④。江西省依托"红绿古金"四色文化品牌，全力彰显了江西沉淀丰厚的文化底蕴和绚丽多彩的文化资源。"红绿古金"四种色彩分别代表了太阳、绿水青山、大地以及数字文化产业，生动地映射出江西的文化特色，红色文化遗产、生态文化产业、农耕文明以及现代科技的蓬勃发展在"红绿古金"的照耀下为江西省文化产业品牌化提供了重要动力⑤。湖南省在品牌化建设过程中，通过打造"潇湘"品牌，推出"锦绣潇湘""人文潇湘""快乐潇湘"三张名片，拓展潇湘文化的品牌影响力，推动文化旅游强省建设。⑥

---

① 《山西省文化和旅游工作会议在太原召开 全力锻造黄河长城太行三大品牌》，山西省人民政府官网，http：//www.shanxi.gov.cn/yw/sxyw/202003/t20200320_ 780447.shtml，最后访问时间：2021 年 9 月 16 日。

② 《湖北：擦亮荆楚文化品牌 助推产业高质量发展》，中国新闻网，https：//baijiahao.baidu.com/s? id=1682342284541226075&wfr=spider&for=pc，最后访问时间：2021 年 9 月 20 日。

③ 《东湖评论：荆楚文化品牌深入人心，美好生活充满期待》，荆楚网，http：//focus.cnhubei.com/dhgd/p/13433509.html，最后访问时间：2021 年 9 月 20 日。

④ 《河南：打造"五朵金花"文旅新名片》，文化产业数据库，http：//d.drcnet.com.cn/eDRCnet.common.web/DocDetail.aspx? chnid = 5272&leafid = 20582&docid = 5911523&uid = 7418&version=culture，最后访问时间：2021 年 9 月 26 日。

⑤ 《江西文化发展巡礼 大展"红绿古金"》，大公网，http：//www.takungpao.com/special/239159/2020/0710/473381.html，最后访问时间：2021 年 9 月 28 日。

⑥ 《湖南打造三张名片推进文旅复苏》，文化产业数据库，http：//d.drcnet.com.cn/eDRCnet.common.web/DocDetail.aspx? chnid = 5272&leafid = 20582&docid = 5993885&uid = 7418&version=culture，最后访问时间：2021 年 9 月 26 日。

三　中部地区文化产业发展趋势

（一）"文化+科技"将为文化产业高质量发展插上新翅膀

新冠疫情的暴发使传统线下的演艺、出版、电影等文化产业受到重创，但疫情"禁足"客观上繁荣了"宅经济"，使文化消费习惯更快转变，众多文化娱乐活动转向线上"云平台"。统计数据显示，2020 年 1 月，游戏产业较上年 12 月环比增长 37.5%，较上年同期增加 49.5%；快手、抖音等短视频平台的日均用户增量超过 4000 万[①]。2020 年注定是文化和科技加速融合发展的一年，中部各省纷纷制定和出台相关政策文件，帮助文化企业积极应对疫情影响。江西、湖南两省为促进文化领域的自主创新能力，均制定了本省的文化和科技融合示范基地认定管理办法以推动文化和科技融合发展；山西省则发布《山西省数字产业 2020 年行动计划》，旨在通过 5G、人工智能、大数据助力文化产业数字化转型，建设打造一批数字创意文化产业园区。疫情加速了文化与科技的深度融合，科技创新必将引发新兴文化产业在组织结构上发生质变和升级[②]。数字技术与文化创意的交互融合，必将促使数字文化创意产业成为中部地区重要的新兴战略产业，使中部地区在数字化、智能化的不断推动下，实现文化产业的高质量发展。

（二）国内国际双循环战略将为文化消费点亮崭新生活

随着我国经济逐步迈向高质量发展阶段，以国内大循环为主体、国内国际双循环相互促进的新发展格局得到确立。在国家双循环战略的指导下，中

[①] 《新冠肺炎疫情加快文化与科技融合》，新浪财经头条官网，https：//t. cj. sina. com. cn/articles/view/1737979690/6797772a01900q6vu？ cre = tianyi&mod = pcpager _ fintoutiao&loc = 14&r = 9&rfunc = 59&tj = none&tr = 9，最后访问时间：2021 年 9 月 30 日。

[②] 李丽：《科技创新助推河南新兴文化业态高质量发展》，《商业文化》2021 年第 24 期，第 18~19 页。

部地区将坚持供给侧结构性改革的战略方向，构建起畅通高效的市场流通体系，致力于打造国内大循环和国内国际双循环的重要节点。湖南省牢牢把握住大众文化消费转型升级的新趋势，通过扩大农村消费、开展夜间经济等举措推动区域消费中心的建设，在新型消费示范城市的建设过程中建立起文化消费的新场景、新模式，培育高质量的文化消费业态[1]。江西省为全面促进文化消费制定了一系列政策：实施文化惠民工程，鼓励发放"文化惠民卡""文旅体一卡通"；构建线上线下一体化的文旅商品营销体系，持续打造"天工开物""江西好礼"等文创产品；推动创建国家文化和旅游消费示范（试点）城市、区域文化和旅游消费中心城市，计划创建6个以上国家级夜间文化和旅游消费集聚区。[2] 在国内国际双循环的市场大背景下，消费已成为引领经济循环的主要驱动力，随着新型文化消费模式的培育以及传统行业的数字化转型，中部地区必然会形成消费升级引领供给创新、供给提升创造消费新增长点的良性循环。[3]

（三）全域旅游格局形成将扩大文旅融合品牌世界影响力

2018年，国务院办公厅出台《关于促进全域旅游发展的指导意见》，标志着我国旅游业将转变过去那种粗放低效、封闭单一的旅游开发模式，加大旅游业与其他产业的融合力度，从景点旅游走向全域旅游模式。中部地区拥有丰富的旅游资源、文化资源，在全域旅游模式的带动下，中部各省不断挖掘文化和旅游资源，并将特色文旅资源进行创意性开发与利用，近年来打造

---

[1] 《湖南省"十四五"规划和2035年远景目标的建议正式发布（全文）》，湖南省人民政府官网，http://www.hunan.gov.cn/hnszf/hnyw/sy/hnyw1/202012/t20201212_14023121.html，最后访问时间：2021年10月13日。

[2] 《江西省人民政府办公厅关于印发江西省"十四五"文化和旅游发展规划的通知》，江西省人民政府官网，http://www.jiangxi.gov.cn/art/2021/9/30/art_5296_3645429.html，最后访问时间：2021年10月15日。

[3] 《山西省人民政府关于印发山西省国民经济和社会发展第十四个五年规划和2035年远景目标纲要的通知》，山西省人民政府官网，http://www.shanxi.gov.cn/sxszfxxgk/sxsrmzfzcbm/sxszfbgt/flfg_7203/szfgfxwj_7205/202104/P020210414397461274236.pdf，最后访问时间：2021年10月15日。

了众多文化旅游特色品牌和经典旅游线路。湖北省一直以来都坚持"以文塑旅、以旅彰文"的理念，凭借其自然地理风光和红色乡村旅游资源，以"一江两山"旅游品牌将"灵秀湖北"推广出省，在全域旅游示范区的建设过程中打造世界级、国家级的文化旅游休闲度假区，大大提高了湖北文化旅游的影响力。[①] 江西省依托"杜鹃红""青花蓝""香樟绿""马蹄金"等文化资源，利用毗邻粤港澳大湾区、长三角经济区形成的"四面逢源"区位优势，以景德镇国家陶瓷文化传承创新试验区、长征国家文化公园（江西段）等为突破，建设高品质国家全域旅游示范区，推动"江西风景独好"品牌形象在全球传播。[②] 随着文化消费和旅游的转型升级，全域旅游格局的形成定将推动中部地区文化和旅游深度融合，构建区域品牌形象，扩大文化旅游品牌的影响力。

（四）乡村特色文化旅游将进一步推动乡村振兴走向新高地

旅游业是带动区域内其他相关行业发展，提升区域经济发展水平，有效增加就业以及提高人民生活水平的重要产业。通过发展乡村特色文化旅游业，中部地区许多贫困小村升级为"小康村"[③]，乡村旅游业也成为助力乡村振兴的重要产业之一。近年来，山西省立足美丽乡村建设，秉持"绿水青山就是金山银山"的两山理念，大力发展乡村旅游业。依托晋商文化、古堡文化、根祖文化，山西省晋城市城区北石店镇司徒村的司徒小镇将旅游与地域特色文化结合，推出一批富有浓郁乡土特色的演艺产品，以特色民俗文化吸引着越来越多的游客，在2020年，司徒小镇接待游客58万人次，综

---

① 《湖北省第十四个五年规划和二〇三五年远景目标纲要》，湖北省人民政府官网，http：//www.hubei.gov.cn/zwgk/hbyw/hbywqb/202104/t20210409_3461316_11.shtml，最后访问时间：2021年10月20日。

② 《江西省人民政府办公厅关于印发江西省"十四五"文化和旅游发展规划的通知》，江西省人民政府官网，http：//www.jiangxi.gov.cn/art/2021/9/30/art_5296_3645429.html，最后访问时间：2021年10月20日。

③ 《发展文旅产业 赋能乡村振兴》，《河北日报》2021年9月26日，第3版。

合收入高达5092万元。① 江西省在"十四五"规划中明确提出要把文化和旅游发展纳入乡村振兴行动计划当中，在保护乡村自然文化资源的基础上，将茶叶、陶瓷、雕刻、中药、竹编等传统技艺融入文化旅游当中，打造具有赣鄱乡村特色的文旅空间，提升乡村文化旅游的品牌影响力，推动文化和旅游服务乡村振兴。②"靠山吃山、靠水吃水"，将独具地方韵味的文化元素融入其中，不仅让乡村旅游变得有趣，更让文化变得亲近、可触摸。乡村旅游的提质升级在未来将会进一步激活中部地区乡村振兴的"新动能"。③

---

① 《乡村游，为山西乡村振兴"添金增彩"》，《山西经济日报》2021年9月27日，第1版。

② 《江西省人民政府办公厅关于印发江西省"十四五"文化和旅游发展规划的通知》，江西省人民政府官网，http://www.jiangxi.gov.cn/art/2021/9/30/art_5296_3645429.html，最后访问时间：2021年10月21日。

③ 《乡村游，为山西乡村振兴"添金增彩"》，《山西经济日报》2021年9月27日，第1版。

B.7
西南地区文化产业发展
报告（2020~2021）

于良楠　王慧园*

摘　要： "十三五"期间，西南地区文化产业总体平稳发展，产业规模稳步扩大、产业集约化程度逐渐提升，文化产业在打赢脱贫攻坚战、全面建成小康社会中发挥了重要作用。新冠疫情的全球持续蔓延和广泛影响，对经济社会发展产生深远影响，文化产业发展也随之进入新阶段。与中东部地区相比，西南地区在技术、人才、资本等文化产业发展要素方面依然滞后，文化产业转型升级迫在眉睫，应当从文化产业带状发展、文化和旅游融合、扩大文化和旅游消费、推进区域协同发展、特色文化产业赋能乡村振兴等层面推动文化产业高质量发展。

关键词： 文旅融合　文旅消费　区域协同　文化产业　西南地区

　　"十三五"期间，西南地区经济社会发展取得新突破，顺利完成打赢脱贫攻坚战、全面建成小康社会任务。在此背景下，西南地区文化产业总体平稳发展，产业规模、效益稳步提升，文化产业增加值由 2015 年的 2799.10 亿元增加到 2020 年的 4693 亿元，年均增速达到 10.89%。西南地区在文化

* 于良楠，云南大学政府管理学院在读博士，云南省文化产业研究会常务副秘书长，云南大学国家文化和旅游研究基地助理研究员，主要研究方向：政府文化管理、文化产业理论与实践、文化和旅游规划；王慧园，云南大学民族学与社会学学院在读研究生，主要研究方向：文化产业、文化管理。

和旅游融合、文化产业园区建设、文化和旅游消费、应对新冠疫情对文化产业的影响、推动文化产业发展等方面取得了显著成效。

一 "十三五"期间西南地区文化产业发展现状

（一）区域文化产业发展总体平稳，年均增速与全国基本持平

2015~2020年，西南地区文化产业呈现持续健康发展态势。西南地区文化产业增加值由2015年的2799.10亿元增加到2020年的4693亿元，占GDP的比重由2015年的3.19%提高到2020年的3.35%。2015~2020年西南地区文化产业增加值年均增速为10.89%，与同期全国文化产业增加值增速基本持平（10.54%）。

分省区市来看，四川省持续以绝对优势领跑西南地区，2020年四川省文化产业增加值达到2037亿元，占GDP的比重达到4.19%，2015~2020年文化产业增加值年均增速为12.29%，居西南地区第2位。2015~2020年西藏自治区文化产业发展迅速，年均增速达到24.42%，远高于同期西南地区和全国的增速。2015~2020年广西壮族自治区文化产业增加值年均增速仅为3.71%，发展相对缓慢。贵州省、重庆市文化产业发展均呈现持续增长态势，2015~2020年年均增速均在12%以上（见图1）。

（二）人均文化产业增加值稳步提高，从业人员人均文化产业增加值波动较大

西南地区人均文化产业增加值总体呈现上升态势，2015~2020年年均增长率达到10.10%。分省区市来看，除广西壮族自治区、云南省之外，西藏自治区、贵州省、四川省、重庆市均实现快速增长，2015~2020年年均增长率均超过10%（见图2）。2015~2020年西南地区从业人员人均文化产业增加值总体呈上升趋势，年均增长率达到5.10%，其中贵州省增幅最大，达到15.20%，西藏自治区出现负增长（见图3）。

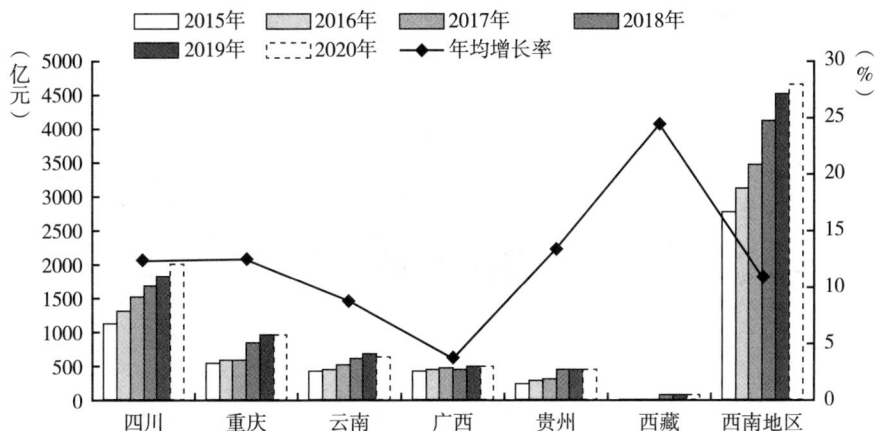

图1　2015~2020年西南地区文化产业增加值增长情况

资料来源：《中国文化及相关产业统计年鉴》（2016~2021）。

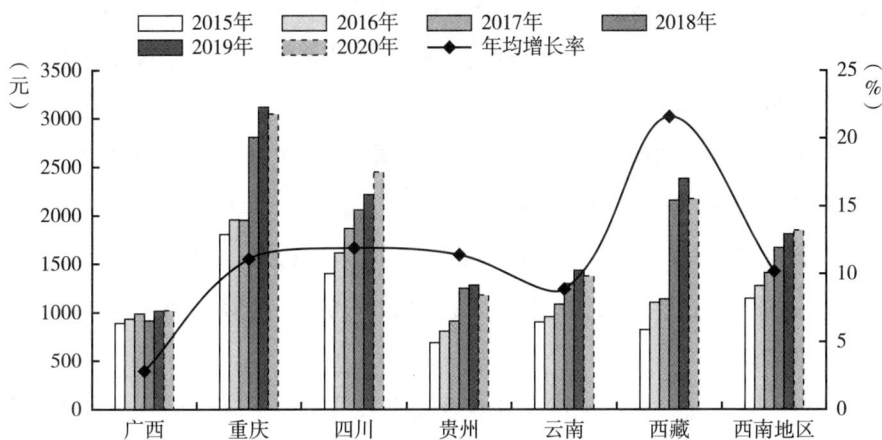

图2　2015~2020年西南地区文化产业人均产出情况

资料来源：《中国文化及相关产业统计年鉴》（2016~2021）。

（三）文化产业结构逐步调整，产业集聚发展波动较大

从文化产业法人单位资产总计来看，西南地区文化产业分行业构成由

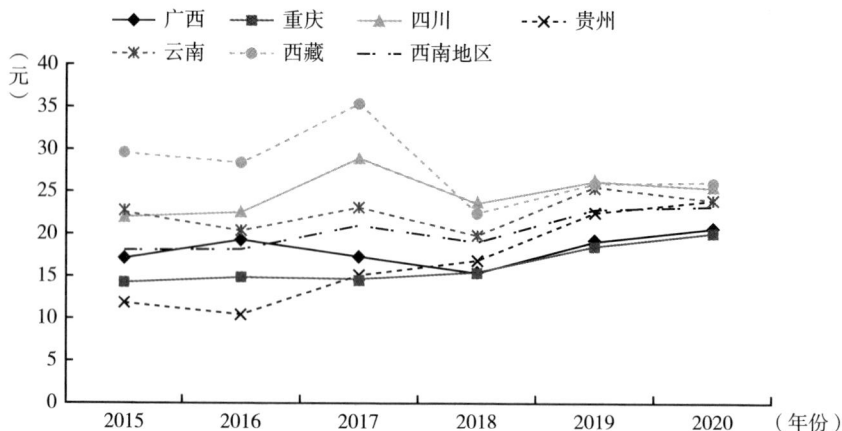

图3　2015～2020年西南地区从业人员人均文化产业增加值

资料来源：《中国文化及相关产业统计年鉴》（2016～2021）。

2015年的26.92∶13.95∶59.13调整为2020年的24.62∶9.14∶66.24，其中文化服务业比重显著提升，文化批零业比重显著下降，文化制造业比重小幅下降（见图4）。

分地区来看，2015～2020年，除云南省、广西壮族自治区文化制造业有小幅度提升外，其余四省区市文化制造业占比均下降；西南地区六省区市文化批零业均有不同幅度的下降；2020年西南地区六省区市文化服务业占比均超过40%，其中贵州省文化服务业占比已超过80%（见表1）。

2015～2020年，西南地区文化产业集聚发展呈现下降态势。分省区市来看，西藏自治区、四川省、重庆市处于相对领先位置，广西壮族自治区、贵州省、云南省文化产业集聚发展处于相对劣势。四川省文化产业集聚发展特征明显，文化产业专业化程度相对较高；西藏自治区文化产业集聚发展的相对优势自2018年总体上升，2018～2020年连续三年领跑西南地区，产业专业化率进入相对优势区间（见图5）。

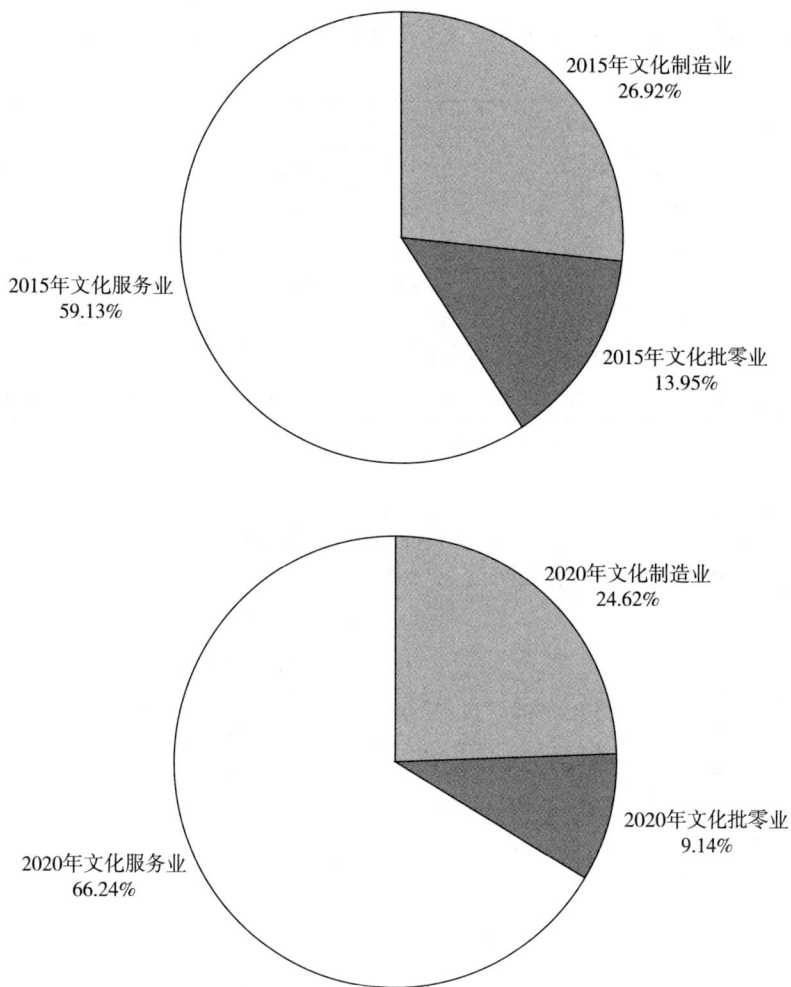

图 4　2015 年与 2020 年西南地区文化及相关产业法人单位资产总计分行业构成

资料来源：《中国文化及相关产业统计年鉴》（2016~2021）。

（四）居民文化消费稳步增长，城乡间差距进一步缩小

西南地区全部居民人均文化消费支出总体呈现下降态势，全部居民人均文化消费支出由 2015 年的 539.9 元下降到 2020 年的 441.2 元，年均增长率为-3.96%。分省区市来看，除西藏自治区（1.96%）小幅增长之外，其余

表1　2015年与2020年西南地区文化及相关产业法人单位资产总计分行业构成

单位：%

地区	2015年			2020年		
	文化制造业	文化批零业	文化服务业	文化制造业	文化批零业	文化服务业
广西	36.29	12.17	51.54	46.02	10.38	43.60
重庆	22.36	12.39	65.26	12.71	6.90	80.39
四川	38.19	13.02	48.80	29.92	10.90	59.18
贵州	13.36	12.53	74.11	8.43	7.72	83.85
云南	14.06	20.60	65.34	24.69	7.62	67.69
西藏	33.89	21.90	44.20	5.59	1.23	93.18

资料来源：《中国文化及相关产业统计年鉴》（2016~2021）。

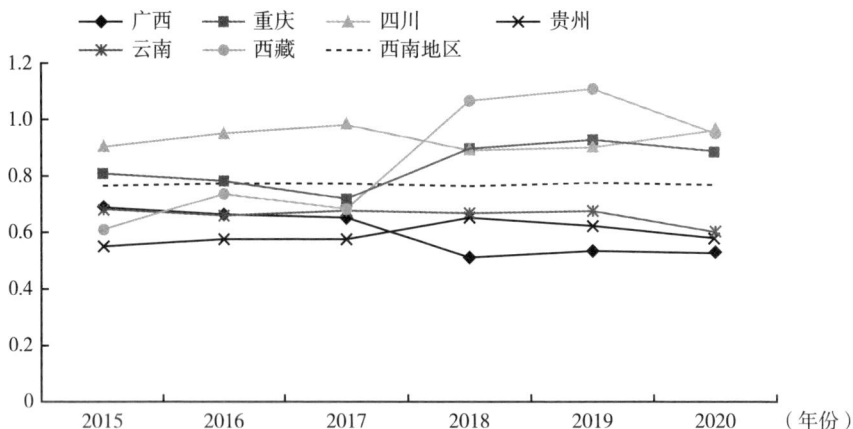

图5　2015~2020年西南地区文化产业区位熵

资料来源：《中国文化及相关产业统计年鉴》（2016~2021）。

五省区市全部居民人均文化消费支出都呈现整体下降的态势（见图6）。2015~2020年西南地区全部居民人均文化消费支出占居民人均消费支出的比重总体呈现下降趋势（见图7）。

分城镇和乡村来看，2015~2020年西南地区六省区市城镇居民人均文化消费支出出现不同程度的下降，其中贵州（-12.57%）下降速度最快，西藏（-2.26%）、重庆（-2.33%）下降速度较慢。2015~2020年西南地区六

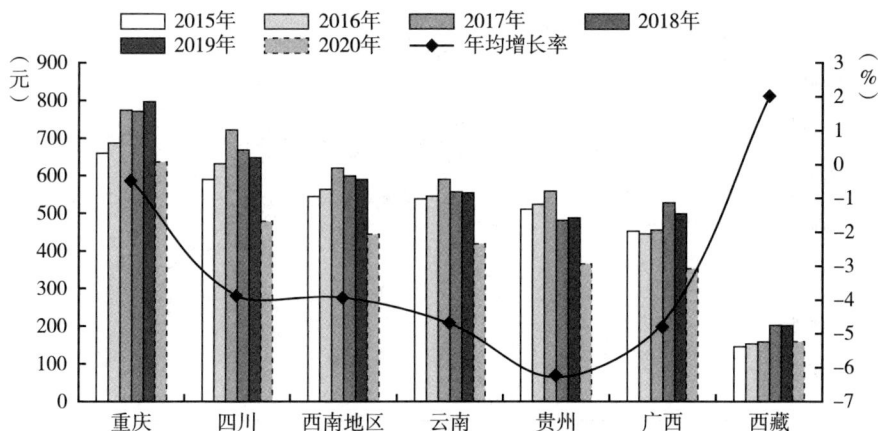

图6 2015~2020年西南地区全部居民人均文化消费支出情况

资料来源：《中国文化及相关产业统计年鉴》（2015~2021）。

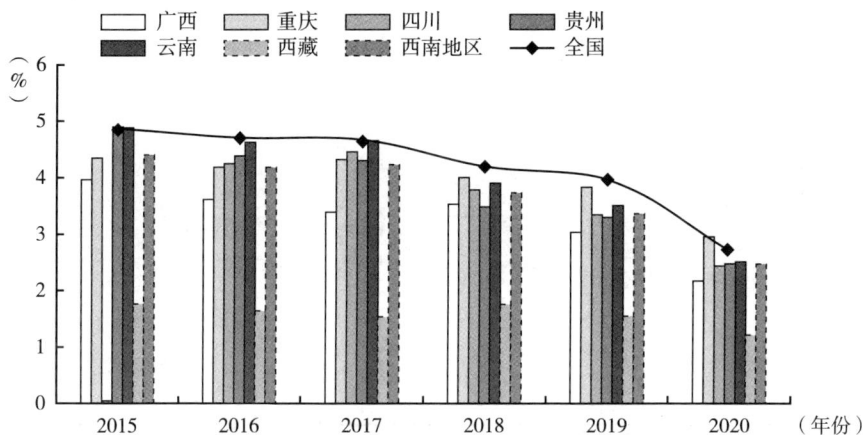

图7 2015~2020年西南地区全部居民人均文化消费
支出占居民人均消费支出比重情况

资料来源：《中国文化及相关产业统计年鉴》（2015~2021）。

省区市乡村居民人均文化消费支出均呈现增长态势，其中贵州省年均增速最高，超过8.0%，其余五省区市年均增速均超过3.0%。从城镇和乡村对比来看，西南地区六省区市城镇和乡村居民人均文化消费支出比逐步缩小，其中贵州省、四川省、广西壮族自治区三省区城乡差距显著缩小（见图8和图9）。

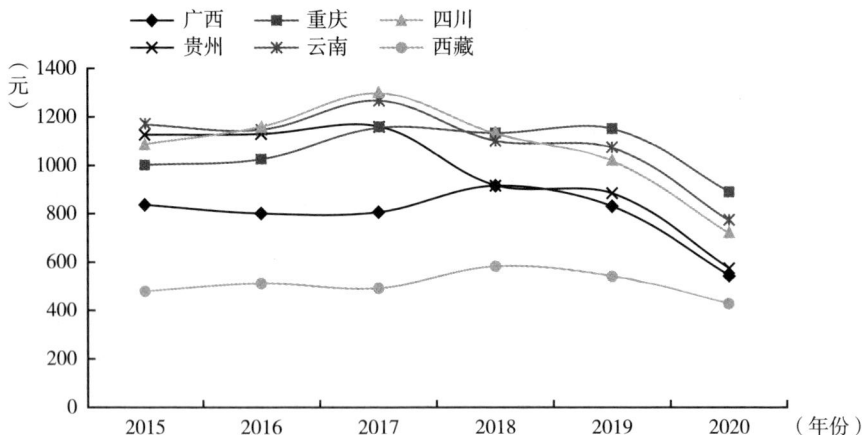

图8　2015~2020年西南地区城镇居民人均文化消费支出情况

资料来源:《中国文化及相关产业统计年鉴》(2016~2021)。

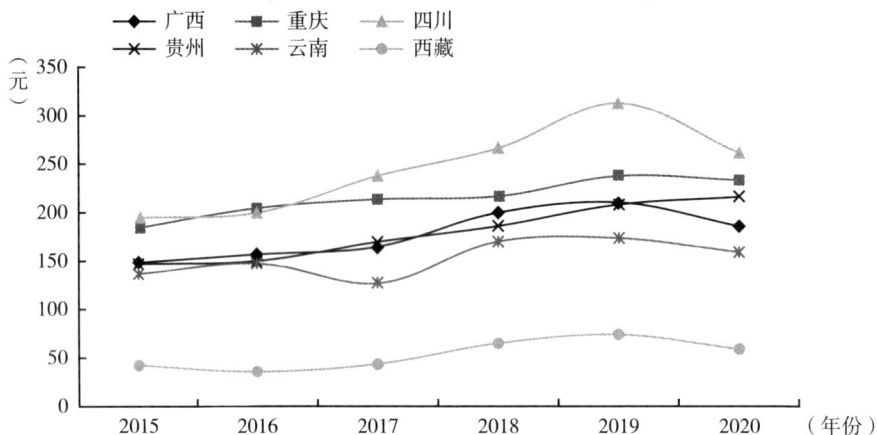

图9　2015~2020年西南地区乡村居民人均文化消费支出情况

资料来源:《中国文化及相关产业统计年鉴》(2016~2021)。

（五）文化产业固定资产投资稳步增长，占全社会固定资产投资比重呈波动小幅增长

西南地区文化及相关产业固定资产投资由 2015 年的 4105.80 亿元增加

到 2020 年的 10325.70 亿元，年均增长率高达 20.26%。分省区市看，四川省、重庆市年均增长率均超过 20%，云南省、贵州省均超过 13%，而西藏自治区（-11.29%）则呈现下降趋势（见图 10）。

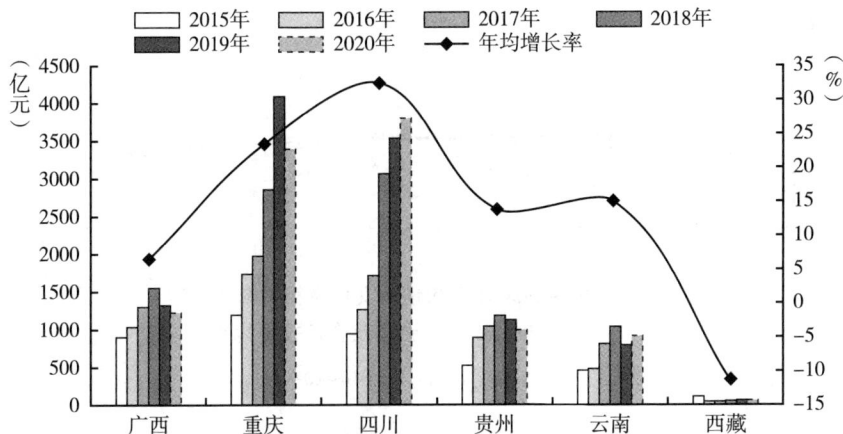

图 10　2015~2020 年西南地区文化及相关产业固定资产投资情况

资料来源：《中国文化及相关产业统计年鉴》（2016~2021）。

从文化及相关产业固定资产投资占全社会固定资产投资比重来看，西南地区占比由 2015 年的 4.64% 提升到 2020 年的 6.15%，其中重庆市、四川省占比提升较大，贵州省、云南省占比小幅提升，广西壮族自治区小幅下降，西藏自治区占比大幅下降（见图 11）。

（六）文化企业规模与收益持续增长，带动就业能力显著提升

西南地区规模以上文化企业总数从 2015 年的 3738 家增加到 2020 年的 5198 家，年均增速达到 6.81%；值得关注的是，2019 年西南地区规模以上文化企业总数较上年增幅高达 70.21%，受新冠疫情影响，2020 年西南地区规模以上文化企业总数降幅高到 40.68%。分省区市来看，四川省、云南省年均增速超过 8%（见图 12）。

2015~2020 年西南地区文化产业法人单位资产总计规模、营业收入、从业人员数都呈现增长态势。2015~2020 年西南地区文化产业法人单位资产总

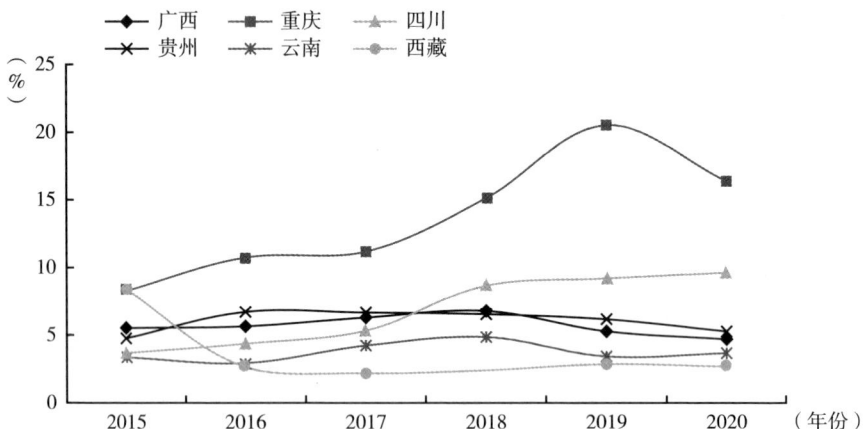

图 11　2015~2020 年西南地区文化及相关产业固定资产投资占全社会固定资产投资比重

资料来源：《中国文化及相关产业统计年鉴》（2016~2021）。

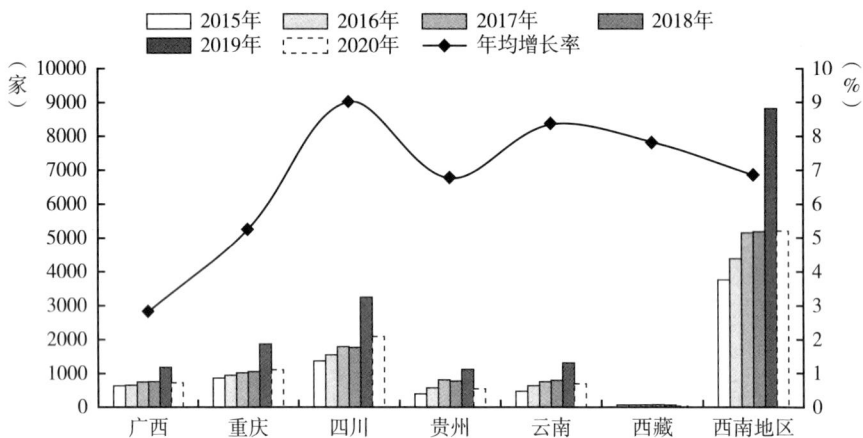

图 12　2015~2020 年西南地区规模以上文化企业总数增长情况

资料来源：《中国文化及相关产业统计年鉴》（2016~2021）。

计从 2015 年的 10367.12 亿元增长到 2020 年的 29775.58 亿元，年均增速高达 23.49%；营业收入从 2015 年的 7040.64 亿元增加到 2020 年的 11788.08 亿元，年均增速达到 10.86%；从业人员数量从 2015 年的 154.75 万人增到 2020 年的 201.87 万人，年均增速为 5.46%。营业税金及附加波动较大，由

2015 年的 161.74 亿元增加到 2018 年的 181.83 亿元，再跌至 2020 年的 42.52 亿元（见图 13）。

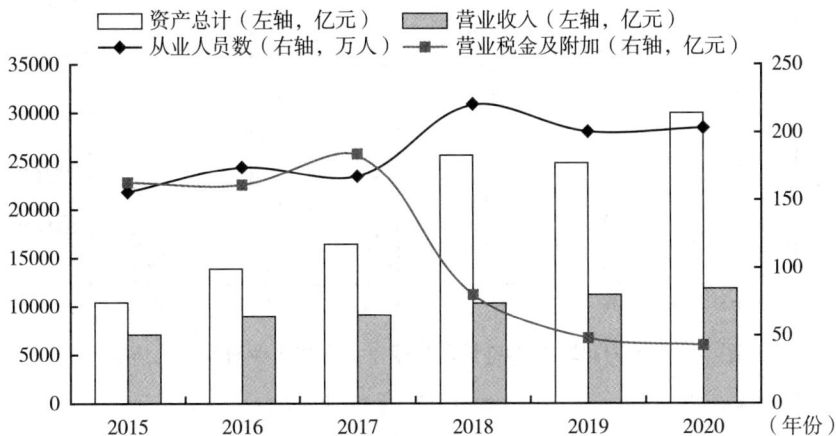

图 13 2015~2020 年西南地区文化产业法人单位经营情况

资料来源：《中国文化及相关产业统计年鉴》（2016~2021）。

（七）文化产业研发持续活跃，市场转化效果稳步提高

西南地区规模以上文化制造业企业的研发持续活跃，有 R&D 活动的规上文化制造业企业数量由 2015 年的 121 家增加到 2020 年 319 家，自筹研发投入资金规模由 2015 年的 336492 万元增加到 2020 年的 538422 万元（见图14）。西南地区有 R&D 活动文化制造业企业数量占本地区规模以上文化企业总数的比重由 2015 年的 10.20%提高到 2019 年的 23.58%，受新冠疫情影响，2020 年跌至 0.08%；西南地区有 R&D 活动文化企业数占全国规模以上文化制造业企业总数比重也由 2015 年的 0.60%提高到 2020 年的 0.83%（见图 15）。

"十三五"期间，西南地区有效发明专利数总体呈现持续增长态势，由2015 年的 1875 项增加到 2020 年的 3756 项；新产品项目数量由 2015 年 474项增加到 2020 年的 1325 项（见图 16）。从文化制造业新产品销售收入来看，西南地区文化制造业销售收入整体呈现下降趋势，由 2015 年的

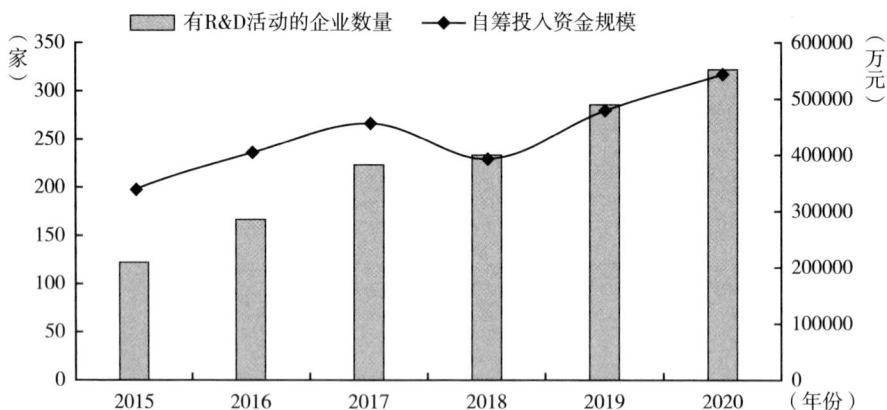

图14 2015～2020年西南地区规模以上文化企业研发投入情况

资料来源:《中国文化及相关产业统计年鉴》(2016～2021)。

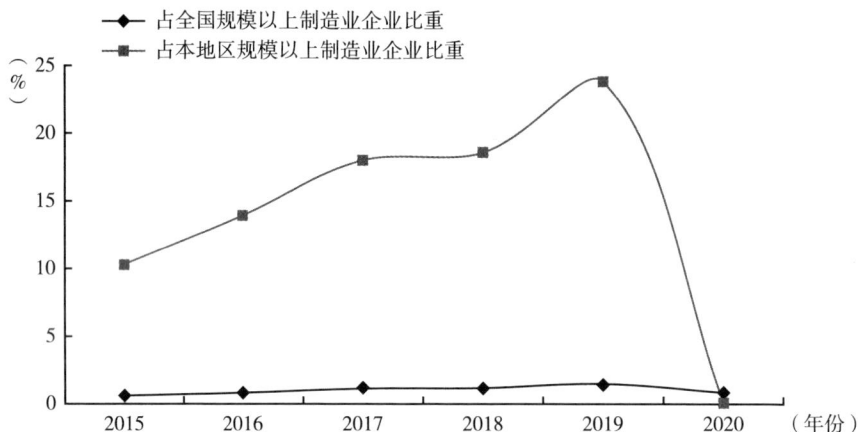

**图15 2015～2020年西南地区有R&D活动文化企业数占
规模以上文化制造业企业总数比重情况**

资料来源:《中国文化及相关产业统计年鉴》(2015～2021)。

16073.63万元降低至2020年的7256.07万元,其中广西壮族自治区、贵州省在波动中有大幅上升,云南省在波动中实现小幅增长,重庆市、四川省均出现大幅下降(见图17)。

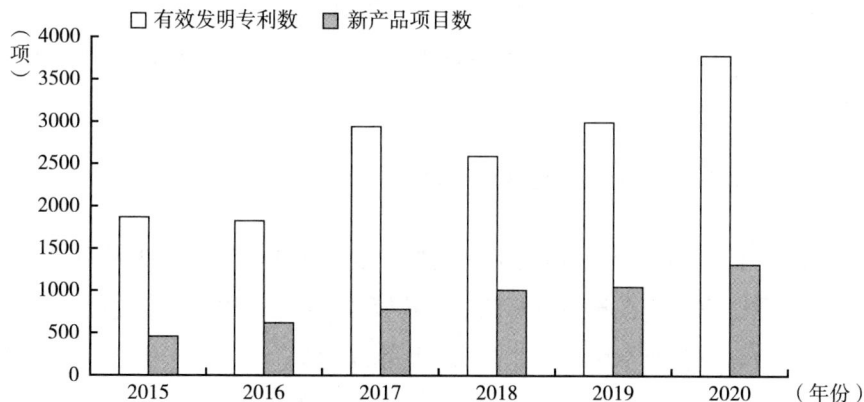

图16　2015~2020年西南地区文化研发产出情况

资料来源：《中国文化及相关产业统计年鉴》（2015~2021）。

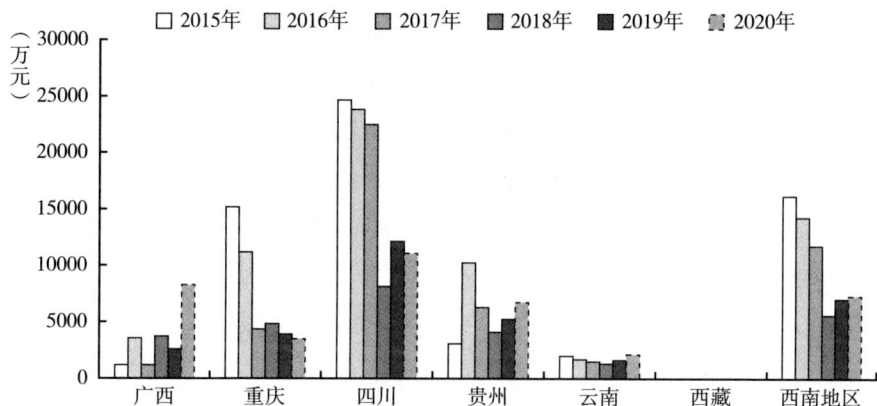

图17　2015~2020年西南地区文化制造业单位新产品平均销售收入情况

资料来源：《中国文化及相关产业统计年鉴》（2015~2021）。

二　"十三五"期间西南地区文化产业发展特征

"十三五"期间，在国际形势错综复杂和国内改革发展任务艰巨繁重的"双重压力"下，面对脱贫攻坚的艰巨任务和新冠疫情的严重冲击，西南地区文化产业发展经历了前所未有的挑战。"十三五"期间，西南地区产业发展整体呈现稳步健康发展态势，区域文化产业发展的特色和亮点较为突出。

（一）文旅助力脱贫攻坚成效显著

"十三五"时期，是打赢脱贫攻坚战、全面建成小康社会决胜阶段，西南地区各省区市结合自身特色资源，在政策的指导下积极推动特色文化产业发展，以民族演艺业、民族工艺美术、民宿文化体验、节庆会展等为代表的特色文化产业在西南地区脱贫攻坚中发挥了重要作用。

为了统筹城乡文化产业发展和全面脱贫攻坚，广西壮族自治区制定出台《广西文化产业跨越发展行动计划（2017—2020）》，通过打造底蕴深厚的民族文化产业品牌、特色鲜明的文化旅游业品牌，使文化产业成为"老少边穷"地区脱贫攻坚的"助推器"。广西壮族自治区持续加大乡村文化旅游发展的政策资金支持力度，全区创建休闲农业与乡村旅游示范点263家，其中，114家在贫困县[①]；全区乡村旅游共接待游客约12.99亿人次，乡村旅游消费约8620.74亿元[②]，为农民提供了就业岗位、增加了农民收入，在带动广西地区农村经济的转型与发展方面起到了促进作用，对脱贫攻坚、乡村振兴起到了积极作用。

重庆市制定出台了《重庆市"十三五"产业扶贫发展规划（2016—2020）》《关于进一步加快乡村旅游发展的意见》等政策，引导贫困群众依靠发展特色文化产业实现增收致富。2016年以来，重庆市出台《重庆市乡村文化乐园评选管理办法》《重庆市文化委员会关于推动乡村文化乐园提质

---

① 《广西"十三五"旅游脱贫攻坚成效显著乡村游成为广西旅游亮点 实现旅游消费8620亿元》，《南宁日报》，http：//www.nnwb.com/nnwb/20210127/html/page _ 05 _ content _ 001.htm，最后访问时间：2021年9月20日。

② 《广西"十三五"旅游脱贫攻坚成效显著乡村游成为广西旅游亮点 实现旅游消费8620亿元》，《南宁日报》，http：//www.nnwb.com/nnwb/20210127/html/page _ 05 _ content _ 001.htm，最后访问时间：2021年9月20日。

升级的意见》①，扶持打造了一批特色乡村文化乐园，成为高品质乡村文化旅游目的地，有效助力全市脱贫攻坚和乡村振兴。

传统工艺的保护传承与乡村经济发展相结合，是贫困地区实现"自我造血"的有效途径。四川省充分利用丰富非物质文化遗产发展工艺品业，增加就业岗位，带动当地农民致富，助力脱贫攻坚。"十三五"期间，茂县通过饰品、藏羌民间工艺品、特制医药品等羌族文化的展示、创意、开发，建设"非遗扶贫就业工坊"②"扶贫车间"，为贫困户、残疾人提供就业机会。截至2020年底，茂县已建成7个培训基地，吸纳24000多人在培训基地学习羌绣技艺③。"十三五"期间，四川全省建成32个省级旅游扶贫示范区（县），累计带动1306个贫困村退出，24.58万贫困人口脱贫增收④。

2016年贵州省启动实施"文化产业扶贫'千村计划'"，利用在地性文化资源拓展文化产业，重点培育发展民族民间手工艺品、刺绣、蜡染、民间医药、民宿体验、民间演艺、红色文化旅游等多元业态，帮助困难群众实现就业创收，截至2019年累计扶持贫困县（区）文化产业项目54个，投入扶持资金3500余万元，实现14个深度贫困县和20个极贫乡镇所在县全覆盖⑤。2016~2020年，贵州文化旅游累计助推超过112万建档立卡贫困人

---

① 《全市乡村文化乐园建设现场会如期召开》，重庆市文化和旅游委员会，http://whlyw.cq.gov.cn/zwxx_221/bmdt/gzdt/201810/t20181019_3690468.html，最后访问时间：2021年9与20日。

② 非遗扶贫就业工坊是充分利用"文化+"实现产业重组的重要典范，在脱贫致富中发挥着"扶贫先扶智、扶贫先扶志"的重要作用，不仅实现了非物质文化遗产的活态化保护与传承，而且以"经营成本低、返贫率低"等特点实现脱贫致富。

③ 《阿坝：传承羌文化 文旅助脱贫》，央视网，http://d.drcnet.com.cn/eDRCnet.common.web/DocDetail.aspx? chnid=5265&leafid=20591&docid=6021248&uid=7418&version=culture，最后访问时间：2021年9月20日。

④ 《四川文旅这五年：百舸争流 竞相发展 融合发展更繁荣》，《四川日报》（数字版），https://epaper.scdaily.cn/shtml/scrb/20210131/249359.shtml，最后访问时间：2021年9月20日。

⑤ 《文化产业扶贫实施四年 贵州省率先走出一条以文化产业助推脱贫攻坚的路子》，多彩贵州网，http://www.gog.cn/zonghe/system/2020/06/19/017645820.shtml，最后访问时间：2021年9月20日。

口增收脱贫，占全省脱贫人口的 1/4①。2020 年贵州省制定《全省文化旅游劳务就业扶贫工作实施方案》，截至 2020 年 10 月底，新开发劳务就业扶贫岗位 7485 个②。

"十三五"期间，云南积极推动民族民间演艺业、工艺美术业、节庆业等地方特色文化产业发展，助力脱贫攻坚，取得了显著成效。云南各地积极探索"非遗+扶贫"模式，积极开发特色文化产业，有效促进了当地贫困人口的脱贫和增收。云南特色文化资源丰富、民族风情浓厚，"十三五"期间从打造品牌、培育特色路线、强化管理等层面着力推动乡村文化旅游发展，为全省脱贫攻坚长效保障注入能量。2016~2019 年云南省乡村旅游共接待旅游者 9.24 亿人次，占全省旅游接待人次的 39.3%；乡村旅游收入 7301.4 亿元，占全省旅游收入的 23.7%；全省累计直接从业者 56.17 万人、间接就业者 192 万人，综合带动 75 万贫困人口增收脱贫③。

西藏自治区日喀则市依托独特丰富的非物质文化遗产资源④发展特色文化产业，走出一条非遗扶贫的有效路径。日喀则市制定出台《日喀则市推进非遗扶贫就业工坊建设的实施方案》，截至 2020 年共建成 36 个"非遗扶贫就业工坊"项目，带动建档立卡贫困户 542 人就业⑤，在帮助当地人民就

---

① 《【千年之变·多彩贵州"十三五"成就巡礼】贵州文旅"军团"倾力书写扶贫答卷》，多彩贵州网，http://travel.gog.cn/system/2020/10/21/017750804.shtml，最后访问时间：2021 年 9 月 20 日。
② 《【千年之变·多彩贵州"十三五"成就巡礼】贵州文旅"军团"倾力书写扶贫答卷》，多彩贵州网，http://travel.gog.cn/system/2020/10/21/017750804.shtml，最后访问时间：2021 年 9 月 20 日。
③ 《稳固成果 奋力推动乡村旅游高质量发展》，云南省文化和旅游厅网站，http://dct.yn.gov.cn/wlyw1/13988，最后访问时间：2021 年 9 月 28 日。
④ 截至 2021 年，日喀则市共有入选联合国教科文组织人类非物质文化遗产代表作名录 1 项 3 个点，国家级非物质文化遗产代表性项目 17 项、国家级非物质文化遗产代表性传承人 14 名，自治区级非物质文化遗产代表性项目 75 项、自治区级非物质文化遗产代表性传承人 66 名，市级非物质文化遗产代表性项目 121 项、市级非物质文化遗产代表性传承人 50 名，县级非物质文化遗产项目 238 项。
⑤ 伍策、宋卿：《西藏日喀则：完成首次非遗扶贫就业工坊挂牌》，中国网，http://d.drcnet.com.cn/eDRCnet.common.web/DocDetail.aspx? chnid=5265&leafid=20591&docid=5890424&uid=7418&version=culture，最后访问时间：2021 年 9 月 20 日。

业增收的同时，日喀则市的非物质文化遗产得到了活态化传承，也促进了民族团结和经济社会的协同发展。

（二）文化和旅游融合发展稳步推进

根据党和国家深化机构改革的方案，2018 年 3 月，中华人民共和国文化和旅游部批准设立。2018 年西南各省区市（西藏除外）相继成立文化和旅游厅（发展委员会），文化和旅游机构改革标志着文化和旅游融合开启新征程。2018 年以来，西南地区有序推进文化和旅游机构改革，理顺文化和旅游机制体制，出台推进文化和旅游融合发展的相关政策，文化和旅游融合发展稳步推进。

广西壮族自治区相继出台《关于支持广西文化产业高质量发展的若干措施》《关于加快提振文化和旅游消费的若干措施》《广西旅游民宿暂行管理办法》等政策文件，促进当地旅游市场转型升级，推动文化和旅游市场规范化发展。"十三五"期间，广西壮族自治区文旅产业规模不断扩大，旅游总消费由 2015 年的 3254 亿元增加到 2019 年的 10241 亿元，接待游客总人数由 2015 年的 3.41 亿人次增加到 2019 年的 8.76 亿人次[①]。重庆紧紧抓住夜间经济发展的新潮流，出台《关于加快夜间经济发展促进消费增长的意见》[②]，不断开拓夜间旅游市场、营造夜间经济新场景，开发特色文化街区、特色商业街、精品美食城等文旅产品，拓宽了文旅发展新业态。四川省文化和旅游厅出台《建设文化强省中长期规划纲要（2019—2025 年）》《中共四川省委四川省人民政府关于大力发展文旅经济加快建设文化强省旅游强省的意见》《四川省文化旅游特色小镇评选办法》《四川省 A 级旅

---

① 董文锋、邝伟楠：《2020 年广西文化旅游发展大会召开》，《中国旅游报》，http：//d. drcnet. com. cn/eDRCnet. common. web/DocDetail. aspx? chnid = 5272&leafid = 20582&docid = 6021149&uid＝7418&version＝culture，最后访问时间：2021 年 9 月 20 日。

② 陈潜： 《文旅融合点亮不夜重庆》， 《中国旅游报》，http：//d. drcnet. com. cn/eDRCnet. common. web/DocDetail. aspx? chnid = 5272&leafid = 20582&docid = 6017811&uid＝7418&version＝culture，最后访问时间：2021 年 9 月 20 日。

游景区文旅融合实施导则》等政策措施，推动文化和旅游融合发展和高质量发展。2019年启动天府旅游名县建设，截至2020年底共评选天府旅游名县命名县20个、候选县30个，多措并举探索形成文化和旅游融合的"四川模式"①。贵州省紧紧围绕把贵州打造成为全域旅游示范省的目标，展开一系列建设。贵州省政府印发了《关于推动旅游业高质量发展加快旅游产业化建设多彩贵州旅游强省的意见》②，将旅游产业化发展放在突出的位置，利用特色民族文化资源、红色文化资源、山地资源等增强文化旅游的品牌化建设，"多彩贵州"文化品牌的建设进入新阶段，文化和旅游融合迈上新台阶。

（三）文化产业园区建设成效显著

西南地区文化产业园区的政策和服务环境不断优化，文化产业资源要素得到合理配置，结构逐步优化升级，文化创新活力得到激发，尤其是国家级文化产业示范园区创建工作取得重大突破，助力西南地区文化产业发展形成新格局。2020年12月25日，文化和旅游部发布《关于命名"21世纪避暑山庄"文化旅游产业园区等9家园区为国家级文化产业示范园区的决定》③的通知，重庆市南滨路文化产业园、云南建水紫陶文化产业园区两家入选第一批国家级文化产业示范园区。2020年12月25日，文化和旅游部印发《关于公布第二批国家级文化产业示范园区创建名单的通知》，广西壮族自治区的钦州坭兴陶文化创意产业园、四川省的梵木文化产业园、贵州省的正安吉他文化产业园获得第二批国家级文化产业示范园区创建资格，"西藏自治区的西藏文化旅游创意园区"暂保留"国家级文化产业试验园区"称号

---

① 《四川文旅这五年：百舸争流 竞相发展 融合发展更繁荣》，《四川日报》（数字版），https：//epaper.scdaily.cn/shtml/scrb/20210131/249359.shtml，最后访问时间：2021年9月20日。

② 贵州省文化和旅游厅官网，http：//whhly.guizhou.gov.cn/xwzx/zwyw/202101/t20210120_66218352.html，最后访问时间：2021年9月20日。

③ 《九园区被命名为国家级文化产业示范园区》，中华人民共和国文化和旅游部官网，https：//www.mct.gov.cn/whzx/whyw/202012/t20201230_920357.htm，最后访问时间：2021年9月20日。

开展创建工作①。

为打好千年建水古城、千年建水紫陶"两个千年"文化品牌，着力将建水打造为国内外有知名度和影响力的"中国紫陶之都"，2014年建水县开始着力培育建设建水紫陶文化产业园区。按照"一核三区"的总规划布局，实施8大主要任务、采取6大保障措施、建设10大重点项目，形成"1+3+8+6+10"的创建内容，推动紫陶产业与新型城镇化、乡村振兴战略有效对接，带动文化旅游、演艺娱乐、文化创意等特色文化产业集聚、融合发展，实现"园城一体""陶城一体""产城文一体"发展。2016~2020年，建水紫陶文化产业园区生产销售企业从842家增加到1665家，从业人员从1.5万人增加到4.0万人，紫陶产业年产值从11亿元增长到40亿元，年均增速38.09%②。2015年重庆市以南滨路为核心着力打造和创建国家级文化产业示范园区，2017年成功获得第一批国家级文化产业示范园区创建资格，经过多年发展，截至2020年底，园区文化类商业及其他配套设施建筑面积为931838平方米，占园区总建筑面积的68.75%③，园区文化企业多达1600多家，总产值达到156亿元④（见表2）。

（四）文化产业应对新冠疫情成效初显

新冠疫情发生以来，文化和旅游产业遭受重创，产业发展面临着严峻考验，同时也孕育着新的发展机遇。西南地区各省区市陆续出台相关政策（见表3），降低产业损失，复活产业经济。在行政审批方面简化流程、缩短审批时长，优化政务服务；在资金方面提供包含降税减息免租等各类金融支

---

① 《文化和旅游部关于公布第二批国家级文化产业示范园区创建名单的通知》，中华人民共和国文化和旅游部官网，http://zwgk.mct.gov.cn/zfxxgkml/cyfz/202012/t20201229_920338.html，最后访问时间：2021年9月20日。
② 资料由建水紫陶国家级文化产业示范园区管理委员会提供。
③ 园区简介源自重庆市南滨路文化产业园区官网，http://www.cqnbl.net/yqgk.aspx，最后访问时间：2021年9月20日。
④ 《南滨·南滨》，https://www.sohu.com/a/491617764_362042，最后访问时间：2021年9月28日。

表 2 西南地区国家级文化产业示范园区基本情况

园区	发展特色与创建经验
云南建水紫陶文化产业园	建水紫陶文化产业园区位于建水县城区，总面积 3.59 平方公里，由"一核、三区"组成，"一核"包括紫陶文化创意园、紫陶文化主题街、紫陶小镇、碗窑新村、碗窑老村、龙窑生态城，是集生态、文化、休闲和旅游于一体的文化旅游集聚地；"三区"包括东部片区、南部片区、西部片区，是紫陶产业配套集聚区。 自 2017 年获得"国家级文化产业示范园区"创建资格以来，建水县完成紫陶行业专利申请 190 多件，授权 128 件，发明专利申请 14 件；建成省级众创空间 2 个，州级众创空间 3 个，州级孵化园 3 个。目前已初步形成集创意、生产、展示、市场、体验于一体，特色鲜明的文化产业园区发展格局。建水县带领本地紫陶产业开拓出了适应新时期发展的紫陶文化传承之路
重庆市南滨路文化产业园	丰富的文化资源为南滨路塑造地区特色、发展文化产业带来了巨大优势。南滨路有大禹、巴渝、开埠、宗教、抗战等文化和现代艺术多元共生；有呼归石、慈云寺等 460 处文化遗址；有弹子石老街、米市街、慈云寺老街、龙门浩历史文化街区。园区大力推动"文化+商业""文化+体育""文化+旅游""文化+活动"融合发展，推动文化消费引领和文化商业融合，目前园区已基本形成集出版创意、文艺展演、康体娱乐、休闲观光、美食文化、旅游文化于一体的文化产业聚集区

持政策，联合多家银行推出专项信贷服务，为文旅企业资金问题排忧解难；在复工复产方面简化务工人员办事流程、特事特办，组织企业加强市场营销、发放文旅消费券等；在转型升级方面开展线上教育培训、提高从业人员素质；鼓励文旅企业提供智慧化产品与服务，拓展新场景新业态。2020 年重庆启动"百万游客游重庆"活动，文化和旅游委发布了相关景区的门票优惠政策，57 家景区针对特定省市、区县籍市民采取不同程度的优惠①，以发放文化消费券等形式恢复文旅市场，同时在该活动的推动下，游客走进渝东南、渝东北等贫困地区，带动了当地土特产的销售和文旅扶贫路线的开发。

---

① 《"百万游客游重庆"活动启动，助力文旅消费扶贫》，重庆市乡村振兴局，http：//fpb. cq. gov. cn/hdjl_ 231/mtgz/202003/t20200328_ 6441917. html，最后访问时间：2021 年 9 月 23 日。

表 3　西南地区应对新冠疫情促进文化产业发展的主要措施

地区	政策	主要措施
广西	《支持打赢疫情防控阻击战 全面振兴文旅经济的若干措施》《关于应对新冠肺炎疫情影响促进文化企业健康发展的若干措施》	加强政策资金扶持和纠纷处理力度，开通行政审批"绿色通道"，办结时限压缩至 48 小时以内。加大文化政策扶持、支持文艺精品创作、强化激励机制、提高政务服务水平
重庆	《关于应对新型冠状病毒感染的肺炎疫情支持中小企业共渡难关的二十条政策措施》《重庆市财政局等 8 部门关于落实新冠肺炎疫情期间中小微企业贷款贴息政策的通知》	优化政务服务、减轻企业负担、加大资金支持力度。对受疫情影响出现暂时困难但发展前景较好的中小微企业给予不超过基准利率 50% 的贷款贴息
四川	《应对新型冠状病毒肺炎疫情支持文旅企业有关政策摘要》	用税收减免、费用减免、金融支持、社保支持、劳资支持、旅游服务质量保障金暂退等一揽子政策支持文旅企业稳定发展
贵州	《支持文化旅游业恢复并高质量发展十条措施》	实施财政资金奖补政策，针对受损严重的文旅企业，从省级文化和旅游发展专项资金中调剂安排 5500 万元预算资金，帮助恢复发展。实施项目提升刺激政策，对 2020 年重大文化旅游投资项目和获得国家级牌子的地方和企业，给予一次性资金奖励或贴息
云南	《云南省支持文旅产业应对新冠肺炎疫情加快转型发展若干措施》《关于应对新冠肺炎疫情支持文化企业平稳健康发展的若干措施》	从降低企业运营成本、加大企业信贷支持、加快推进文旅业态升级、建立项目推进激励机制、完善市场推广机制入手，支持文旅产业应对疫情。省级文化产业发展专项资金扶持方向重点向省级文化产业园区、省级文化产业示范基地，以及受疫情影响较大的新闻出版、印刷发行、电影电视、文化贸易、文化旅游、休闲娱乐、歌舞演艺等行业倾斜
西藏	《关于应对新冠肺炎疫情支持企业复工复产保持经济平稳运行的若干政策措施》	从加快企业复工复产、强化企业用工保障、加强财税金融支持、减轻企业经营负担、着力扩大有效投资、全力推动产业发展、改进优化服务保障七个方面应对疫情，推动文旅企业复工复产

三 "十四五"期间西南地区文化产业发展趋势

2020 年是个重大转折点，伴随新冠疫情在全球持续蔓延，产生的影响广泛深远，世界进入"有限全球化"阶段，对经济社会发展产生深远影响，文化产业发展也随之进入新阶段。与中东部地区相比，西南地区在技术、人才、资本等文化产业发展要素方面依然滞后，文化产业发展主要依赖"外部消费"，西南地区文化产业转型发展迫在眉睫。

（一）带状发展背景下西南地区文化产业迎来新机遇

"十三五"期间，文化产业带状发展成效初显，对优化我国文化产业发展格局、推动文化产业跨区域合作、推进文化产业区域协调发展等方面发挥了重要作用。培育建设区域文化产业带依然是"十四五"期间重要内容，是促成文化产业新格局的重要保障。国家文化和旅游部印发的《"十四五"文化产业发展规划》[①] 提出，重点打造长江文化产业带、黄河文化产业带、大运河文化产业带、西北丝绸之路文化产业带、西南民族特色文化产业带、东北冰雪特色文化产业带、海峡西岸特色文化产业带等带状发展布局，其中长江文化产业带、西南民族特色文化产业带与西南地区有密切关系。随着长江文化产业带、西南民族特色文化产业带、长征国家公园建设等国家重大工程深入实施，西南地区应当加强区域间紧密协助，强化跨区域资源整合、项目共建、市场共享，推进区域内部文化产业协同发展。

（二）文化和旅游消费升级加速推进文化产业转型升级

我国经济逐渐从"大投资时代"进入"大消费时代"，消费已经成为促进经济社会高质量发展的新动能。文化和旅游消费作为消费热点领域，对地

---

① 《"十四五"文化产业发展规划》，中华人民共和国文化和旅游部官网，https：//www.mct.gov.cn/whzx/whyw/202106/t20210608_ 925081.htm，最后访问时间：2021 年 9 月 20 日。

方经济社会转型发展和高质量发展具有重要的引领带动作用。2020 年文化和旅游部等三部委联合出台《关于开展文化和旅游消费试点示范工作的通知》，开展文化和旅游消费试点示范工作，明确指出"到 2022 年，建设 100 个试点城市、30 个示范城市"，进一步引导和扩大文化和旅游消费。2020 年 12 月 25 日文化和旅游部等三部委公布第一批国家文化和旅游消费示范（试点）城市①，西南地区的 3 座城市入选"第一批国家文化和旅游消费示范城市"，10 座城市入选"第一批国家文化和旅游消费试点城市"（见表 4），为西南地区引导和扩大文化和旅游消费奠定了良好基础。"十四五"期间，西南地区应当抓住政策红利，丰富文化和旅游消费层级、扩大有效供给规模、创新孵化新的消费业态、改善消费环境，加速文化产业转型升级，进一步凸显文化和旅游消费在融入新发展格局方面的重要作用。

表 4　西南地区文化和旅游消费示范（试点）城市一览表

批次	地区
第一批国家文化和旅游消费示范城市	重庆渝中区
	四川省成都市
	云南省昆明市
第一批国家文化和旅游消费试点城市	广西壮族自治区：南宁市、桂林市
	重庆市：沙坪坝区、北碚区
	四川省：泸州市、南充市
	贵州省：贵阳市、遵义市
	云南省：丽江市、大理白族自治州

资料来源：文化和旅游部网站。

（三）科技在文化产业发展中的作用更加突出

2017 年原文化部出台《关于推动数字文化产业创新发展的指导意

---

① 《文化和旅游部 国家发展改革委 财政部关于公布第一批国家文化和旅游消费示范城市、国家文化和旅游消费试点城市名单的通知》，中国政府网，http：//www.gov.cn/zhengce/zhengceku/2020-12/30/content_ 5575120.htm，最后访问时间：2021 年 9 月 20 日。

见》，为进一步推动文化和科技融合的高质量发展，2020年国家文化和旅游部再次出台《关于推动数字文化产业高质量发展的意见》。尤其是新冠疫情的影响，进一步加速了文化与科技融合发展进程，拓展文化与科技融合发展的空间。政策的大力支持和智慧化平台的建立，为科技赋能文化产业发展带来了新的发展机遇。未来一段时间，文化产业与科技融合的程度将进一步加深，科技在文化产业的成效更加显著。现代科技的广泛应用为西南地区特色文化产业的发展带来新机遇、营造新场景，西南地区应当以供给侧结构性改革为动力，结合各地资源特色打造文化新产品新业态，以新技术应用提升文化产业数字化、智慧化水平，丰富文化产业发展新业态、新空间。

（四）文化和旅游融合发展走向多元深入

在文化和旅游深入融合、全域旅游发展背景下，文化和旅游产业辐射范围广、产业链条长、包容度和开放度高等特点进一步凸显，文化和旅游产业在经济社会发展中扮演着更加重要的创新型、综合服务型的角色。伴随西南地区综合立体交通、基础设施逐步完善，西南地区应当发挥民族文化多元、生态环境良好的优势，围绕旅游转型升级，推动文化、旅游、科技、农业、生态、康养等"大融合发展"，开发文旅新产品、培育文旅新业态、营造文旅新场景，塑造文旅新优势。伴随着文化和旅游深度融合发展，文化休闲与旅游之间的界限被"打破"，文旅和商贸、餐饮、体育等产业多元跨界融合，使业态之间形成互补关系，联动"内部消费"和"外部消费"，实现消费长尾效应。

（五）区域协同是推进文化产业高质量发展的重要方向

区域间协同发展是实现文化产业高质量发展的重要途径，文化产业跨区域协同发展成为西南地区重要的方向。2019年四川省与贵州省、云南省分别签署了"1+8"和"1+6"的合作协议，其中包括四川省文化和旅游厅、贵州省文化和旅游厅签署的《文化旅游合作协议（2019—2022年）》，四川省文化和旅游厅、云南省文化和旅游厅签署的《文化旅游合作协议（2019—2022 年）》① 两份战略合作协议，推动文化旅游领域的跨区域合作。近年来，川黔两省共同打造"中国白酒金三角醉美旅游线"，川滇两省共同打造"大香格里拉环线"，伴随区域间合作的深化，西南地区文化产业发展将进入新阶段。城市群是文化产业重要空间载体，《文化和旅游部"十四五"文化产业发展规划》提出重点打造"京津冀文化产业群、粤港澳大湾区文化产业群、长三角文化产业群、成渝地区双城文化产业群"，其中"成渝地区双城文化产业群"的建设将赋能成渝地区文化产业高质量发展，为成渝地区文化产业互动双赢创造条件。

（六）特色文化产业赋能乡村振兴

地方特色文化产业在打赢脱贫攻坚战、全面建成小康社会和乡村振兴中发挥着重要作用。"十三五"期间，西南地区六省区市刚刚完成脱贫攻坚任务，防返贫、促发展仍然任重道远。"十四五"时期，西南地区应当深入挖掘丰富多元的地方特色文化资源，培育壮大特色文化产业，发挥特色文化产业带动就业、增加收入、赋能乡村振兴的作用。同时，发展特色文化产业也应当避免同质化、复制化，科学把握地域文化的特色和差异，既保存民族民间乡土味道，又实现创造性转化、创新性发展，使其融入现代生产生活、满足人民群众日益增长的美好生活需要，要留得住青山绿水，记得住乡愁。

---

① 《四川云南贵州携手 谋建两条南下开放大通道》，《四川日报》（数字版），https：//epaper. scdaily. cn/shtml/scrb/20191121/227157. shtml，最后访问时间：2021 年 9 与 20 日。

B.8
西北地区文化产业发展
报告（2020~2021）

王万鹏　王敬儒*

摘　要： "十三五"时期，西北六省区文化产业发展取得丰硕成果，
2015~2019年，六省区文化及相关产业增加值实现快速增长，
从1391.6亿元增长到1893.6亿元，年均增速约为8%。随着
"一带一路"倡议深入推进，特别是2019年以来，黄河流域
生态保护与高质量发展成为新的国家战略，西北六省区文化
产业迎来更多的发展机遇。"十四五"期间，西北地区将通过
进一步健全文化管理体制机制，完善文化经济政策，营造良
好的产业发展环境，构建起更加开放、竞争有序的现代文化
市场体系，充分发挥市场主体的作用，推动文化产业要素更
加集聚。本报告通过梳理"十三五"时期西北地区文化产业
发展的成就和不足，总结"十三五"时期各省区文化产业发
展的主要特征，对西北六省区未来五年文化产业发展大有
裨益。

关键词： 文化管理体制　文化经济政策　市场主体　文化产业　西北地区

---

* 王万鹏，兰州文理学院文化产业研发中心教授，主要研究方向：区域文化产业；王敬儒，兰
州文理学院文学院文化产业管理系讲师，主要研究方向：文化会展产业。

一 "十三五"期间西北地区文化产业发展现状

（一）区域文化产业总体稳定发展，增速减缓

"十三五"期间西北地区充分发挥文化资源优势，推动文化旅游与其他产业融合，在发展中努力提升文化旅游业的综合效应。2015~2020年，西北地区文化产业增加值由2015年的1391.6亿元增长到2020年的1649亿元，年均增速为3.45%，文化产业占GDP比重由2015年的2.43%减少到2020年的2.25%。与全国其他区域横向比较来看，西北地区受脆弱的自然环境和经济基础长期缓慢发展的影响，总体增加值较低，"十三五"期间文化产业发展在全国排名靠后。

分省区来看，陕西省文化产业发展较快，继续领跑西北地区，2020年陕西省文化产业增加值为694亿元，代表了西北地区总体发展情况；区域内文化产业年均增速最快的是新疆维吾尔自治区，2015~2020年年均增速达到了16.22%，在全国排名第3；青海省文化产业发展在2017年出现负增长后缓慢回升，2015~2020年年均增速为-1.43%，增加值由2015年的54.8亿元降到2020年的51亿元；甘肃、宁夏、内蒙古三个省区文化产业发展增速相对平稳，呈增长趋势（见图1）。

（二）人均文化产业增加值与从业人员人均文化产业增加值缓慢增长，产业集聚缓慢回升

西北地区人均文化产业增加值与从业人员人均文化产业增加值均呈现增长态势，但增长速度不快，与全国其他区域相比，表现出缓慢增长的发展态势。2015~2020年人均文化产业增加值实现年均增长率3.05%，在全国仅高于东北地区。分地区来看，新疆维吾尔自治区增速最快，达到14.08%；其次是甘肃、宁夏；内蒙古增长相对缓慢，陕西、青海为负增长（见图2）。2015~2020年西北地区从业人员人均文化产业增加值年均增长率为0.32%，增长较快的依次是甘肃、内蒙古、宁夏，新疆年均增长率仅为0.57%，陕西和青海则呈现负增长（见图3）。

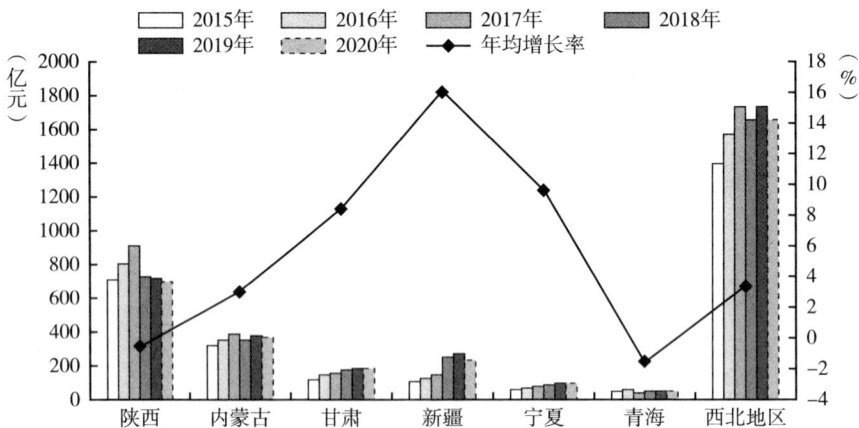

图1 2015~2020年西北地区文化产业增加值增长情况

资料来源：《中国文化及相关产业统计年鉴》（2016~2021）。

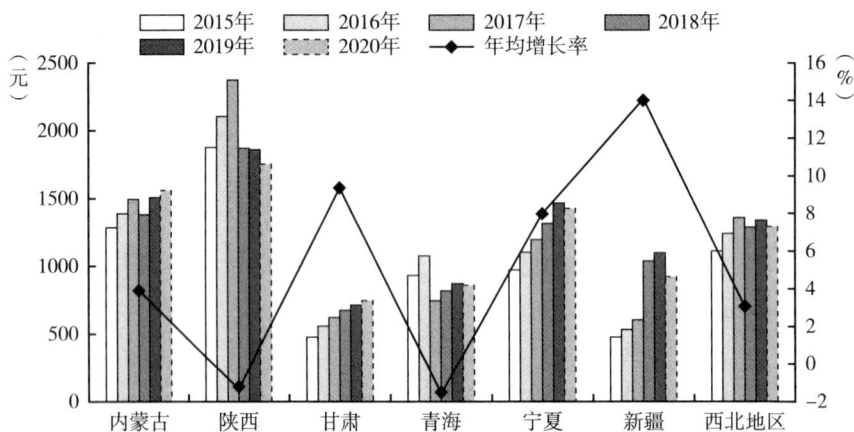

图2 2015~2020年西北地区文化产业人均产出情况

资料来源：《中国文化及相关产业统计年鉴》（2016~2021）。

通过2015~2020年西北地区文化产业区位熵发展情况可见，西北地区文化产业集聚程度总体下降。分地区来看，陕西省文化产业专业化程度最高，整体水平下降也较为明显；青海省文化产业集聚发展在2017年快速下降后，产业专门化率进入相对劣势区间，并且呈现持续缓慢下降的趋势；新疆、甘肃 2 个省区文化产业集聚发展情况则表现出缓慢增长的特点（见图 4）。

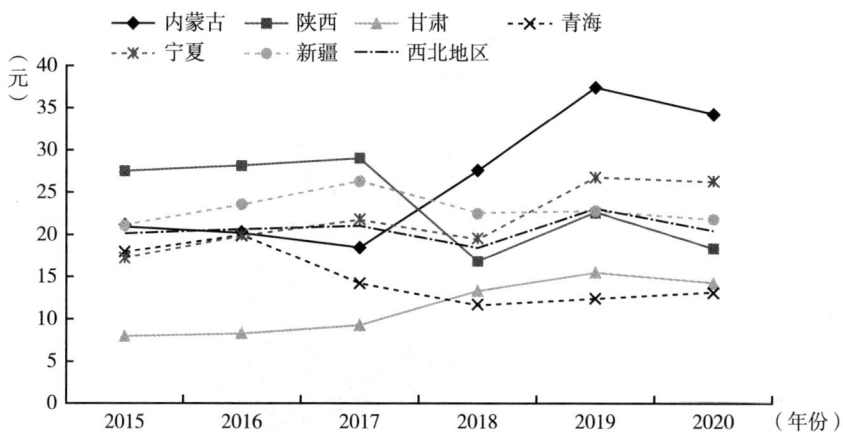

图 3   2015~2020 年西北地区从业人员人均文化产业增加值

资料来源：《中国文化及相关产业统计年鉴》（2016~2021）。

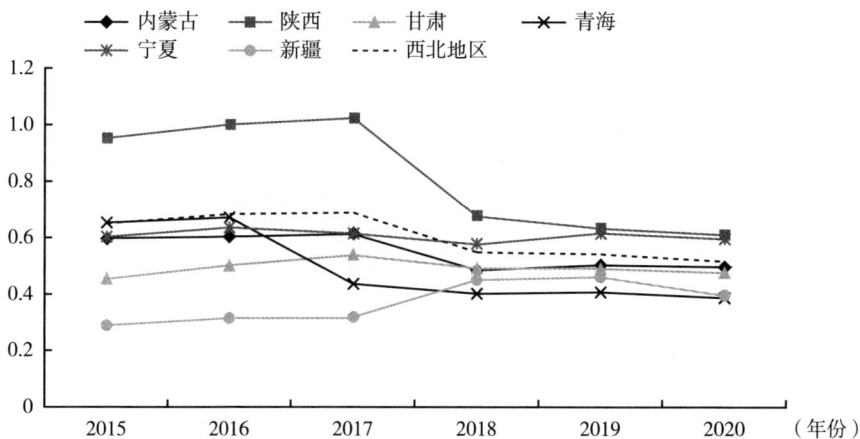

图 4   2015~2020 年西北地区文化产业区位熵

资料来源：《中国文化及相关产业统计年鉴》（2016~2021）。

（三）文化服务业显著发展，产业结构持续调整

"十三五"期间，西北地区文化产业以资产计算的三次产业构成由 2015 年的 15.61∶14.29∶70.10 调整为 2020 年的 16.01∶7.85∶76.15，文化服务业在整个产业中所占比重有显著提升，文化制造业占比有小幅提升，文化批零业在产业内所占比重则持续下降（见图5）。

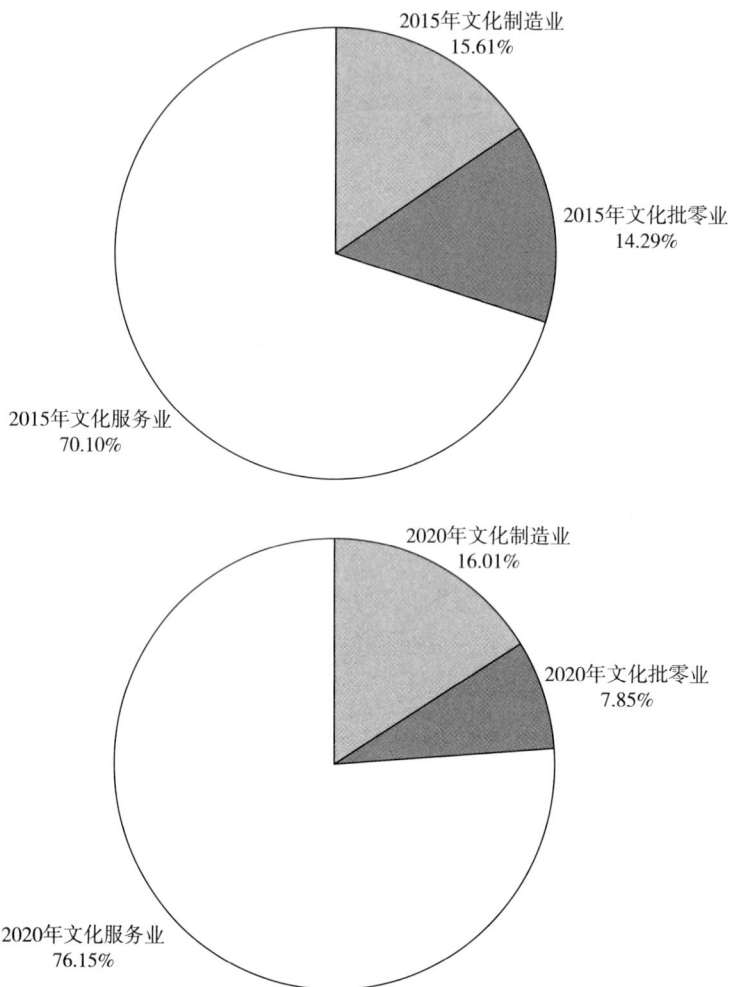

图5　2015年与2020年西北地区文化及相关产业法人单位资产总计分行业构成

资料来源：《中国文化及相关产业统计年鉴》（2016~2021）。

分地区来看，青海省产业结构调整幅度最大，其文化制造业占比由2015年的61.62%下降为2020年的6.33%，文化服务业占比由26.07%上升为86.91%；新疆、甘肃、陕西三个省区的文化服务业增长速度也相对较快；内蒙古和宁夏文化服务业占文化产业比重有所下降。

（四）文化消费水平偏低，增速缓慢

"十三五"期间西北地区全部居民人均文化消费支出由2015年的576.4元降到2020年的422.6元，年均增长率为-6.02%，低于全国平均水平，表现出消费水平低，且增速缓慢的特点。分地区来看，西北地区六省区全部居民人均文化消费支出都有所下降，增速较低（见图6）。同时，与全国平均2.7%的水平相比，2020年西北地区人均文化消费支出占人均消费支出的比重仅为2.4%，落后于全国平均水平，且西北地区区域内六个省区都呈现缓慢下降的势态（见表1）。

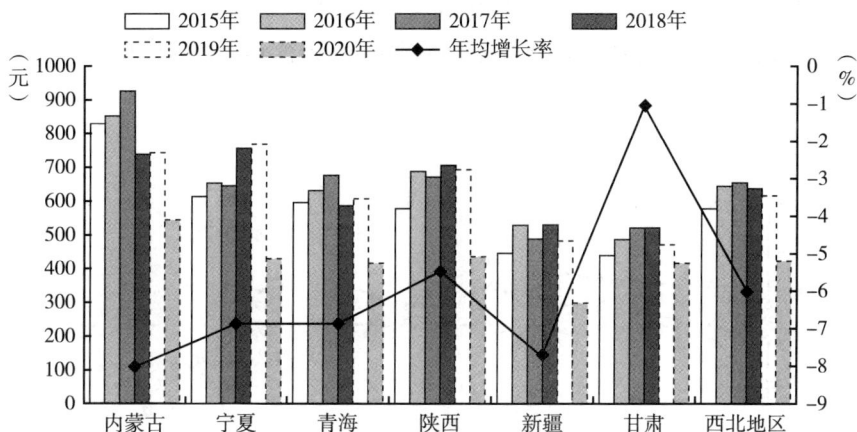

图6 2015~2020年西北地区全部居民人均文化消费支出情况

资料来源：《中国文化及相关产业统计年鉴》（2016~2021）。

表1 2015~2020年西北地区人均文化消费占人均消费支出比重情况

单位：%

地区	2015年	2016年	2017年	2018年	2019年	2020年
全国	4.8	4.7	4.6	4.2	3.9	2.7
内蒙古	4.8	4.7	4.9	3.8	3.6	2.7
陕西	4.4	4.9	4.5	4.4	4.0	2.5
甘肃	4.0	4.0	4.0	3.6	3.0	2.6
青海	4.4	4.3	4.4	3.5	3.5	2.3
宁夏	4.4	4.4	4.2	4.5	4.2	2.5
新疆	3.5	3.8	3.2	3.3	2.8	1.8
西北地区	4.3	4.4	4.2	3.8	3.5	2.4

资料来源：《中国文化及相关产业统计年鉴》（2016~2021）。

分城镇和乡村来看，西北地区六省区城镇、乡村居民人均文化消费支出都呈现缓慢下降趋势。整个"十三五"期间，内蒙古乡村居民人均文化消费支出是西北地区最高的，乡村居民人均文化消费支出则整体均呈下降趋势。城镇居民人均文化消费支出方面，2015~2017年内蒙古最高，2018~2019年则是宁夏，内蒙古和新疆下降较快，新疆的增速达到-10.64%（见图7和图8）。

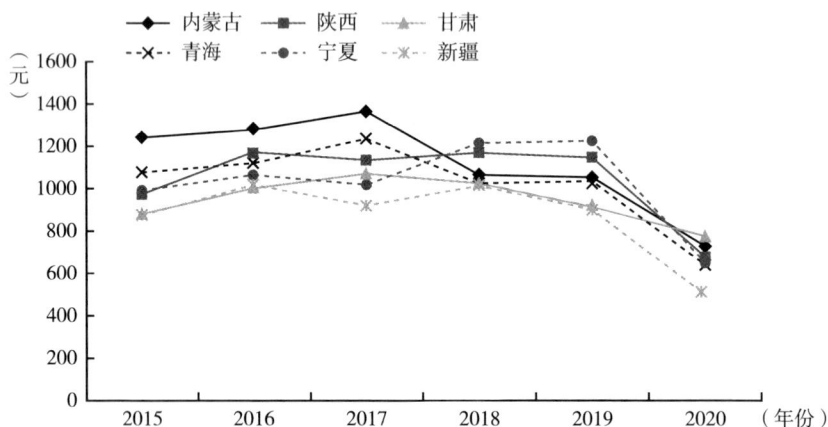

图7 2015~2020年西北地区城镇居民人均文化消费支出情况

资料来源：《中国文化及相关产业统计年鉴》（2016~2021）。

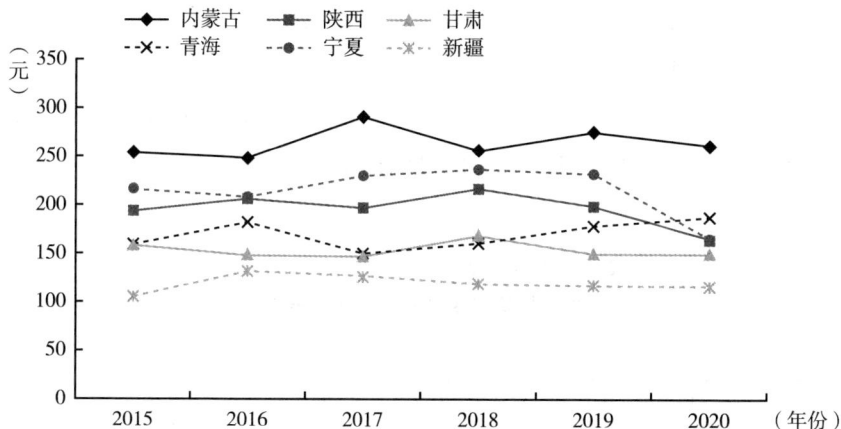

图8 2015~2020年西北地区乡村居民人均文化消费支出情况

资料来源：《中国文化及相关产业统计年鉴》（2016~2021）。

（五）文化产业固定资产投资数额少，总体呈缓慢增长

西北地区文化及相关产业固定资产投资总额少，总体增速缓慢。其中陕西省文化产业固定资产基础好，增速快，达到28.48%；甘肃省在2016年快速增长后又快速下降，"十三五"期间文化产业固定投资数额呈负增长(-5.76%)；新疆、青海有不同程度的增长（见图9）。

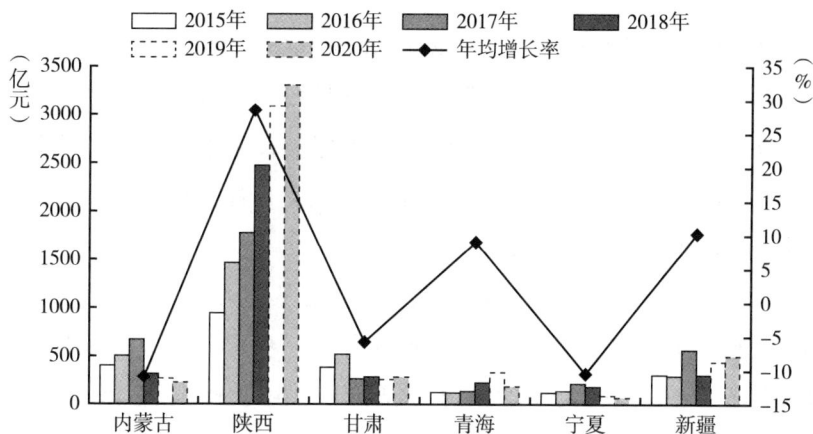

图9 2015~2020年西北地区文化及相关产业固定资产情况

资料来源：《中国文化及相关产业统计年鉴》（2016~2021）。

"十三五"期间，西北地区全社会固定资产投资中文化及相关产业的固定资产投资占比由 2015 年的 3.75% 增长到 5.41%，虽然起点较低，但增长的趋势较稳定。分省区来看，青海、陕西和新疆三省区增速较快，内蒙古和宁夏两省区呈现负增长态势，甘肃则基本稳定（见表 2）。

表2　2015~2020 年西北地区文化及相关产业固定
资产投资占全社会固定资产投资比重

单位：%

地区	2015 年	2016 年	2017 年	2018 年	2019 年	2020 年
内蒙古	2.9	3.3	4.8	3.2	2.5	2.1
陕西	5.1	7.0	7.5	9.4	11.5	11.8
甘肃	4.4	5.4	4.6	5.1	4.4	4.4
青海	3.8	3.4	3.5	5.5	7.7	5.0
宁夏	3.4	3.7	5.8	6.1	3.2	2.4
新疆	2.8	2.9	4.7	3.4	4.8	4.6

资料来源：《中国文化及相关产业统计年鉴》（2015~2020）。

（六）文化企业规模和数量持续增加，稳步带动就业

西北地区规上文化企业总数从 2015 年的 1443 家增加到 2020 年的 2394 家，年均增长率为 10.7%。其中陕西省增长最快，年均增长率达到 19.5%，其次是新疆，为 10.6%，宁夏、内蒙古、甘肃整体呈下降趋势（见图 10）。西北地区 2015~2020 年法人单位、规下企业数量也都稳步增长，其中青海、陕西增长速度较快（见图 11）。

2015~2020 年西北地区文化产业法人单位从业人员数增长了 11.47 万人，可见西北地区文化产业带动就业能力进一步提升。资产总计增长了 7276.55 亿元，营业税金及附加则出现下降，由 2015 年的 75.06 亿元降为 2020 年的 8.55 亿元，可见政府在税收方面对文化产业的扶持力度（见图 12）。

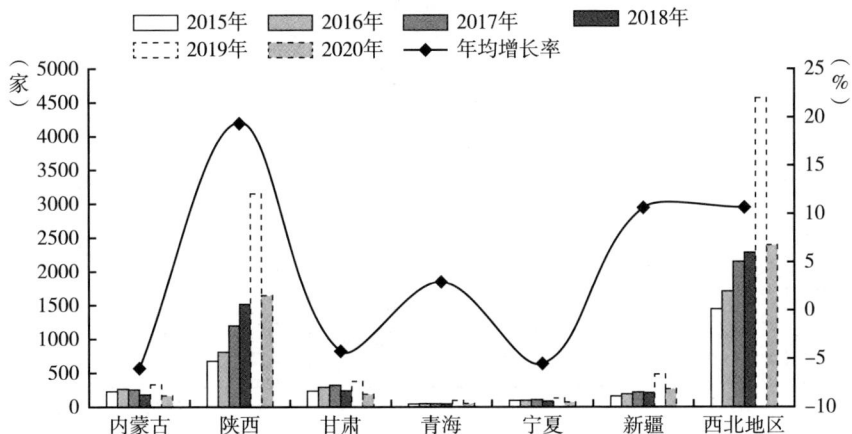

图10　2015~2020年西北地区规上文化企业总数增长情况

资料来源：《中国文化及相关产业统计年鉴》（2016~2021）。

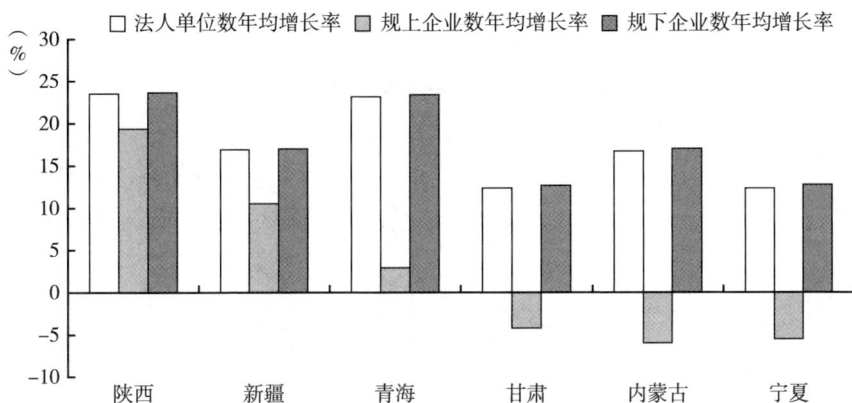

图11　2015~2020年西北地区法人单位数年均增长情况

资料来源：《中国文化及相关产业统计年鉴》（2016~2021）。

（七）文化产业研发趋于活跃，市场转化效果向好

西北地区规模以上文化产业中有 R&D 活动的企业数量由 2015 年的 27 个增长到 2020 年的 61 个，总体数量低于全国平均水平，但增长稳定；自筹

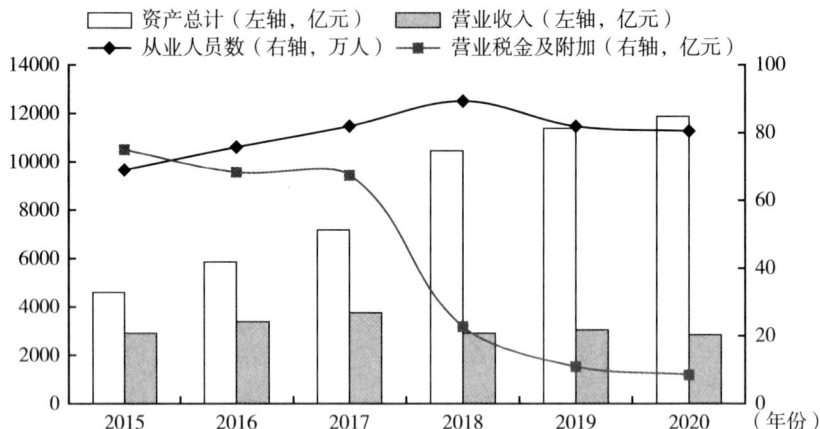

图12 2015~2020年西北地区文化产业法人单位经营情况

资料来源:《中国文化及相关产业统计年鉴》(2016~2021)。

投入资金规模由 2015 年的 13175 万元增长到 2020 年的 53587.3 万元,总体呈增长趋势(见图 13)。

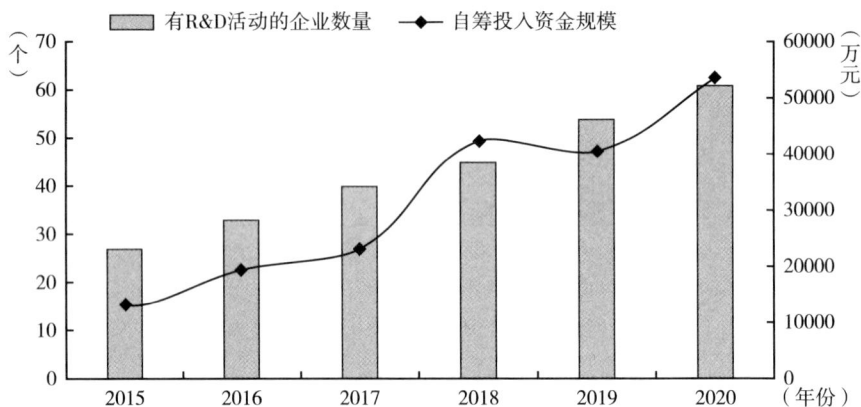

图13 2015~2020年西北地区规模以上文化企业研发投入情况

资料来源:《中国文化及相关产业统计年鉴》(2016~2021)。

2015~2020 年西北地区有效发明专利数从 2015 年的 191 项,降到 2020 年的 56 项,新产品项目数从 2015 年的 80 项增长到 2020 年的 291 项,研发活动趋于活跃(见图 14)。

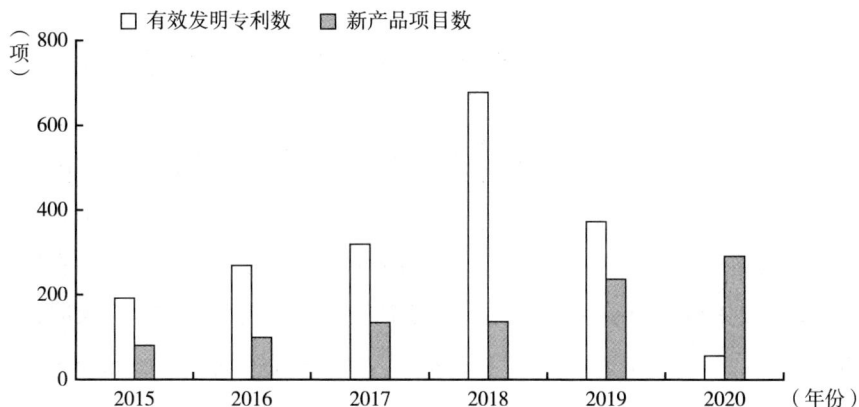

图 14 2015~2020 年西北地区规上制造业有效发明专利和新产品项目情况

资料来源：《中国文化及相关产业统计年鉴》（2016~2021）。

从文化制造业新产品平均销售收入来看，西北地区从 2015 年的 2411.51 万元减少到 2020 年的 1210.23 万元，先升后降，总体呈增长态势。其中新疆从 2015 年的 793.50 万元增长到 2018 年的 21520.86 万元，增长最为显著，但目前还缺乏后续相关资料进行研究；甘肃省从 2015 年的 283.5 万元减少到 2020 年的 100 万元；内蒙古则从 2015 年的 121185 万元降为 2020 年的 3179.22 万元，呈快速下降状态（见图 15）。

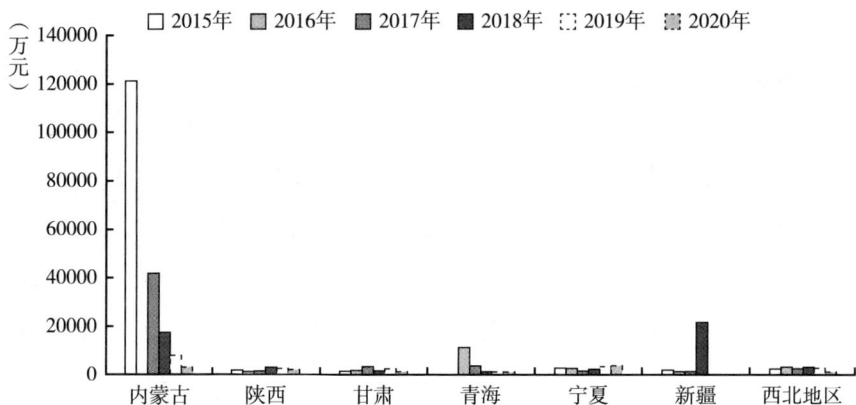

图 15 2015~2020 年西北地区文化制造业单位新产品平均销售收入情况

资料来源：《中国文化及相关产业统计年鉴》（2016~2021）。

二 "十三五"期间西北地区文化产业发展特征

"十三五"期间,在国际经济发展速度普遍放缓的世界格局中,国内经济也在逐步转向高质量发展新阶段。文化消费环境也在不断变化,消费领域的供给侧结构性改革成为必然。在这样的国内外大环境中,文化产业在经过较长一段时期的粗放型高速发展之后,也需要不断转变发展方式,及时适应经济社会高质量发展的新需求。总体来看,"十三五"期间,西北地区全部居民人均文化消费支出由 2015 年的 576.4 元降到 2020 年的 422.6 元,年均增长率为−6.02%,总体呈下降势态。区域文化产业结构优化调整也卓有成效,文化产业体系不断完善。"十三五"时期,是西北六省区文化产业发展的关键时期,整体而言,表现出以下发展特征。

(一)产业形态:文旅深度融合成主流

"文化+"战略下跨行业融合发展是"十三五"时期文化产业形态的重大变化,尤以文化和旅游融合成绩显著。2018 年 3 月,在新一轮政府机构改革中,原国家文化部和国家旅游局合并,成立了新的文化和旅游部,之后,各省区也先后完成了机构合并重组,因此,2018 年被认为是文化和旅游实质性融合的"元年"。之后,各省区纷纷出台相应政策和措施推动文化和旅游深度融合。"十三五"以来,文化旅游新业态、新产品不断丰富,乘着文旅融合的时代东风,区域性特色文化对区域旅游的支撑作用更加显著。青海省的三江源地区①自古以来就是多民族聚居的文化沃土,各族人民在长期融洽相处过程中,逐渐形成了富有地方特色的地域文化,成为区域文化产业发展的宝贵资源。2014 年,青海省 74 家 3A 级及以上景区中,38 家景区实施了"非遗"进景区工作,并进一步加强了对非物质文化遗产在重点景

---

① 三江源地区位于青藏高原,总面积 39.5 万平方公里,约占青海省总面积的 55%。从行政区域上来看,主要涉及青海省的玉树、果洛、海南、黄南 4 个藏族自治州的 16 个县和海西蒙古族藏族自治州格尔木市的唐古拉山镇。

区的配套设施建设工作，实现了文化和旅游的深度融合，把"非遗"项目全面引进全省 3A 级及以上景区，并且在每一个景区都设立展示和销售平台，推出地域特色文化产品[①]。未来"非遗"的引入既增加了旅游景区的文化含量，也为特色文化产品的销售打开了通道。经过多年培育发展，青海境内一批文化生态保护实验区、文化遗址遗迹和文化产业示范基地，成为新的文化旅游目的地。充分发挥地缘相近、文脉相接的区域优势，甘肃省主动加强与周边省区市在文化旅游业领域的联动发展与深度合作，以"五共"[②] 模式开通"三区三州旅游大环线"，推出了"环西部火车游"旅游专列。甘肃省始终以"文旅融合"为抓手，把实现文化旅游产业高质量发展，作为全省文化和旅游工作的第一要务，一方面全力做好文化遗产保护传承和弘扬工作，另一方面也逐步推进各类文化遗产的科学合理利用工作，不断放大文化和旅游综合效应，加快推动文化和旅游产业高质量发展。2019 年，甘肃有效整合丝绸之路（敦煌）文化博览会和敦煌行·丝绸之路国际旅游节两大文旅品牌资源，实现"一会一节"成功"合体"，成为文旅融合的典范。陕西省围绕建设全域旅游示范省的发展目标，有力推动历史文化游、民俗特色游、生态康养游、红色圣地游等业态蓬勃发展。宁夏通过支持旅游景区与特色文创企业合作，开发出一系列具有地域特色且与景区文化定位高度融合的旅游纪念品和文化创意产品，不断丰富各类景区的文化内涵和产品体系。新疆维吾尔自治区有着浓郁的"西域风情"，能歌善舞是新疆各民族共同的特长，近年来，自治区文旅主管部门多渠道拓宽演艺行业与旅游业的融合发展，推出了一批本土精品文化旅游演出项目，不仅活跃了全区的文旅演出市场，也实现了演艺产业的长足发展。在《自治区文化和旅游系统 2019 年文旅融合实施方案》中，明确提出把旅游演艺作为文化和旅游融合发展的重要载体，推进旅游演艺转型升级、提质增效[③]。"十三五"期间，内蒙古自治区始终围

---

① 《青海文化旅游融合发展推进会：多举措加快融合发展》，http://www.gov.cn/xinwen/2014-04/07/content_ 2654163. htm，最后访问时间：2023 年 5 月 17 日。

② 所谓五共，是指资源共享、品牌共塑、市场共拓、信息共通、路线共建。

③ 《文旅融合发掘新疆之美》，《新疆日报》（汉）2020 年 12 月 3 日，第 A03 版。

绕重点打造"壮美内蒙古·亮丽风景线"旅游品牌的工作目标,充分发挥自身文化旅游资源优势,以"草原风情、历史文化和民族民俗"为主题,通过实施"旅游+文化"工程,使得全区旅游业快速步入融合发展崭新阶段。

(二)文化产品:增强消费体验成风尚

文化产业发展的最终实绩,体现在文化产品和服务的供给质量以及人民群众的消费力等层面。因此,对人民群众精神文化需求的满足程度和消费者的参与体验感,成为衡量文化产品优劣的重要指标。在文化产业的创新发展过程中,要努力实现文化产业与相关产业在形态、业态上转型融合发展,文化消费体验向个性化、多元化、高品质方向发展。在全民消费大升级的背景下,文化消费者越来越重视文化产品的体验感和可参与性,"体验消费"大行其道。西北地区地域广袤、文化积淀深厚、自然资源形态多样、民族文化丰富多彩,近年来,在文化与旅游融合的时代大背景下,各省区陆续推出的富有民族特色的旅游纪念品深受游客喜爱,积极利用独特的乡土风情开发出的乡村山居"民宿"成为游客青睐的目的地。独特的民族文化旅游体验项目与自然环境相依相存,形成了地域特色鲜明的西北文化生态区域,对中外游客形成强有力的吸引。随着非物质文化遗产作为重要文化资源不断融入文化生产领域,节庆活动与非遗体验工坊结合,非遗衍生产品与服务在文化消费市场逐渐成为一股新潮流。特别是在乡村旅游热潮中,许多景区都开发出富有区域特色的传统农事节庆和民俗表演项目。为了凸显区域文化特色、增强消费者的文化体验、更好地刺激消费,"十三五"期间,一批精品剧目在西北大地纷纷诞生。《七个月零四天》《草原之子》《千里和缘》是青海陆续推出的一批传播地方特色文化的文艺作品,深受消费者喜爱;经过多年精心打磨,《热贡神韵》《古道传奇》《爱情的证悟》《天境祁连》等剧目,也受到文化市场青睐,并逐步形成了一套较为成熟的商业化运营模式,在社会效益和经济效益两方面都取得了佳绩。改编自路遥同名小说的大型话剧《平凡的世界》,经过陕西人民艺术剧院精心创编,先后在29个城市演出,巡演行程6万多公里,参与观众达13.8万人次,成为陕西省文化产业蓬勃发展的一个典型缩影。由华夏文旅西安度假区编排的会跑的实景演艺《驼铃传奇》① 荣获第 25 届世界主题娱乐协会（Themed Entertainment Association，TEA）2019 年度"杰出成就奖"，也是同年度全球唯一获此殊荣的演艺项目。《千古马颂》② 是内蒙古民族艺术剧院依托内蒙古草原丰富的马业资源打造的国内首创大型马文化实景剧，深深吸引了众多的中外游客。大型舞台剧《马可·波罗传奇》由呼和浩特民族演艺集团推出后，2013 年以来先后在美国布兰森白宫剧院成功演出达 400 余场。《昆仑之约》③ 是由山水盛典文化产业股份有限公司在新疆乌鲁木齐倾力打造的大型实景音乐剧，该剧通过声、光、电技术的巧妙运用，把乌鲁木齐的山水之美转换为舞台设计之美，堪称新疆近年来实景演出的成功案例。

（三）文化企业：集团化发展成趋势

文化企业作为文化市场主体，在现代文化产业体系构建过程中是不可或缺的重要元素。走过较长一段粗放发展之路，国内文化产业来到了高质量发展的新拐点，支持文化企业组建企业集团，是文化产业集约化、高质量发展的必然选择。通过不断完善文化产权制度，有效提升文化产业集约化程度，培育一批区域龙头文化企业，与此同时，鼓励国内大型文化集团投资西北六省区，并对投资西北地区文化产业的各类经济实体出台相应优惠政策，帮助西北地区发展新型文化业态，实现社会效益和经济效益双效统一。陕西省文化产业集团化发展走在西北六省区的前列，仅陕西文化产业投资控股（集

---

① 《驼铃传奇》以"一带一路"为主线，深入挖掘大唐传统文化，追寻丝绸之路上的驼队踪迹，讲述曾经发生在丝绸之路上的故事，重现大唐盛世包容、开放的气度和丝绸之路的精神与价值。跨越千年，声声驼铃让世界再一次感到华夏大地的璀璨文化。作为大型文化旅游综合体项目，华夏文旅西安度假区已逐步发展为陕西的旅游名片。
② 内蒙古民族艺术剧院出品的大型马舞剧《千古马颂》，累计演出 351 场，接待观众 34 万余人次，取得了良好的社会和经济效益，成为内蒙古独特的文化旅游品牌。
③ 《昆仑之约》由中国实景演出创始人、山水盛典董事长梅帅元先生担任总导演，主创团队阵容十分强大。《昆仑之约》以《山海经》《穆天子传》等典籍记载为蓝本，讲述了西周时期，周穆王姬满履先祖黄帝与昆仑神女西王母的约定，誓以心换心，不远万里赴西域，历经重重磨难，终于实现与西王母的昆仑之约，奏响金声玉振之声，换得天下归心的故事。

团）有限公司、西部电影集团有限公司、陕西广电融媒体集团、陕西新闻出版传媒集团、陕西演艺集团等5家省属文化企业，其资产总额达302.1亿元，共实现营业收入95.62亿元，实现利润总额5.60亿元①，成为区域内极具影响力的龙头企业。西安曲江文化产业投资集团有限公司，也是西北地区颇有创新性和影响力的重要文化企业，曾连续7年荣膺"全国文化企业30强"，除此之外，西安国家印包基地、大唐西市文投集团等一批文化企业，发展势头良好、市场活力也显著增强。陕西省还成立了演艺联盟，覆盖全省37家演艺机构。内蒙古组建了民族艺术剧院、新华集团、出版集团、日报社集团、电影集团等文化企业，转制后的文化集团公司成为内蒙古文化产业的龙头企业，在确保国有文化资产不流失的情况下，允许民营资本有序进入文化产业市场，逐步形成多元化健康发展的良好格局②。西北旅游文化产业集团是深耕于西北地区旅游市场的知名企业，有"中国区域旅游文化传播实操典范"的美誉，长期以来，由集团创意和策划的中国西北旅游营销大会、敦煌行·丝绸之路国际旅游节、"秦岭与黄河对话"、中国秦岭生态文化旅游节、陕西金秋旅游节、中国黄河旅游大会等节会活动均已成为全国著名节会品牌并连续举办过多届。在创立于2001年的新疆大西部旅游股份有限公司基础上成立的新疆文旅发展股份有限公司，成为新疆境内文旅企业的龙头，目前拥有喀纳斯景区、吐鲁番葡萄沟景区、那拉提景区3个国家5A级景区的核心经营权。银川文化旅游发展（集团）有限公司③于2019年10月16日揭牌成立。甘肃文化旅游产业投资集团有限公司于2019年6月20日正式挂牌成立，成为推动甘肃文旅产业发展的新生力量。

---

① 《陕西文化产业呈高增长态势》，http://tradeinservices.mofcom.gov.cn/article/lingyu/whmaoyi/201912/95393.html，最后访问时间：2023年5月17日。

② 《让草原文化走向世界》，《新华每日电讯》2014年11月14日。

③ 银川文化旅游发展（集团）有限公司，其前身为银川文化投融资集团有限公司，是按照市委、市政府"一个产业、一个规划、一批项目、一套政策、一个团队、一只基金"集群化、高端化发展的总体思路和市国资委关于文化旅游整合的工作部署，由银川通联资本投资运营有限公司整合市属国有文化旅游相关企业和资产，独家投资设立的大型国有独资文化旅游集团企业。

三 "十四五"期间西北地区文化产业发展趋势与展望

"十三五"期间，西北六省区文化产业实现了规模上的持续扩大、产业结构上的优化整合，一批在业内有影响力的"大项目、大企业"的带动效应初显。然而，与发达地区相比较，西北六省区文化产业发展仍然存在诸多不足。"十四五"时期，是我国社会主义现代化国家建设新征程的全新阶段，在"双循环"相互促进的新发展格局下，实现乡村振兴、推动区域协调发展成为时代主题，从目前发展形势来看，文化产业在经济社会发展中发挥的作用日益凸显。综合研判，经过20余年的快速发展，"十四五"时期，我国文化产业在整个国民经济运行活动中仍然具有不可替代的作用，处在大有可为的重要战略机遇期。强抓政策机遇，服务国家战略，大力发展文化产业将成为西北六省区共同的选择。

（一）"文化赋能"的形态更趋多样化

"十三五"时期打赢脱贫攻坚战的历史功绩已载入史册，"十四五"时期迎来了全面实现乡村振兴的新时代。无论是巩固脱贫攻坚成果，还是开创乡村振兴新局面，文化产业的作用都不容小觑。在新型城镇化建设中融入文化产业要素，既可以延续历史文脉，又不破坏乡村原始风貌，既能推动经济绿色可持续发展，又能承载文化记忆和乡愁。长期以来，西北地区农村经济发展缓慢，传统文化要素保留较好，具有鲜明的地域特色，通过建设一批文化特点鲜明和主导产业突出的特色文化小（城）镇、特色历史文化街区、特色乡村文化旅游示范点，可有效助力乡村振兴大计。通过文化产业的发展水平，可以观测到一个地区文化发展的活跃程度。西北地区幅员辽阔、历史文化悠久、文化资源富集，为文化产业高质量发展奠定了重要的资源基础。陕西省是中华文明重要发祥地之一，其丰富的文化资源在西北乃至全国都有着明显优势。根据《陕西省"十四五"文化和旅游发展规划》（以下简称《规划》），"十四五"时期，陕西文化和旅游业发展的目标是成为"传承中华文化的世界级旅游目的地、国际文化旅游中心、中华优秀传统文化示范区、革命文化继承弘扬样板区"①。《规划》以陕西自然地理和人文景观空间分布为依托，统筹全省文化和旅游资源，提出构建"一核四廊三区"文化和旅游发展新格局。内蒙古自治区同样拥有丰富的文化资源，"十四五"时期，内蒙古文化和旅游发展提出"以满足人民文化需求和增强人民精神力量为着力点，以促进文化旅游产业提质增效和晋位升级为目标，把内蒙古打造成为文化旅游强区、国内外知名的文化体验与生态休闲旅游目的地"②。其他省区也纷纷提出，要充分挖掘地方文化资源，以"文化赋能"为抓手，推动经济社会全面发展的奋斗目标。

（二）"数字引领"发展目标更加明确

新技术催生新产业和新产品，也必然会带来新需求和新消费，特别是"Z世代"的消费者，对数字技术给内容供应带来的变革表现出极大的适应性和依赖性。新冠疫情发生以来，更是催生出了许多新兴的线上服务业态，使得广大消费者生活习惯的线上化程度大幅提高，人们对数字文化产业的未来极为看好。以"精彩文博会 互联内蒙古"为主题的内蒙古自治区文化产业（线上）博览交易会于2020年8月20日走进消费者的移动终端，借助VR实景、音视频、动画等数字呈现方式，内蒙古自治区12个盟市、7个关联企业的19个线上场馆走向云端，借助线上文博会使得全区文化产业成功走出草原。由甘肃省文化和旅游厅重点打造的"一部手机游甘肃"③ 综合服

---

① 2021年8月，陕西省人民政府印发《陕西省"十四五"文化和旅游发展规划》。
② 柴思源：《内蒙古将全面深化文化体制机制改革》，正北方网，2021年01月24日。
③ "一部手机游甘肃"综合服务平台以解决游客吃、住、行、游、购、娱等需求为基本导向，以打造"金牌导游、贴心管家、全能导购、文化导师"为总体目标，相继建成了景区智能导游导览、乡村旅游服务、自由执业导游在线管理及服务等13个子系统。截至2021年，已发布城市目的地15个、景区93个、乡村游31个、自驾游攻略39个，以及游记1674篇、短视频239个，具备全省93家4A级以上景区智能导游导览和VR体验，以及在线订票、语音讲解、视频直播、厕所定位、车位查找等功能，实现了773家农家乐、6843家酒店及家庭旅馆、63家景区门票、577条旅行线路在线订购，以及9596名注册导游在线预约服务。2019年以来，平台累计浏览量已超过380万人次。

务平台和甘肃文化旅游大数据交换共享平台，成功入围国家文化和旅游部科技教育司发布的《2020年度文化和旅游信息化发展典型案例名单》。在各省区制定的"十四五"相关规划中，都给"数字产业化和产业数字化"留下浓墨重彩的章节，足见"数字引领"已经成为未来五年文化产业发展的必然选择。

（三）"由大而强"的战略站位更加坚定

西北六省区历史文化遗产丰富、文化资源富集。经过"十三五"时期的蓄势发展，"十四五"期间六省区普遍提出了建设文化强省（区）的发展目标。随着国家三大公园建设步伐的快速迈进，西北六省区迎来了文化大发展的春天，各省区普遍紧密围绕国家战略调整本地区文化发展战略定位，由"大"到"强"，体现出了这一发展理念的变化，"大"强调的是"数量"的突破，"强"要求的是"质量"的提升。陕西省文物局统计数据显示，陕西省共有近5万处不可移动文物、700万余件（组）馆藏文物，备案博物馆319座，不可移动革命文物1224处，丰富的文物文化资源成为陕西文化建设和产业发展的先天优势。文学陕军、长安画派、陕西影视、陕西戏剧等颇具影响力的当代文化品牌，也为陕西从文化大省迈向文化强省打下坚实基础。据统计，甘肃省"十三五"期间累计接待游客13.2亿人次、实现旅游收入8995亿元，分别较"十二五"时期增长153%和183%，两项指标年均增长率均在24%以上，文化旅游产业已成为全省十大生态产业的首位产业和国民经济的支柱产业①。"十四五"规划中，甘肃明确提出了建设文化强省的发展目标。内蒙古也明确提出推进民族文化强区建设和国内外知名旅游目的地的建设目标②。

---

① 《胸怀大格局 展现大手笔 迈出文化旅游强省建设的坚实步伐》，《民主协商报》2021年1月25日。
② 《让草原文化走向世界》，《新华每日电讯》2014年11月14日。

（四）"生态优先"的发展模式更为明晰

西北地区是国家生态安全的重要屏障，也是国家重要水源涵养区和生物多样性聚集区。地域广袤、气候类型复杂多样的西北地区，在长期不合理的发展模式影响下，生态环境问题非常突出。因此，在制定"十四五"规划时，各省区都充分意识到了"生态保护"的重要性，并坚持"生态优先"原则，提出要充分挖掘本地区生态文化资源，实现生态保护和经济发展协调推进。对西北地区而言，丰富的历史文化积淀和多样的地理文化风貌，成为文化产业生态化发展的重要基础。当前，黄河流域生态保护和高质量发展国家战略正在有序推进，对西北地区文化产业发展来说，也是难得的机遇。黄河流经青海、四川、甘肃、宁夏、内蒙古、山西、陕西、河南和山东9个省（区），其中涉及西北地区除新疆之外的其他五省区。进入"十四五"时期，各省区在坚持生态保护优先，积极打造全国乃至国际生态文明高地方面，都表现出空前的积极性，纷纷提出"生态保护优先"的发展战略。西北六省区根据本地区的地方生态文化要素积极打造文化旅游产品，以产业生态化、生态产业化为目标，以文化旅游产业发展为突破口，建立共商共建共享机制，不断加大旅游投入，完善旅游基础设施，打通旅游大通道。黄河流域甘肃段积极推动"一区三园"建设，青海省切实承担好保护"中华水塔"的重大使命，宁夏提出建设沿黄城市生态文化产业带的要求。

区域文化产业竞争力
Competitiveness Analysis Report

B.9
区域文化产业竞争力分析

黄天祺　胡洪斌　何继想*

摘　要： 本报告以"十三五"时期的截面数据为基础，研究中国区域文化产业竞争力的变动情况，以一个政策周期的时间视角分析和评价中国区域文化产业竞争力状况，进一步审视在一段时期内区域文化产业竞争力形成区域差异和强弱格局的基本情况，更好总结中国区域文化产业区域性特征的基本情况，以及形成这些特征的主要线索。

关键词： 区域文化产业　竞争力　指标体系

---

* 黄天祺，云南大学民族学与社会学学院研究生，主要研究方向：文化产业、文化管理；胡洪斌，云南大学文化发展研究院副院长、云南省文化产业研究会副会长、云南大学国家文化和旅游研究基地副主任，教授，主要研究方向：文化产业理论与实践、服务业发展理论与实践、产业经济学；何继想，云南和昶文化传播有限公司总策划师。本报告系黄天祺在胡洪斌、何继想指导、审核把关下完成。

本报告根据"区域文化产业竞争力评价指标体系"① 的相关指标，采集国家统计局发布的《中国文化及相关产业统计年鉴》（2017~2021 年）、国家文化和旅游部公布的《中国文化文物和旅游统计年鉴》（2016~2021 年），以及国家统计局在官网公布的相关指标数据，以"十三五"时期的截面数据为基础，将"十三五"时期五年的竞争力指数变化情况进行综合描述，分析"十三五"时期中国区域文化产业的发展态势和主要特征。

一 "十三五"时期区域文化产业综合竞争力现状

总体来看，区域文化产业综合竞争力方面，长三角地区在"十三五"时期的表现最为出色，而东南地区和环渤海地区紧随其后，并存在一定竞争，中部地区、西南地区、西北地区和东北地区的文化产业综合竞争力相对较弱。长三角地区在整个"十三五"时期的文化产业综合竞争力得分一直位居第 1，显示出其在文化产业方面的强大综合竞争力。值得注意的是，虽然长三角地区在 2018 年和 2020 年的得分相对较低，但依然保持着领先地位。东南地区和环渤海地区在"十三五"时期的综合竞争力得分排序中呈现一定的波动，东南地区在 2016 年、2018 年和 2019 年排名第 2 名，而在2017 年和 2020 年排名第 3 名。环渤海地区在 2017 年和 2020 年排名第 2 名，而在 2016 年、2018 年和 2019 年排名第 3 名，这表明这两个区域在文化产业综合竞争力方面存在一定的竞争关系。中部地区、西南地区、西北地区和东北地区在整个"十三五"时期的文化产业综合竞争力得分相对较低。其中，中部地区和西南地区在各年份的排名相对稳定，分别为第 4 名和第 5 名。西北地区和东北地区在整个时期内排名均较低，分别为第 6 名和第 7 名，显示出这两个地区的文化产业综合竞争力有待提升（见表 1）。

---

① 详见李炎、胡洪斌主编《中国区域文化产业发展报告（2019~2020）》，社会科学文献出版社，2020，第 179 页。

表 1　"十三五"时期区域文化产业综合竞争力得分排序情况

单位：分

区域	2016 年	排序	2017 年	排序	2018 年	排序	2019 年	排序	2020 年	排序
长三角地区 *	91.46	1	92.32	1	83.80	1	92.25	1	79.25	1
东南地区	80.70	2	79.21	3	82.35	2	81.84	2	74.27	3
环渤海地区	79.19	3	80.07	2	71.12	3	73.18	3	75.25	2
中部地区	64.80	4	58.38	4	64.88	4	69.17	4	63.53	4
西南地区	62.99	5	54.27	5	61.74	5	62.93	5	62.04	5
西北地区	57.40	6	49.58	6	55.15	6	47.59	6	54.38	6
东北地区	46.08	7	45.98	7	45.11	7	44.80	7	49.58	7

＊注：七大区域的得分与排序是独立计算的结果，与省域的得分和排序是相对独立的，本报告其余类似表格与此相同。

在整个"十三五"时期，长三角地区的综合竞争力得分始终保持在第 1 名，显示出长三角地区在文化产业方面的优势。上海市在 2016 年排名第 3，但在 2017 年上升至第 1 名，之后在 2018 年和 2019 年分别降至第 3 名和第 5 名，最终在 2020 年回升至第 2 名，这表明上海市在长三角地区的文化产业综合竞争力排名波动较大，但整体上仍具有较强竞争力。江苏省在 2016 年排名第 2，但在 2017 年降至第 5 名，之后在 2018 年和 2019 年分别保持第 5 名和升至第 4 名，最终在 2020 年降至第 5 名，这表明江苏省的文化产业竞争力在长三角地区呈现波动趋势，需要关注提升文化产业竞争力。浙江省在 2016 年、2017 年和 2018 年都保持在第 4 名，最终在 2019 年升至第 3 名并在 2020 年回落到第 4 名，这表明浙江省的文化产业竞争力在长三角地区逐渐上升，但仍有提升空间。安徽省的综合竞争力在长三角地区相对较弱，在 2016 年排名第 10，之后在 2017 年降至第 15 名，然后在 2019 年升至第 11 名，最终在 2020 年降至第 20 名，这表明安徽省在长三角地区的文化产业竞争力相对较弱，需要关注提升文化产业发展水平。（见表 2）

东南地区在"十三五"时期的文化产业综合竞争力得分总体上保持较高水平，在 2016 年、2018 年和 2019 年均排名第 2，而在 2017 年和 2020 年排名第 3，这表明东南地区在文化产业方面具有较强的竞争力。其中，广东省在整个"十三五"时期的文化产业竞争力得分排名较高，2016 年排名第 1，

表2 "十三五"时期长三角地区区域文化产业综合竞争力得分排序情况

单位：分

区域	2016年	排序	2017年	排序	2018年	排序	2019年	排序	2020年	排序
长三角地区	91.46	1	92.32	1	83.80	1	92.25	1	79.25	1
上 海	79.75	3	83.85	1	74.20	3	75.56	5	74.97	2
江 苏	80.64	2	76.20	5	70.56	5	76.83	4	69.79	5
浙 江	77.84	4	76.47	4	72.78	4	78.71	3	72.53	4
安 徽	67.03	10	61.49	15	60.58	15	66.24	11	59.98	20

之后在2017~2020年均在第2名、第3名波动，这表明广东省在东南地区的文化产业竞争力较强，但在整个时期内排名有所下降。福建省在2016年排名第12，之后在2017年和2018年分别升至第10名和第7名，在2019年和2020年保持在第7名和降至第13名，这表明福建省的文化产业竞争力在东南地区呈现波动趋势，福建省在保持文化产业竞争力稳定性方面仍有一定的发展空间。海南省在"十三五"时期的文化产业竞争力整体较弱，虽然在2017年有较大幅度的上升，但在后续几年排名波动较大，显示出海南省在文化产业发展方面需要加大努力（见表3）。

表3 "十三五"时期东南地区区域文化产业综合竞争力得分排序情况

单位：分

区域	2016年	排序	2017年	排序	2018年	排序	2019年	排序	2020年	排序
东南地区	80.70	2	79.21	3	82.35	2	81.84	2	74.27	3
福 建	66.30	12	65.34	10	66.85	7	69.96	7	62.50	13
广 东	86.59	1	79.89	3	74.64	2	80.00	2	74.24	3
海 南	56.37	30	61.79	14	65.04	8	59.36	16	62.11	14

环渤海地区在"十三五"时期的综合竞争力得分总体上保持较高水平，2016年、2018年和2019年均排名第3，而在2017年和2020年排名第2，这表明环渤海地区在综合竞争力方面具有较强的竞争力。其中，北京市在整

个"十三五"时期的综合竞争力得分排名较高,从 2016 年的第 5 名逐渐上升至 2018～2020 年的第 1 名。这表明北京市在环渤海地区的综合竞争力较强,且呈现上升趋势。天津市在 2016 年排名第 13,之后在 2017 年上升至第7 名,但在 2018 年和 2019 年分别下降至第 20 名和第 25 名,最终在 2020 年降至第 30 名,天津市的综合竞争力在环渤海地区呈现波动趋势,需要关注提升综合竞争力的稳定性。河北省在整个"十三五"时期的综合竞争力得分排名较低,在 2016 年和 2017 年均排在第 16 名,然后在 2018 年下降至第23 名,在 2019 年有所回升,最终在 2020 年排名第 17。山东省在 2016 年和2017 年均排在第 6 名,然后在 2018 年和 2019 年下降至第 13 名,最终在2020 年升至第 8 名,这表明山东省的综合竞争力在环渤海地区波动较大,但整体上保持在中等水平(见表 4)。

表 4　"十三五"时期环渤海地区区域文化产业综合竞争力得分排序情况

单位:分

区域	2016 年	排序	2017 年	排序	2018 年	排序	2019 年	排序	2020 年	排序
环渤海地区	79.19	3	80.07	2	71.12	3	73.18	3	75.25	2
北　京	77.56	5	81.02	2	78.49	1	80.12	1	80.42	1
天　津	66.25	13	68.32	7	57.82	20	55.01	25	56.37	30
河　北	64.32	16	61.34	16	55.98	23	61.54	15	60.46	17
山　东	75.95	6	69.18	6	61.61	13	64.80	13	65.05	8

在整个"十三五"时期,中部地区区域文化产业综合竞争力得分排名始终保持在第 4 名,中部地区在综合竞争力方面相对稳定,但仍有提升空间。山西省在 2016～2020 年的综合竞争力得分排名波动较大,从 2016 年的第 26 名上升至 2017 年的第 22 名,然后在 2018 年和 2019 年分别上升至第19 名和回落到第 20 名,最后在 2020 年略微下降至第 21 名。江西省在"十三五"时期的综合竞争力得分排名总体上升,从 2016 年的第 17 名上升至2020 年的第 6 名,这表明江西省在中部地区的综合竞争力得到了显著提升,

发展势头良好。河南省在整个"十三五"时期的综合竞争力得分排名波动较大,从2016年的第15名下降至2017年的第17名,然后在2018年和2019年分别上升至第14名和第10名,但在2020年综合竞争力出现明显下降。湖北省的综合竞争力得分排名在2020年前呈上升趋势,从2016年的第14名上升至2017年的第13名,然后在2018年和2019年稳定在第6名,最后在2020年下降至第15名,这表明湖北省在中部地区的综合竞争力相对较强,但在稳定性上仍有提升空间。湖南省在整个"十三五"时期的综合竞争力得分排名波动较小,从2016年的第7名下降至2017年的第8名,然后在2018年和2019年分别下降至第10名和第12名,最后在2020年上升至第9名,湖南省在中部地区的综合竞争力相对稳定,相对于中部地区整体水平在较高水平(见表5)。

表5 "十三五"时期中部地区区域文化产业综合竞争力得分排序情况

单位:分

区域	2016年	排序	2017年	排序	2018年	排序	2019年	排序	2020年	排序
中部地区	64.80	4	58.38	4	64.88	4	69.17	4	63.53	4
山西	57.36	26	57.82	22	57.85	19	57.91	20	59.80	21
江西	63.84	17	59.03	18	60.43	17	64.31	14	67.34	6
河南	64.34	15	60.82	17	60.59	14	66.78	10	58.30	26
湖北	65.81	14	62.67	13	67.15	6	71.78	6	61.87	15
湖南	73.35	7	66.63	8	64.17	10	66.01	12	64.35	9

西南地区的文化产业综合竞争力在"十三五"时期整体呈现波动的趋势。其中,在整个"十三五"时期,四川省的综合竞争力一直保持在较高水平,整体表现稳定,排名在西南地区处于领先地位。重庆市的综合竞争力在"十三五"时期表现稳定,在西南地区排名第2,在2019年有所提高,但在2020年略有下降。西藏自治区在"十三五"时期的综合竞争力呈现波动性,2020年的竞争力得分相较2019年有所提高,在西南地区位列第3。广西的综合竞争力在2017年和2018年较低,但从2019年开始逐年提高。

云南省的综合竞争力在"十三五"时期波动较大，2019年的得分相较2018年有所提高，但在2020年又略有下降，整体而言，云南省在西南地区的排名较为靠后。贵州省在整个"十三五"时期的综合竞争力波动较大，2018年和2019年的得分相较2017年有所提高，但在2020年又略有下降，在西南地区排名居于倒数第1（见表6）。

表6 "十三五"时期西南地区区域文化产业综合竞争力得分排序情况

单位：分

区域	2016年	排序	2017年	排序	2018年	排序	2019年	排序	2020年	排序
西南地区	62.99	5	54.27	5	61.74	5	62.93	5	62.04	5
广　西	57.44	25	55.29	26	54.02	29	57.33	24	61.57	16
重　庆	66.31	11	63.13	11	60.54	16	67.59	8	64.32	10
四　川	69.82	8	65.35	9	64.39	9	67.16	9	67.14	7
贵　州	63.12	19	55.94	24	57.50	22	58.16	19	58.03	28
云　南	63.58	18	57.88	20	57.57	21	59.21	17	58.50	25
西　藏	57.14	28	53.68	29	61.80	12	58.60	18	62.90	11

西北地区的综合竞争力较为稳定，在"十三五"时期均排在全国第6名。陕西省的综合竞争力一直保持在西北地区的领先地位，虽然在2020年竞争力得分排名略低于2018年，但在整个时期内仍表现出较高的竞争力。新疆综合竞争力在2016年和2017年较低，但从2018年开始呈上升趋势，在2019年后开始回落，整体综合竞争力较低。宁夏在整个"十三五"时期内的综合竞争力波动较大，但总体上呈下降趋势。青海省在"十三五"时期的综合竞争力波动较小，但排名始终处于区域内的中下游水平。甘肃省在整个"十三五"时期的综合竞争力波动较大，从2017年到2018年有所上升，但在2019年出现明显下降，2020年竞争力得分有所回升。内蒙古在"十三五"时期的综合竞争力波动较大，2017年达到峰值后在2018年明显下降，2020年再度回升（见表7）。

表7 "十三五"时期西北地区区域文化产业综合竞争力得分排序情况

单位：分

区域	2016 年	排序	2017 年	排序	2018 年	排序	2019 年	排序	2020 年	排序
西北地区	57.40	6	49.58	6	55.15	6	47.59	6	54.38	6
内蒙古	58.29	24	57.86	21	54.30	28	53.92	28	60.44	18
陕　西	67.25	9	62.68	12	62.21	11	57.43	23	62.66	12
甘　肃	58.45	23	52.04	31	55.75	24	51.25	30	60.07	19
青　海	60.92	21	54.75	28	54.91	27	54.45	27	58.50	24
宁　夏	61.37	20	53.12	30	55.66	26	53.70	29	58.28	27
新　疆	56.40	29	56.53	23	59.59	18	57.90	21	55.09	31

在"十三五"时期内，东北地区的综合竞争力一直处于七大区域之末，区域内各省的综合竞争力排名都较为稳定，保持在靠后位置。2016年和2017年，辽宁的得分增加了5.6分，但在2018年降低了2.78分，表明在2016年和2017年，辽宁省的文化产业有所增长，但在2018年遇到了一些挑战。2019年和2020年，辽宁省的得分持续上升，说明经过调整，辽宁省的文化产业发展开始有所改善。吉林省在"十三五"时期内的文化产业综合竞争力得分呈现波动性增长，2016~2018年，得分出现上下波动，而在2019年，得分大幅下降，但在2020年有所恢复。黑龙江省在整个"十三五"时期的文化产业综合竞争力得分波动较大，总体呈现先下降后上升的趋势，2016~2018年，得分逐年下降，而在2019年和2020年，得分逐渐上升，这表明黑龙江省在文化产业方面取得了一定的进步，但仍需持续努力以巩固成果（见表8）。

表8 "十三五"时期东北地区区域文化产业综合竞争力得分排序情况

单位：分

区域	2016 年	排序	2017 年	排序	2018 年	排序	2019 年	排序	2020 年	排序
东北地区	46.08	7	45.98	7	45.11	7	44.80	7	49.58	7
辽　宁	52.85	31	58.45	19	55.67	25	57.90	22	58.65	23
吉　林	57.24	27	55.00	27	52.44	30	48.17	31	58.85	22
黑龙江	58.66	22	55.43	25	46.85	31	54.75	26	56.73	29

二 "十三五"时期区域文化产业发展基础现状

整个"十三五"时期内,除2020年外,长三角地区一直保持在第1名的位置,展现出较强的文化产业发展基础,2016年、2017年、2019年,其得分均在94分以上,表明文化产业基础较为牢固,但在2020年,得分下降至81.52分,虽然在各区域中排名第2,但得分与前几年相比出现了较大幅度的下滑,暗示在这一年该区域文化产业发展基础受到了影响。2016~2019年,东南地区的得分始终稳居第2名,显示出较好的文化产业发展基础,然而在2020年,得分降至65.83分,较前一年的82.42分有明显下降,暗示该年度可能遇到了一些发展挑战。2018~2020年,环渤海地区的得分逐年上升,表明文化产业发展基础不断加强,在2020年,得分更是达到84.90分,超过长三角地区成为排名第1的地区,显示出在这一年文化产业发展基础表现突出。中部地区的得分呈现先升后降的趋势,其中2016~2019年,该地区得分逐年上升,显示出文化产业发展基础逐渐加强,但在2020年得分降至49.95分,较2019年下降约15分,暗示该年度文化产业发展基础受到了影响。西南地区在2016~2019年,得分先降后升,2020年得分降至55.27分,较2019年下降约9分,意味着在这一年该地区的文化产业发展基础受到了一定程度的影响。在整个时期内,西北地区的得分波动较大,2018年的得分达到了60.35分,为此段时间内的最高点,然而,在2019年和2020年,西北地区的得分分别降至49.75分和49.03分,显示出文化产业发展基础在2019年和2020年遭遇了较大的挑战。东北地区的得分始终处于较低的水平,2016~2018年,该地区得分呈上升趋势,2019年,得分略有下降至45.24分,然而,在2020年,得分出现显著增长,达到59.56分,排名上升至第4,表明在这一年东北地区的文化产业发展基础有所改善(见表9)。

表9 "十三五"时期区域文化产业发展基础得分排序情况

单位：分

区域	2016年	排序	2017年	排序	2018年	排序	2019年	排序	2020年	排序
长三角地区	94.20	1	97.39	1	89.53	1	97.39	1	81.52	2
东南地区	81.68	2	83.71	2	79.59	2	82.42	2	65.83	3
环渤海地区	79.90	3	81.58	3	69.03	3	76.96	3	84.90	1
中部地区	57.98	5	61.72	4	63.18	5	64.69	4	49.95	6
西南地区	59.99	4	57.88	5	63.34	4	64.00	5	55.27	5
西北地区	52.65	6	43.99	7	60.35	6	49.75	6	49.03	7
东北地区	44.01	7	46.21	6	46.49	7	45.24	7	59.56	4

整体上，长三角地区在"十三五"时期的文化产业发展基础得分表现较好，2016年、2017年、2019年，该地区的得分持续均在90分以上，排名均为第1，然而，在2020年得分下降至81.52分、排名跌至第2，这表明长三角地区在2020年的文化产业发展基础相对于前几年有所减弱。在整个"十三五"时期内，上海的文化产业发展基础得分较高，尽管在2018年和2020年有所下滑，但整体仍呈现稳定趋势，上海在各个省份中除2018年外始终保持第2名的排名。江苏在"十三五"时期的文化产业发展基础得分相对较低，排名波动较大，从2016年的77.61分上升到2017年的80.55分，在2018年下降至72.82分，2019年回升至75.95分，然而在2020年得分下降至62.93分、排名跌至第8。浙江在2016~2018年，得分波动较小，排名在第2或第3名，2019年，得分略有提高，排名下降至第3，2020年得分下降至73.05分、排名跌至第4。在"十三五"时期，安徽的文化产业发展基础得分相对较低，虽然在2016~2019年，安徽的得分逐年上升，从63.94分提高到71.05分，但在2020年，得分下降至62.73分、排名跌至第10，这表明安徽在2020年的文化产业发展基础相较于前几年有所减弱，且发展基础不稳定（见表10）。

在东南地区，"十三五"时期区域的文化产业发展基础除去2020年的断崖式下滑，其他年份都较为稳定。其中，福建的发展基础得分总体上升，从2016年的68.66分提高到2019年的72.28分，2020年福建的得分下降

表 10 "十三五"时期长三角地区区域文化产业发展基础得分排序情况

单位：分

区域	2016 年	排序	2017 年	排序	2018 年	排序	2019 年	排序	2020 年	排序
长三角地区	94.20	1	97.39	1	89.53	1	97.39	1	81.52	2
上 海	85.23	2	89.01	2	79.42	3	86.21	2	83.91	2
江 苏	77.61	5	80.55	5	72.82	6	75.95	5	62.93	8
浙 江	84.57	3	84.47	3	80.42	2	82.65	3	73.05	4
安 徽	63.94	14	64.87	13	69.32	8	71.05	7	62.73	10

至 61.07 分、排名跌至第 14。广东的发展基础得分相对稳定，尽管在 2018 年有所下滑，但除 2020 年外整体趋势仍呈现稳定状态，在各个省份中广东始终保持前 5 名的排名，整体表现较好。海南在"十三五"时期的发展基础得分波动较大，2016~2018 年，海南的得分总体上升，从 60.71 分提高到 61.27 分，然而，在 2019 年得分略有下降至 60.99 分、排名提升至第 17，2020 年得分继续下滑至 60.04 分、排名下降至第 20，这表明海南在整个"十三五"时期的发展基础表现不稳定（见表 11）。

表 11 "十三五"时期东南地区区域文化产业发展基础得分排序情况

单位：分

区域	2016 年	排序	2017 年	排序	2018 年	排序	2019 年	排序	2020 年	排序
东南地区	81.68	2	83.71	2	79.59	2	82.42	2	65.83	3
福 建	68.66	6	71.59	6	74.44	5	72.28	6	61.07	14
广 东	84.29	4	84.37	4	76.28	4	81.37	4	67.33	5
海 南	60.71	20	63.77	18	61.27	19	60.99	17	60.04	20

在"十三五"时期，2016~2019 年环渤海地区的发展基础得分在全国七大区域中总体排名第 3，在 2020 年虽受新冠疫情影响，但排名却上升至第 1 名，这与其他竞争区域发展基础受到影响有关。在环渤海地区，北京一直占据领先地位，其得分及排名始终居于全国首位，在"十三五"时期，北京的得分由 2016 年的 86.98 分上升至 2020 年的 87.93 分，总体呈现上升

的趋势。天津的得分从 2016 年的 68.05 分上升至 2020 年的 73.71 分，总体展现出上升趋势。河北省整体表现呈现波动性，从 2016 年的 62.21 分，下滑至 2018 年的 59.36 分，随后逐渐回升至 2020 年的 60.80 分。山东省的发展基础得分亦存在一定程度的波动，自 2016 年的 68.03 分起，先是升至 2017 年的 69.54 分，然后在 2018 年和 2019 年分别降至 62.92 分和回升至 64.59 分，最终在 2020 年降至 62.04 分（见表 12）。

表 12　"十三五"时期环渤海地区区域文化产业发展基础得分排序情况

单位：分

区域	2016 年	排序	2017 年	排序	2018 年	排序	2019 年	排序	2020 年	排序
环渤海地区	79.90	3	81.58	3	69.03	3	76.96	3	84.90	1
北　京	86.98	1	91.15	1	81.74	1	87.42	1	87.93	1
天　津	68.05	7	69.33	9	57.48	29	57.50	24	73.71	3
河　北	62.21	18	61.48	21	59.36	24	60.32	19	60.80	15
山　东	68.03	8	69.54	7	62.92	17	64.59	14	62.04	12

在"十三五"时期，中部地区各省份的发展基础得分及排名表现出一定程度的波动，显现出不稳定性。2016~2019 年，山西省的发展基础得分和排名有所波动，其中有三年排在第 23 名。江西省发展基础得分在 2016~2018 年总体呈上升趋势，得分从 60.29 分上升至 64.75 分，全国排名从第 22 提升至第 13，但在 2019 年和 2020 年，得分分别下降至 63.19 分和 59.28 分，排名也分别降至第 15 和第 21。河南省的发展基础得分在 2016~2019 年整体呈上升趋势，从 63.18 分上升至 65.90 分，但在 2020 年，分数大幅下降至 57.06 分。湖北省在 2016~2019 年保持发展基础得分总体上升，得分从 65.28 分提高至 68.90 分，全国排名从第 11 上升至第 9，然而，2020 年分数出现下降，降至 61.68 分，排名也下降至第 13。湖南省的发展基础得分从 2016 年的 64.62 分上升至 2019 年的 66.54 分，排名从第 12 提升至第 11，到 2020 年，得分虽下降至 63.58 分，但排名上升至第 6（表 13）。

表 13　"十三五"时期中部地区区域文化产业发展基础得分排序情况

单位：分

区域	2016 年	排序	2017 年	排序	2018 年	排序	2019 年	排序	2020 年	排序
中部地区	57.98	5	61.72	4	63.18	5	64.69	4	49.95	6
山　西	60.08	23	66.29	10	59.53	23	57.95	23	60.41	18
江　西	60.29	22	60.27	23	64.75	13	63.19	15	59.28	21
河　南	63.18	16	64.03	17	62.74	18	65.90	13	57.06	26
湖　北	65.28	11	65.17	12	69.89	7	68.90	9	61.68	13
湖　南	64.62	12	64.85	14	63.28	16	66.54	11	63.58	6

西南地区的发展基础得分可以看出其总体发展基础处于全国中下水平，在五年内的排名变化不大，但是在得分上有些波动。在西南地区中，四川的综合竞争力排名和得分一直在前列，除去 2018 年和 2020 年，其余年份整体提升，从 2016 年的第 10 名提升到 2019 年的第 8 名，得分也从 66.16 分上升至 69.43 分，这表明四川的文化产业在过去五年中发展态势良好，取得了较为显著的成绩。重庆的排名和得分在"十三五"期间中有所波动，其中 2018 年下降明显，得分从 2017 年 65.21 分下降至 58.14 分，排名下滑了 15 名，下降至第 26 名，这与文化产业发展策略的调整有关。云南在"十三五"期间排名在第 10~21 名波动，得分在 2016~2019 年略有提升，从 2016 年的 60.62 分上升到 2019 年的 68.97 分，但 2020 年出现一定下滑，得分下降至 60.32 分，排名下降至第 19 名。西藏的发展基础得分在"十三五"期间有所下降，从 2016 年的 66.34 分降至 2020 年的 49.35 分，排名也从前 10 名跌至倒数第 1 名，这与该地区文化产业的发展基础老化有关。广西、贵州的综合竞争力得分在"十三五"期间波动较大，分别在 2018 年和 2017 年达到峰值，但在之后下降较快，得分相对较低，特别是贵州，在 2020 年排名下降至倒数第 3，得分也下降至 54.35 分，这与该地区文化产业的发展策略和实践存在一定的问题相关（见表 14）。

表14 "十三五"时期西南地区区域文化产业发展基础得分排序情况

单位：分

区域	2016年	排序	2017年	排序	2018年	排序	2019年	排序	2020年	排序
西南地区	59.99	4	57.88	5	63.34	4	64.00	5	55.27	5
广　西	57.95	28	55.42	27	63.79	14	59.27	21	57.60	25
重　庆	63.99	13	65.21	11	58.14	26	66.09	12	60.57	16
四　川	66.16	10	69.49	8	68.90	10	69.43	8	62.74	9
贵　州	59.92	24	62.52	20	61.24	20	60.32	20	54.35	29
云　南	60.62	21	62.57	19	63.38	15	68.79	10	60.32	19
西　藏	66.34	9	55.70	26	60.09	22	54.68	28	49.35	31

　　西北地区的文化产业发展基础得分2016~2020年有所波动，2016年得分为52.65分，2020年降至49.03分，整体呈下降趋势，西北地区的文化产业发展基础排名在五年中波动不大，始终排名第6或第7，整体排名较低。"十三五"时期，西北地区中陕西的平均发展基础排名和得分一直在前列，但整体下降，排名从2016年的第17名下降到2020年的第23名，得分也从62.28分下降至58.91分，这表明陕西的文化产业在2016~2020年的发展基础有所减弱。内蒙古的排名和得分在2016~2020年有所波动，排名从第15名降到第24名，得分也从63.90分降至58.60分，这与该地区文化产业发展策略的调整和市场变化有关。甘肃的排名和得分在2016~2020年有所提升，排名从第29名到第22名，得分从57.84分上升至59.15分，这表明甘肃的文化产业在2016~2020年发展较为稳健。青海的综合竞争力排名和得分在2016~2020年波动较大，排名从第19名降到第28名，得分也从61.47分降至55.01分。新疆的综合竞争力得分在2016~2020年波动较大，从2016年的58.48分上升到2018年的64.81分，然后又下降至2020年的55.56分，排名从第26名到第27名。宁夏的综合竞争力得分在2016~2020年相对稳定，排名波动范围在第25~30名，得分略有下降，从2016年的58.94分降至54.33分，宁夏的文化产业发展基础相对不稳定、受外部影响较大，需要进一步加强稳定性（见表15）。

表 15 "十三五"时期西北地区区域文化产业发展基础得分排序情况

单位：分

区域	2016 年	排序	2017 年	排序	2018 年	排序	2019 年	排序	2020 年	排序
西北地区	52.65	6	43.99	7	60.35	6	49.75	6	49.03	7
内蒙古	63.90	15	48.51	31	58.39	25	56.41	25	58.60	24
陕　西	62.28	17	64.78	15	69.27	9	62.04	16	58.91	23
甘　肃	57.84	29	54.52	29	60.54	21	56.21	26	59.15	22
青　海	61.47	19	50.98	30	57.49	28	52.53	29	55.01	28
宁　夏	58.94	25	58.15	25	57.83	27	54.72	27	54.33	30
新　疆	58.48	26	60.45	22	64.81	12	59.21	22	55.56	27

东北地区的文化产业发展基础得分在 2016~2020 年经历了较大的波动，从 2016 年的 44.01 分上升至 2020 年的 59.56 分，排名也由第 7 上升至第 4，这表明该地区在文化产业发展基础方面取得了进展，但也与其他竞争地区受新冠疫情影响有关，尤其是在 2020 年，东北地区文化产业发展基础得分迅速提升，排名也大幅上升。辽宁 2016~2020 年的文化产业发展基础得分和排名大体呈上升态势，尤其是在 2018 年，得分和排名均取得了显著提升，虽然在 2019 年排名下降至第 18 名，2020 年有所反弹，但除去 2016 年外，得分均保持在 60 分以上，表明该地区的文化产业发展基础仍然相对稳定。吉林和黑龙江的文化产业发展基础得分和排名在 2016~2020 年波动较大，吉林 2018 年和 2019 年的得分和排名均较低，但在 2020 年得分和排名均有了较大提升，这与该地区文化产业发展策略的调整有关。黑龙江的得分和排名在 2018 年和 2019 年都较低，但在 2020 年迅速上升至第 7 名，表明该地区在文化产业发展基础的转化方面取得了较为显著的进展（见表 16）。

三 "十三五"时期区域文化产业需求能力现状

长三角地区在 2016~2019 年，文化产业需求能力得分始终保持在全国

表16 "十三五"时期东北地区区域文化产业发展基础得分排序情况

单位：分

区域	2016年	排序	2017年	排序	2018年	排序	2019年	排序	2020年	排序
东北地区	44.01	7	46.21	6	46.49	7	45.24	7	59.56	4
辽 宁	51.50	31	64.58	16	64.84	11	60.95	18	62.27	11
吉 林	57.26	30	55.25	28	48.34	31	48.67	31	60.48	17
黑龙江	58.27	27	58.95	24	51.64	30	51.98	30	63.39	7

领先地位，在2020年，其得分由87.76降至63.90，排名骤降至第4名。由此可见，长三角地区在2020年面临了较大的挑战，需关注其背后的原因。东南地区在"十三五"时期，排名波动较为明显，尽管在2017年和2019年排名均为第4，但在其他年份，其名次上下浮动，这表明东南地区在文化产业需求能力方面尚需稳定提升。环渤海地区在2016年、2017年和2019年期间，排名均位居全国第2，值得一提的是，2020年其文化产业需求能力得分提高至85.33，成功走到了全国前列，这表明环渤海地区在文化产业需求方面具有良好的潜力。中部地区在2016年、2017年和2019年，排名均为第3，2020年其文化产业需求能力得分略有上升、排名也提升至第2名，这意味着中部地区在文化产业方面取得了显著的进步。西南地区排名波动较大，值得关注的是，在2020年其文化产业需求能力得分大幅上升至73.53分、排名也提高至第3，这表明西南地区依托其在地性文化资源在文化产业发展方面具有很大的提升空间。西北地区在2016年排名第4，但在随后的几年中，排名均为第6，在2020年，其排名回升至第5名。东北地区在整个"十三五"时期，排名始终位于全国倒数第1名，这意味着东北地区在文化产业需求能力方面较弱（见表17）。

长三角地区在2016~2019年，文化产业需求能力得分始终保持全国领先地位，然而，在2020年其得分由87.76分降至63.90分、排名骤降至第4名。上海市在"十三五"时期整体表现较好，2017~2018年连续两年排名全国第1，2019年排名第2，2020年需求能力得分下降至67.03分，排名

表17 "十三五"时期区域文化产业需求能力得分排序情况

单位：分

区域	2016年	排序	2017年	排序	2018年	排序	2019年	排序	2020年	排序
长三角地区	88.54	1	80.43	1	83.30	1	87.76	1	63.90	4
东南地区	57.95	6	63.16	4	64.43	5	59.90	4	58.07	6
环渤海地区	79.85	2	80.41	2	76.80	3	80.79	2	85.33	1
中部地区	72.47	3	69.95	3	79.18	2	72.39	3	73.59	2
西南地区	65.31	5	61.98	5	64.95	4	58.49	5	73.53	3
西北地区	70.88	4	47.58	6	60.52	6	51.60	6	60.24	5
东北地区	54.85	7	43.16	7	55.65	7	47.65	7	44.74	7

跌至第7名，需关注背后原因。江苏省在"十三五"时期排名波动较大，从2016年的第6名下降至2019年的第9名，2020年排名进一步下滑至第14名，这说明江苏省在文化产业需求能力方面需加强刺激需求的举措。浙江省在2016~2018年，排名总体下降，从第10名下降至第17名，2019年排名大幅上升至第5名，但在2020年排名下滑至第13名，总体来看，浙江省在文化产业需求能力方面呈现上升趋势。安徽省在"十三五"时期排名波动较大，从2016年的第11名下降至2019年的第19名，2020年排名基本持平，仍为第19名，这意味着安徽省在文化产业需求能力方面仍有很大提升空间（见表18）。

表18 "十三五"时期长三角地区区域文化产业需求能力得分排序情况

单位：分

区域	2016年	排序	2017年	排序	2018年	排序	2019年	排序	2020年	排序
长三角地区	88.54	1	80.43	1	83.30	1	87.76	1	63.90	4
上 海	86.28	2	84.19	1	82.63	1	84.82	2	67.03	7
江 苏	82.16	6	71.12	6	73.46	7	62.97	9	61.78	14
浙 江	77.07	10	58.59	21	64.60	17	67.48	5	64.08	13
安 徽	75.04	11	56.91	23	58.29	30	58.92	19	59.95	19

东南地区在整个"十三五"时期，得分整体上呈现波动趋势，其中2018年达到最高值64.43分，但在2020年下降至58.07分，在排名方面也呈波动状况，从2016年的第6名上升至第4名，然后在2020年回落至第6名，整体而言，东南地区在文化产业需求能力方面缺乏稳定性。福建省在"十三五"时期的得分波动较大，2018年达到最高值70.65分，而在2020年降至58.15分，排名方面，福建省在2016年至2018年逐年上升，但在2019年及2020年排名连续下滑，这表明福建省在文化产业需求能力方面取得了一定成果，但需要保持稳定。广东省在"十三五"时期，得分波动较大，最高值为2016年的78.49分，最低值2020年的60.73分，排名方面，广东省在2016年至2018年逐年下降，但在2019年和2020年略有回升，这反映了广东省在文化产业需求能力方面持续下降，需要关注背后的原因。海南省在"十三五"时期，得分呈波动趋势，2017年达到最高值67.54分，2020年略有下降至58.10分（见表19）。

表19　"十三五"时期东南地区区域文化产业需求能力得分排序情况

单位：分

区域	2016年	排序	2017年	排序	2018年	排序	2019年	排序	2020年	排序
东南地区	57.95	6	63.16	4	64.43	5	59.90	4	58.07	6
福　建	65.90	27	58.69	20	70.65	8	61.19	14	58.15	21
广　东	78.49	8	65.81	11	63.96	18	59.65	17	60.73	15
海　南	64.51	29	67.54	9	64.95	15	60.05	15	58.10	22

环渤海地区在"十三五"时期，整体表现较为稳定，但区域内差距较大，得分和排名分别从2016年的79.85分、第2名起逐年波动，最终在2020年达到85.33分、第1名，整体来看，环渤海地区在文化产业需求能力方面表现良好，且呈上升趋势。北京市在"十三五"时期，得分波动较大，从2016年的85.61分下降至2020年的72.00分，除2019年列第1名外，其余年份都在第3~5名，这表明北京市在文化产业需求能力方面表现较为稳定，但仍有提升空间。天津市在"十三五"时期，得分波动较大，

从 2016 年的 70.40 分降至 2020 年的 49.74 分,排名方面,从 2016 年的第 20 名下降至 2020 年的第 31 名,天津市需求能力下滑严重,并与区域内其他省份差距较大。河北省得分波动较小,从 2016 年的 69.26 分下降至 2020 年的 60.48 分,排名方面,河北省在 2016~2019 年总体上升,但在 2020 年略有下降至第 18 名,这表明河北省在文化产业需求能力方面整体表现尚可,但仍需提高。山东省在"十三五"时期,得分波动明显,从 2016 年的 78.51 分下降至 2019 年的 59.63 分,然后在 2020 年迅速回升至 83.04 分,山东省的排名在 2016~2019 年整体下降,但在 2020 年较大幅度上升至第 2 名,这意味着山东省在文化产业需求能力方面具有较强的恢复力(见表 20)。

表 20 "十三五"时期环渤海地区区域文化产业需求能力得分排序情况

单位:分

区域	2016 年	排序	2017 年	排序	2018 年	排序	2019 年	排序	2020 年	排序
环渤海地区	79.85	2	80.41	2	76.80	3	80.79	2	85.33	1
北 京	85.61	3	76.71	5	79.13	3	84.83	1	72.00	5
天 津	70.40	20	77.18	4	68.05	11	58.76	20	49.74	31
河 北	69.26	23	63.86	13	64.85	16	61.28	13	60.48	18
山 东	78.51	7	58.94	19	63.82	19	59.63	18	83.04	2

在"十三五"时期,中部地区的整体得分和排名波动较小,得分从 2016 年的 72.47 分提升至 2020 年的 73.59 分,排名为第 2~3 名,整体来看,中部地区在文化产业需求能力方面表现稳定且有所提升。其中,山西省的得分波动较大,从 2016 年的 68.83 分下降至 2020 年的 54.32 分,排名从 2016 年的第 25 名上升至 2019 年的第 6 名,随后回落至 2020 年的第 26 名,这表明山西省在文化产业需求能力方面存在一定波动,需要关注背后原因并加以改进。江西省的得分整体上呈现上升趋势,从 2016 年的 69.53 分上升至 2020 年的 72.25 分,排名方面,从 2016 年的第 22 名上升至 2020 年的第 4 名,这说明江西省在文化产业需求能力方面取得了较好的成绩。河南省的

得分整体呈下降趋势，从 2016 年的 69.01 分降至 2020 年的 56.01 分，排名方面，从 2016 年的第 24 名升至 2019 年的第 21 名，然后在 2020 年下滑至第 24 名，这表明河南省在文化产业需求能力方面面临较大挑战。湖北省的得分波动较小，从 2016 年的 67.84 分下降至 2020 年的 65.18 分，排名方面，从 2016 年的第 26 名迅速上升至 2019 年的第 3 名，然后在 2020 年略有下降至第 9 名，这意味着湖北省在文化产业需求能力方面表现稳定，但仍需关注排名波动的原因。湖南省的得分波动较大，从 2016 年的 89.43 分下降至 2019 年的 63.72 分，然后在 2020 年回升至 72.85 分。排名方面，从 2016 年的第 1 名下降至 2019 年的第 8 名，然后在 2020 年回升至第 3 名，这说明湖南省在文化产业需求能力方面整体表现尚可，但在这个时期内波动较大，需要关注背后的原因并加以改进（见表 21）。

表 21 "十三五"时期中部地区区域文化产业需求能力得分排序情况

单位：分

区域	2016 年	排序	2017 年	排序	2018 年	排序	2019 年	排序	2020 年	排序
中部地区	72.47	3	69.95	3	79.18	2	72.39	3	73.59	2
山　西	68.83	25	62.44	16	66.30	13	66.05	6	54.32	26
江　西	69.53	22	63.25	15	70.47	9	64.47	7	72.25	4
河　南	69.01	24	56.41	25	63.08	22	58.60	21	56.01	24
湖　北	67.84	26	70.31	7	77.50	4	74.92	3	65.18	9
湖　南	89.43	1	78.63	2	76.81	5	63.72	8	72.85	3

在"十三五"时期，西南地区的整体得分波动较大，从 2016 年的 65.31 分下降至 2019 年的 58.49 分，随后在 2020 年上升至 73.53 分，排名在第 3~5 名波动，整体来看，西南地区在文化产业需求能力方面表现不稳定，但在 2020 年取得了较大提升。其中，广西的得分波动较小，从 2016 年的 65.60 分下降至 2020 年的 60.57 分，排名从 2016 年的第 28 名上升至 2020 年的第 17 名，这表明广西在文化产业需求能力方面有所提升，但整体表现仍需加强。重庆市的得分整体上呈现上升趋势，从 2016 年的 82.55 分

上升至 2020 年的 83.15 分，排名从 2016 年的第 5 名上升至 2020 年的第 1 名，这说明重庆市在文化产业需求能力方面取得了显著的成绩。四川省的得分波动较大，从 2016 年的 73.21 分下降至 2019 年的 62.63 分，然后在 2020 年回升至 66.52 分，排名方面，从 2016 年的第 13 名上升至 2017 年的第 10 名，随后在 2018 年和 2019 年保持相对稳定，在 2020 年上升至第 10 名，这表明四川省在文化产业需求能力方面整体表现尚可，但在这个时期内波动较大，需要关注背后原因并加以改进。贵州省的得分波动较大，从 2016 年的 77.50 分下降至 2019 年的 59.90 分，然后在 2020 年回升至 68.54 分，排名方面，从 2016 年的第 9 名下降至 2019 年的第 16 名，但在 2020 年上升至第 6 名。云南省得分从 2016 年的 71.80 分下降至 2019 年的 48.77 分，然后在 2020 年回升至 59.79 分，排名方面，从 2016 年的第 16 名下降至 2019 年的第 30 名，随后在 2020 年上升至第 20 名，这表明云南省在文化产业需求能力方面整体表现不稳定，需关注背后原因并加以改进。西藏自治区的得分从 2016 年的 45.64 分上升至 2018 年的 58.72 分，然后在 2020 年回落至 50.93 分，排名方面，从 2016 年的第 31 名上升至 2019 年的第 25 名，但在 2020 年回落至第 29 名，这说明西藏自治区在文化产业需求能力方面表现不稳定，尽管在 2018 年有所提升，但整体表现仍需加强（见表 22）。

表 22　"十三五" 时期西南地区区域文化产业需求能力得分排序情况

单位：分

区域	2016 年	排序	2017 年	排序	2018 年	排序	2019 年	排序	2020 年	排序
西南地区	65.31	5	61.98	5	64.95	4	58.49	5	73.53	3
广　西	65.60	28	58.95	18	60.47	26	50.84	29	60.57	17
重　庆	82.55	5	77.23	3	79.30	2	73.91	4	83.15	1
四　川	73.21	13	66.03	10	70.09	10	62.63	10	66.52	8
贵　州	77.50	9	63.49	14	67.16	12	59.90	16	68.54	6
云　南	71.80	16	55.72	27	61.10	25	48.77	30	59.79	20
西　藏	45.64	31	52.64	28	58.72	29	53.75	25	50.93	29

在"十三五"时期，西北地区各省份在文化产业需求能力方面的得分和排名波动较大，整体表现不稳定。内蒙古在 2016 年的得分为 71.32 分、排名第 17，在 2017 年得分上升至 69.57 分、排名上升至第 8 名。2018~2020 年得分有所波动，排名也有所下降，这表明内蒙古在文化产业需求能力方面的整体表现不稳定，需关注背后原因并加以改进。陕西省在 2016 年的得分为 83.59 分、排名第 4，然后在 2017 年得分下降至 65.74 分、排名下降至第 12 名，在 2018 年得分回升至 73.49 分、排名上升至第 6 名，但在 2019 年和 2020 年得分和排名均有所波动。甘肃省在 2016 年的得分为 74.90 分，排名第 12 名，随后在 2017 年得分大幅下降至 49.79 分、排名下降至第 30 名，在 2018 年得分和排名有所回升，但 2019 年又大幅下降，在 2020 年大幅上升、达到峰值，这表明近年来甘肃省在文化产业需求能力方面向好发展，但整体表现不稳定，需关注背后原因并加以改进。青海省在 2016 年的得分为 70.18 分、排名第 21 名，在 2017 年得分下降至 49.42 分、排名下降至第 31 名，2018 年得分回升至 66.22 分、排名上升至第 14 名，2019 年和 2020 年得分和排名均有所波动。宁夏在 2016 年的得分为 70.59 分、排名第 19 名，在 2017 年，得分下降至 56.26 分、排名下降至第 26 名，随后在 2018~2020 年，得分和排名均波动较大。新疆在 2016 年的得分为 72.02 分、排名第 14，在 2017 年得分下降至 50.38 分、排名下降至第 29 名，在 2018 年得分回升至 62.29 分、排名上升至第 23 名，然而，在 2019 年得分下降至 57.56 分、但排名有所回升，2020 年得分和排名均有所下滑，整体呈现出不稳定性（见表 23）。

在"十三五"时期，东北地区整体的需求能力得分有所波动但排名始终在七大区域内排名最后，得分从 2016 年的 54.85 分降至 2020 年的 44.74 分，这说明东北地区在文化产业需求能力方面整体表现较弱，需要关注背后诸如人口流动等因素并加以改进。其中，辽宁省的得分从 2016 年的 63.65 分降至 2020 年的 55.16 分，2018 年有所回升，排名从 2016 年的第 30 名升至 2019 年的第 23 名，但在 2020 年又略有下滑。吉林省的需求能力总体呈现减弱趋势，从 2016 年的 71.88 分下降至 2019 年的 52.44 分，随后在

表 23　"十三五"时期西北地区区域文化产业需求能力得分排序情况

单位：分

区域	2016 年	排序	2017 年	排序	2018 年	排序	2019 年	排序	2020 年	排序
西北地区	70.88	4	47.58	6	60.52	6	51.60	6	60.24	5
内蒙古	71.32	17	69.57	8	59.25	28	53.52	26	60.61	16
陕　西	83.59	4	65.74	12	73.49	6	61.65	12	64.37	12
甘　肃	74.90	12	49.79	30	59.35	27	44.44	31	64.64	11
青　海	70.18	21	49.42	31	66.22	14	62.39	11	65.11	10
宁　夏	70.59	19	56.26	26	63.55	21	50.86	28	51.08	28
新　疆	72.02	14	50.38	29	62.29	23	57.56	22	50.14	30

2020 年略微回升至 56.09 分，排名从 2016 年的第 15 名下降至 2019 年的第 27 名，然后在 2020 年回升至第 23 名。黑龙江省的得分在下降后趋于稳定，从 2016 年的 70.74 分降至 2019 年的 55.21 分，排名方面，从 2016 年的第 18 名下降至 2019 年的第 24 名，然后在 2020 年继续下滑至第 27 名，这表明黑龙江省在文化产业需求能力方面呈现持续下滑趋势（见表 24）。

表 24　"十三五"时期东北地区区域文化产业需求能力得分排序情况

单位：分

区域	2016 年	排序	2017 年	排序	2018 年	排序	2019 年	排序	2020 年	排序
东北地区	54.85	7	43.16	7	55.65	7	47.65	7	44.74	7
辽　宁	63.65	30	56.48	24	62.09	24	55.28	23	55.16	25
吉　林	71.88	15	59.28	17	63.77	20	52.44	27	56.09	23
黑龙江	70.74	18	58.58	22	55.97	31	55.21	24	52.52	27

四　"十三五"时期区域文化产业发展水平现状

整个"十三五"时期，长三角地区在文化产业发展水平方面表现优异，除 2018 年外均为全国第 1 名，这表明长三角地区在文化产业发展上具有较高的发展水平。东南地区的文化产业发展水平在"十三五"时期同样表现出色,整体排名位居全国第 2 名,尤其在 2018 年该地区的得分更是超过长三角地区排名第 1 名,这说明东南地区在文化产业发展方面具有较强的实力和潜力。环渤海地区尽管在各年份的得分有所波动,但整体表现相对稳定,这表明环渤海地区在文化产业发展水平上有一定的优势。中部地区在 2016~2019 年的文化产业发展水平排全国第 3~4 名,但在 2020 年排名下降至第 5 名,表明中部地区在文化产业发展上遇到了一定的瓶颈,需要加大政策支持力度和产业结构调整。西南地区的文化产业发展水平在"十三五"时期总体呈现上升的趋势,从 2016 年的第 5 名上升至 2020 年的第 4 名,这表明西南地区在文化产业发展水平方面取得了一定的进步和突破。西北地区和东北地区在"十三五"时期的文化产业发展水平得分稳定在全国倒数第 2 名和倒数第 1 名,这表明这两个地区在文化产业发展方面与全国其他地区存在较大的差距,需要关注背后原因并加以改进(见表 25)。

表 25 "十三五"时期区域文化产业发展水平得分排序情况

单位:分

区域	2016 年	排序	2017 年	排序	2018 年	排序	2019 年	排序	2020 年	排序
长三角地区	98.71	1	95.62	1	91.33	2	93.48	1	94.87	1
东南地区	90.35	2	86.38	2	98.75	1	91.23	2	94.48	2
环渤海地区	81.86	3	84.73	3	73.26	4	74.28	4	82.52	3
中部地区	67.18	4	61.09	4	76.45	3	76.73	3	56.45	5
西南地区	63.49	5	52.89	5	66.77	5	60.63	5	70.74	4
西北地区	53.29	6	48.27	6	50.14	6	43.30	6	41.16	7
东北地区	41.87	7	41.68	7	41.37	7	41.22	7	41.35	6

在整个"十三五"时期,除 2018 年,长三角地区的文化产业发展水平得分均为全国第 1 名,表明长三角地区在文化产业发展水平方面具有较强的稳定性和竞争力。上海市的文化产业发展水平除 2018 年下滑明显外,其余年份波动较小,在 2020 年上海市排名上升至第 5 名,表明上海市在文化产

业发展方面有所提升。江苏省的发展水平得分始终稳定，排名在全国范围内保持在前3名，这表明江苏省在文化产业发展水平方面具有较高的稳定性。浙江省在2016~2020年的文化产业发展水平得分略有波动，但排名基本稳定在第3~4名，表明浙江省在文化产业发展方面整体表现稳定。安徽省的文化产业发展水平得分在2016~2019年波动较小，但在2020年排名下降至第13名（见表26）。

表26 "十三五"时期长三角地区区域文化产业发展水平得分排序情况

单位：分

区域	2016年	排序	2017年	排序	2018年	排序	2019年	排序	2020年	排序
长三角地区	98.71	1	95.62	1	91.33	2	93.48	1	94.87	1
上 海	77.17	6	76.84	6	68.55	11	73.91	7	70.92	5
江 苏	89.45	2	83.85	2	84.52	2	83.64	3	82.55	3
浙 江	83.83	3	79.26	4	79.22	4	83.53	4	79.20	4
安 徽	72.46	8	66.99	8	69.33	9	69.68	10	61.47	13

在整个"十三五"时期，除2018年外东南地区的文化产业发展水平得分均位列全国第2，仅次于长三角地区，显示出东南地区在文化产业发展方面具有较强的稳定性和竞争力。福建省的文化产业发展水平在2016~2020年得分波动较小，排名基本稳定在第7~9名，这表明福建省和区域大趋势相同，在文化产业发展方面的整体表现相对稳定。广东省在"十三五"时期的文化产业发展水平得分始终保持较高水平，排名在全国范围内保持前两名，得分方面也一直维持在86分以上，这表明广东省在文化产业发展水平方面具有较高的稳定性且引领全国各省份。海南省在2016~2020年的文化产业发展水平得分波动不大大，但排名从第29上升至第15，这表明海南省在文化产业发展水平方面呈现改善的趋势（见表27）。

表27 "十三五"时期东南地区区域文化产业发展水平得分排序情况

单位：分

区域	2016年	排序	2017年	排序	2018年	排序	2019年	排序	2020年	排序
东南地区	90.35	2	86.38	2	98.75	1	91.23	2	94.48	2
福 建	70.84	9	66.36	9	77.57	5	72.92	8	68.52	7
广 东	93.89	1	86.59	1	90.80	1	91.91	1	86.35	2
海 南	52.62	29	55.16	20	55.49	21	59.16	23	58.47	15

在整个"十三五"时期，环渤海地区的文化产业发展水平得分和排名相对稳定，排名在全国范围内在第3名和第4名徘徊，表明环渤海地区在文化产业发展方面具有一定的竞争力。北京市的文化产业发展水平得分在"十三五"时期整体上升，排名稳定在前5名，并在2020年达到最高，排名上升至第1名，这表明北京市在文化产业发展方面呈现出较强的稳定性和上升趋势。天津市的文化产业发展水平得分波动较大，并在2020年降低到了最低点49.07分，排名在全国范围内始终位于18～30名，这表明天津市在文化产业发展方面存在一定的波动性和不稳定性。河北省的文化产业发展水平得分在2016～2020年波动较大，但排名基本稳定在11～20名，这表明河北省在文化产业发展方面整体表现相对稳定，但仍存在一定程度的波动，2016～2020年，山东省的文化产业发展水平得分从82.91分降至67.15分，虽然在这期间有所波动，但整体呈现下降趋势，排名在全国范围内保持在前10名（见表28）。

表28 "十三五"时期环渤海地区区域文化产业发展水平得分排序情况

单位：分

区域	2016年	排序	2017年	排序	2018年	排序	2019年	排序	2020年	排序
环渤海地区	81.86	3	84.73	3	73.26	4	74.28	4	82.52	3
北 京	79.08	5	83.64	3	80.95	3	87.05	2	86.41	1
天 津	61.68	19	58.96	18	55.23	22	54.19	30	49.07	29
河 北	68.20	13	63.66	11	56.19	20	64.09	15	57.41	17
山 东	82.91	4	77.63	5	69.04	10	69.61	11	67.15	10

中部地区在整个"十三五"时期文化产业发展水平得分呈现波动趋势，2016~2019年，中部地区得分从67.18分上升至76.73分，表现出一定的增长趋势，然而，在2020年得分骤降至56.45分，整体排名下降至第5。山西省在"十三五"时期文化产业发展水平得分较为稳定，但整体水平较低，2016~2020年，山西省的得分从54.77分上升至55.38分，排名在全国范围内一直保持在第18~26名，总体呈上升的趋势。江西省发展水平得分相对稳定，2016~2020年，江西省的得分在61.12~71.72分波动，排名从12名上升至8名，这表明江西省在文化产业发展方面取得了一定的成效。河南省的发展水平得分整体有所波动趋势，但排名相对稳定，2016~2020年，河南省的得分从69.29分下降至65.40分，排名在全国范围内始终保持在第6~12名。湖北省在"十三五"时期文化产业发展水平得分呈现波动上升趋势，2016~2020年，湖北省的得分与排名在2018年、2019年达到了最高点，但2020年得分又下滑到了低于2016年的水平，较为不稳定。湖南省的发展水平得分在2016~2020年从72.70分下降至68.12分，但排名在全国范围内始终保持在前10名，分别为第7名、第7名、第8名、第5名和第9名，这表明湖南省在文化产业发展方面具有一定的竞争力，但仍需稳定提升发展水平（见表29）。

表29 "十三五"时期中部地区区域文化产业发展水平得分排序情况

单位：分

区域	2016年	排序	2017年	排序	2018年	排序	2019年	排序	2020年	排序
中部地区	67.18	4	61.09	4	76.45	3	76.73	3	56.45	5
山　西	54.77	26	52.52	25	52.67	26	60.79	18	55.38	19
江　西	68.64	12	61.12	14	64.53	15	71.72	9	68.42	8
河　南	69.29	11	66.26	10	75.31	6	69.31	12	65.40	11
湖　北	65.69	16	59.25	17	74.61	7	74.19	6	63.41	12
湖　南	72.70	7	68.53	7	73.60	8	74.94	5	68.12	9

西南地区在"十三五"时期，文化产业发展水平整体呈现出一定程度的上升趋势，在排名方面，四川省和重庆市的发展水平和竞争力总体提升，

表现较为稳定，而广西、贵州、云南和西藏等省份的发展水平波动较大，发展水平有待提升。广西壮族自治区文化产业发展水平得分在 55 分上下徘徊，排名在全国范围内波动较大，分别为第 24 名、第 19 名、第 24 名、第 20 名和第 18 名，广西壮族自治区的文化产业发展在一定程度上有所提升，但整体的稳定性仍有待加强。重庆市的发展水平得分在 2016~2019 年有所上升，排名从 2016 年的第 18 名上升至 2020 年的第 14 名。四川省文化产业发展水平得分从 2017 年的 63.47 分上升至 2020 年的 68.96 分，排名在全国范围内上升明显，分别为第 13 名、第 14 名、第 13 名和第 6 名。这表明四川省文化产业发展水平在一定程度上得到提高，竞争力也逐渐增强。贵州省的发展水平得分从 63.07 分下降至 54.72 分，排名在全国范围内波动较大，分别为第 17 名、第 30 名、第 16 名、第 26 名和第 21 名，贵州省的文化产业发展水平波动较大，稳定性仍有待加强。云南省的情况与贵州相似，发展水平较为不稳定。西藏自治区在 2018 年达到了得分与排名的最高点，但 2020 年又迅速回落至 24 名，导致其波动明显的原因值得思考（见表 30）。

表 30 "十三五"时期西南地区区域文化产业发展水平得分排序情况

单位：分

区域	2016 年	排序	2017 年	排序	2018 年	排序	2019 年	排序	2020 年	排序
西南地区	63.49	5	52.89	5	66.77	5	60.63	5	70.74	4
广　西	56.89	24	56.43	19	53.48	24	60.54	20	55.44	18
重　庆	62.75	18	59.26	16	67.26	13	67.88	14	60.92	14
四　川	70.21	10	63.47	13	65.29	14	68.89	13	68.96	6
贵　州	63.07	17	46.29	30	61.52	16	56.96	26	54.72	21
云　南	58.20	21	59.68	15	58.69	18	62.22	17	52.61	23
西　藏	67.66	14	52.77	22	67.82	12	63.21	16	52.53	24

在"十三五"时期，西北地区文化产业发展水平整体呈现下降趋势，排名波动较小，但各省份发展水平差距明显。2016~2020 年，内蒙古的文化产业发展水平得分波动较小，从 54.49 分下降至 51.45 分，排名在全国范围内相对稳定，始终保持在第 25~30 名，这说明内蒙古在"十三五"时期的

文化产业发展相对平稳。陕西的文化产业发展水平在2016～2020年总体下降，得分从66.77分降至57.48分，排名方面，陕西在全国范围内的排名也有所下降，从2016年的第15名降至2020年的第16名，这表明陕西在"十三五"时期的文化产业发展面临一定挑战。甘肃的文化产业发展水平得分波动较小，得分从58.63分下降至51.67分，全国排名波动不大，始终保持在第20～27名。青海的文化产业发展水平整体呈下降趋势，得分从57.47分下降至48.61分，排名在全国范围内也有所下降，从2016年的第23名降至2020年的第30名，这表明青海在"十三五"时期的文化产业发展面临较大压力。宁夏的文化产业发展水平在"十三五"时期波动较小，得分从57.54分下降至53.10分，全国排名相对稳定，始终保持在第22～25名。新疆的文化产业发展水平波动较大，得分从2016年的53.24分上升至2018年的60.39分，后又在2020年下降至46.49分，在全国范围内的排名也波动较大，从2016年的第28名升至2018年的第17名，然后又跌至2020年的第31名，这表明新疆在"十三五"时期的文化产业发展受到某些因素的影响（见表31）。

表31　"十三五"时期西北地区区域文化产业发展水平得分排序情况

单位：分

区域	2016年	排序	2017年	排序	2018年	排序	2019年	排序	2020年	排序
西北地区	53.29	6	48.27	6	50.14	6	43.30	6	41.16	7
内蒙古	54.49	27	52.52	26	50.32	30	57.91	25	51.45	26
陕　西	66.77	15	63.62	12	57.25	19	59.82	22	57.48	16
甘　肃	58.63	20	54.81	21	52.44	27	56.05	27	51.67	25
青　海	57.47	23	52.60	24	50.63	29	55.04	29	48.61	30
宁　夏	57.54	22	52.62	23	53.32	25	58.55	24	53.10	22
新　疆	53.24	28	45.53	31	60.39	17	55.96	28	46.49	31

东北地区整体的文化产业发展水平在"十三五"时期相对稳定，得分从2016年的41.87分降至2020年的41.35分，但排名有所波动，虽然在2020年东北地区的排名提高了1名，但在全国范围内的排名仍然不够理想。

2016~2020 年，辽宁的得分呈总体增长的趋势，排名在 2016~2020 年有所波动，在 2019 年和 2020 年排名为第 21 和第 20，这表明辽宁在文化产业方面的发展水平有所提高，但在全国范围内的竞争中仍处于中等水平。吉林 2016 年的得分最高，但此后至 2019 年吉林的得分逐渐下降，尤其是在 2018 年和 2019 年，然而，在 2020 年吉林的得分又有所提高，排名升至第 27，总体而言，吉林的文化产业发展水平尚未实现持续性的增长，需要进一步探索和改进。黑龙江的得分呈现出相对不稳定的趋势，在 2016 年和 2017 年，黑龙江的得分在所有东北地区中排名倒数第 2 名和倒数第 1 名，但在 2018 年得分下降后，又有所反弹，2019 年黑龙江的得分在东北地区中排名第 1 名，但在 2020 年又下降至第 3 名，这表明黑龙江的文化产业发展水平存在波动，需要更加稳定的发展，以确保持续进步（见表 32）。

表 32 "十三五"时期东北地区区域文化产业发展水平得分排序情况

单位：分

区域	2016 年	排序	2017 年	排序	2018 年	排序	2019 年	排序	2020 年	排序
东北地区	41.87	7	41.68	7	41.37	7	41.22	7	41.35	6
辽　宁	45.04	31	51.78	27	53.51	23	59.86	21	55.38	20
吉　林	56.20	25	51.72	28	50.81	28	43.19	31	51.23	27
黑龙江	51.36	30	50.26	29	42.78	31	60.62	19	49.37	28

五 "十三五"时期区域文化产业发展效率现状

长三角地区在"十三五"时期一直保持着文化产业发展效率最高的位置，除 2019 年外都保持着第 1 名的位置，尤其是在 2016 年，长三角地区的得分高出第 2 名东南地区接近 20 分。除 2019 年外东南地区在五年中一直保持着第 2 名的位置，得分在过去几年中有所波动，在 2019 年东南地区的得分 94.82 分、跃升至第 1 名，但在 2020 年又跌至第 2 名，总体而言，东南地区的文化产业发展效率仍有改进的空间。环渤海地区的文化产业发展效率排名在"十三五"时期保持在第3名的位置，得分呈下降趋势。中部地区和西南地区的文化产业发展效率排名在2018～2020年保持在第4名和第5名的位置，得分总体提高，这表明中部地区和西南地区已经开始重视文化产业的发展效率，并取得了一定的进展。东北地区的文化产业发展效率排名在过去五年中保持在倒数第1名的位置。尽管西北地区在2016年和2017年排名第4名，但整体呈下降趋势（见表33）。

表33　"十三五"时期区域文化产业发展效率得分排序情况

单位：分

区域	2016年	排序	2017年	排序	2018年	排序	2019年	排序	2020年	排序
长三角地区	98.55	1	93.67	1	88.18	1	84.28	2	90.13	1
东南地区	82.27	2	82.45	2	79.30	2	94.82	1	77.00	2
环渤海地区	74.80	3	73.17	3	64.89	3	61.46	3	64.57	3
中部地区	54.15	5	44.45	7	49.42	5	60.15	4	60.22	4
西南地区	53.44	6	49.54	6	50.57	4	58.13	5	54.13	5
西北地区	54.51	4	58.95	4	45.52	6	45.84	6	41.02	7
东北地区	44.77	7	49.72	5	42.04	7	42.00	7	46.64	6

除2019年外长三角地区在"十三五"时期发展效率均排名第1，虽然排名在2019年出现了下降，但在2020年迅速反弹。上海市在"十三五"时期排名一直在前列，得分也总体呈现升高的趋势，尤其是在2020年得分大幅度上升，使其成为长三角地区中的佼佼者。江苏省和浙江省在"十三五"时期中的得分和排名都处于全国前10，但仍然处于长三角地区的中游位置，尤其是江苏省在2017和2018年得分大幅下降，但在之后的年份有所回升，浙江省在2017年得分上升至全国首位，值得关注。安徽省在"十三五"时期中的得分虽有所提高，但仍然是长三角地区中得分和排名最低的省份（见表34）。

表34　"十三五"时期长三角地区区域文化产业发展效率得分排序情况

单位：分

区域	2016年	排序	2017年	排序	2018年	排序	2019年	排序	2020年	排序
长三角地区	98.55	1	93.67	1	88.18	1	84.28	2	90.13	1
上　海	79.43	2	76.50	3	75.77	2	68.64	5	84.09	1
江　苏	79.14	3	70.21	6	67.20	5	76.08	3	70.67	6
浙　江	74.34	4	79.09	1	75.55	3	78.62	2	78.81	4
安　徽	61.05	11	55.86	15	56.67	14	59.35	13	63.64	11

　　东南地区在"十三五"时期中发展效率排名稳定，但得分波动较大，从得分的变化趋势来看，得分在2017年略微上升，但在2018年和2020年则出现了明显下降，2019年的得分较其他年份明显提高，达到了94.82分，排名第1。其中，广东省在"十三五"时期中排名一直稳居东南地区第1名，得分波动较小。福建省在"十三五"时期中得分和排名都有所提高，但排名仍然处于东南地区的中游位置，从得分的变化趋势来看，虽然得分有小幅波动，但总体呈现升高的趋势。海南省在"十三五"时期中得分和排名都有所提高，但排名仍然在东南地区中的垫底位置，从得分的变化趋势来看，得分在2019年和2020年出现了下降，但在其他年份中呈现上升的趋势。2020年的得分比2016年的得分高了约7.18分，表明海南省在文化产业方面的投入和创新取得了一定成果，但仍需加大力度以提高发展效率的稳定性（见表35）。

表35　"十三五"时期东南地区区域文化产业发展效率得分排序情况

单位：分

区域	2016年	排序	2017年	排序	2018年	排序	2019年	排序	2020年	排序
东南地区	82.27	2	82.45	2	79.30	2	94.82	1	77.00	2
福　建	62.26	10	58.13	12	59.49	8	63.81	8	64.25	9
广　东	84.03	1	78.16	2	78.40	1	93.50	1	83.96	2
海　南	48.85	29	60.74	10	64.18	6	62.68	9	56.03	26

环渤海地区"十三五"时期的发展效率得分和排名变化趋势相对平稳，在 2016 年，环渤海地区的文化产业发展效率得分为 74.80 分，在七大区域中排名第 3，在 2017~2019 年，得分略有下降，但在 2020 年回升至 64.57 分，排名仍然稳定在第 3。其中，北京市在"十三五"时期的得分呈现波动的趋势，虽然在 2017 年和 2018 年得分有所下降，但在 2020 年再次上升，达到了 78.9 分，排名回升至第 3 名。天津市总体呈现提高的趋势，但 2019 年得分出现大幅下降，排名也有所下降，虽然在 2020 年得分有所回升，但仍然比 2017 年的得分低了近 10 分，需要进一步关注导致文化产业发展效率变化的影响因素。河北省在"十三五"时期中的得分和排名都呈现下降后又提升的趋势，虽然在 2020 年得分有所回升，但排名仍然下降至第 24。山东省在"十三五"时期中的得分和排名都呈现波动的趋势，虽然在 2016~2019 年得分逐年下降，但 2020 年得分又达到了 63.81 分，排名回升至第 10（见表 36）。

表 36　"十三五"时期环渤海地区区域文化产业发展效率得分排序情况

单位：分

区域	2016 年	排序	2017 年	排序	2018 年	排序	2019 年	排序	2020 年	排序
环渤海地区	74.80	3	73.17	3	64.89	3	61.46	3	64.57	3
北　京	73.44	5	71.95	4	71.30	4	73.05	4	78.90	3
天　津	58.13	13	69.86	7	58.76	11	55.53	19	60.22	16
河　北	55.53	18	50.41	26	46.59	27	54.00	23	57.11	24
山　东	72.56	7	64.28	9	59.24	10	58.53	15	63.81	10

中部地区在 2016 年的发展效率得分排名为第 5 名，但在接下来的四年中排名下降后又有所回升，得分呈现总体提升的趋势，特别是从 2018 年开始，中部地区的得分有较大幅度的提升，从 49.42 分上升至 2020 年的 60.22 分，提高了约 10.8 分。山西省在"十三五"时期中的排名总体呈下降趋势，排名从 2016 年的第 27 名下降至 2020 年的第 29 名，但得分从 51.15 分上升至 54.03 分。江西省的发展效率得分和排名总体呈现提高的趋势，特别是在 2020 年，江西省的得分达到 67.04 分、排名上升至第 8 名，相比 2016

年提升了约 10.63 分。河南省在 2019 年得分达到 62.12 分，排名上升至第 10 名，相比 2016 年提升了约 3.56 分，这表明河南省在文化产业方面的投入和创新正在逐步取得成果，发展效率逐步提升。湖北省和湖南省在"十三五"时期中的得分和排名总体呈现在波动趋势，特别是湖北省从 2018 年 57.17 分上升至 2020 年的 59.69 分，湖南省在 2017 年的得分有所下降，但在 2018~2020 年得分逐步上升（见表 37）。

表 37 "十三五"时期中部地区区域文化产业发展效率得分排序情况

单位：分

区域	2016 年	排序	2017 年	排序	2018 年	排序	2019 年	排序	2020 年	排序
中部地区	54.15	5	44.45	7	49.42	5	60.15	4	60.22	4
山　西	51.15	27	48.69	28	46.13	28	48.89	28	54.03	29
江　西	56.41	17	50.53	25	51.06	20	60.05	12	67.04	8
河　南	58.56	12	53.37	20	51.92	17	62.12	10	58.77	19
湖　北	57.19	15	56.21	14	57.17	12	66.61	6	59.69	17
湖　南	63.23	9	55.55	16	57.09	13	61.85	11	62.66	13

西南地区的发展效率得分和排名总体呈现增长趋势，但相对于其他地区，总体水平仍然较低。其中，四川省在 2016 年排名第 6、得分达到 72.84 分，之后得分和排名有所波动，但总体水平较高，2020 年得分为 67.48 分、排名第 7。重庆市在"十三五"时期得分和排名均有所提高，尤其是在 2020 年，得分和排名均有大幅上升，分别达到 63.43 分和第 12 名。2020 年贵州省的得分和排名在六个省区市中表现最差，得分仅为 55.73 分，在西南地区排名垫底。广西的得分和排名波动较大，尤其是在 2017 年和 2018 年排名都下降到 25 名以下，但在 2020 年，得分和排名均有大幅上升，分别达到 60.25 分和第 15 名。云南省的排名整体呈现上升后下降趋势，2020 年得分稍有上升，但排名下降至第 23 名，可以看出，云南省在文化产业发展效率方面在这五年内有所提升，但缺乏持续性。西藏自治区在"十三五"时期中得分和排名呈现稳步提高的趋势，在 2020 年，得分大幅上升到 70.72 分，排名也由 2019 年第 22 名上升至第 5 名（见表 38）。

表 38　"十三五"时期西南地区区域文化产业发展效率得分排序情况

单位：分

区域	2016 年	排序	2017 年	排序	2018 年	排序	2019 年	排序	2020 年	排序
西南地区	53.44	6	49.54	6	50.57	4	58.13	5	54.13	5
广　西	56.46	16	50.38	27	44.72	29	54.48	21	60.25	15
重　庆	55.27	19	53.86	19	51.48	19	59.30	14	63.43	12
四　川	72.84	6	64.96	8	62.81	7	66.45	7	67.48	7
贵　州	53.88	21	53.05	22	50.44	21	56.51	17	55.73	28
云　南	53.10	22	54.84	18	54.99	15	55.73	18	57.14	23
西　藏	45.57	31	48.60	29	48.71	23	54.36	22	70.72	5

西北地区在"十三五"时期的发展效率得分和排名均呈下降趋势，尤其是在 2018~2020 年，得分和排名均出现较大幅度的下降，2016 年的得分为 54.51 分、排名第 4 名，而在 2020 年的得分仅为 41.02 分，在七大区域排名垫底。内蒙古自治区在"十三五"时期中得分和排名波动较小，整体水平全国排名较后，说明内蒙古相较于西北地区的其他地区发展效率较低，且没有行之有效的刺激措施。陕西省的得分波动不大，但排名却在逐年下滑，2017 年的得分为 54.95 分、排名第 17，而在 2020 年的得分为 57.46 分、排名第 22。甘肃省的得分有一定上升，但排名呈下降趋势，2016 年的得分为 49.20 分、排名第 28，而在 2020 年的得分为 51.62 分、排名第 30。青海省在"十三五"时期中的得分和排名下滑明显，在 2020 年得分和排名下滑至 44.00 分和第 31 名。宁夏回族自治区的发展效率得分和排名总体呈上升趋势，尤其是在 2020 年，得分和排名都有大幅上升，分别为 58.22 分和第 20 名。新疆维吾尔自治区在"十三五"时期中得分波动较大，尤其是在 2017 年，得分突然上升至 70.74 分、排名第 5，但之后得分和排名均有所下降，2018 年和 2019 年得分为 59.25 分和 56.96 分，在 2020 年得分与排名稍有上升，但与 2017 年的差距还较大（见表 39）。

表39 "十三五"时期西北地区区域文化产业发展效率得分排序情况

单位：分

区域	2016年	排序	2017年	排序	2018年	排序	2019年	排序	2020年	排序
西北地区	54.51	4	58.95	4	45.52	6	45.84	6	41.02	7
内蒙古	52.70	25	52.00	24	47.03	25	50.66	26	55.92	27
陕　西	57.56	14	54.95	17	51.56	18	55.04	20	57.46	22
甘　肃	49.20	28	44.16	31	46.70	26	44.91	31	51.62	30
青　海	65.35	8	60.42	11	43.59	30	46.74	30	44.00	31
宁　夏	51.83	26	46.18	30	49.35	22	49.77	27	58.22	20
新　疆	48.52	30	70.74	5	59.25	9	56.96	16	60.25	14

东北地区在"十三五"时期中的发展效率得分和排名虽然在2017年和2020年有所上升，但总体发展效率较为低下，有3年处于七大区域倒数第1，这表明东北地区在文化产业发展效率的提升上还需要加大力度。辽宁省和吉林省在"十三五"时期中的得分和排名总体呈升高的趋势，但波动明显，其中，辽宁省的得分从2016年的52.82分上升至2020年的59.21分，排名从第23名上升至第18名，提升较为明显。吉林省的得分从2016年的52.80分上升至2020年的57.56分，排名从第24名上升至第21名。黑龙江省在"十三五"时期中的排名总体呈下降的趋势，与其他省份相比，得分和排名仍然较低，2016~2020年，得分提高了2.75分，但排名从第20名下降至第25名（见表40）。

表40 "十三五"时期东北地区区域文化产业发展效率得分排序情况

单位：分

区域	2016年	排序	2017年	排序	2018年	排序	2019年	排序	2020年	排序
东北地区	44.77	7	49.72	5	42.04	7	42.00	7	46.64	6
辽　宁	52.82	23	57.63	13	53.15	16	51.57	25	59.21	18
吉　林	52.80	24	52.62	23	47.28	24	52.61	24	57.56	21
黑龙江	54.13	20	53.05	21	42.71	31	48.12	29	56.88	25

六 "十三五"时期区域文化产业公共支撑现状

长三角地区的公共支撑排名在"十三五"时期波动较大,从 2016 年的第 5 名到 2019 年升至第 1 名,但在 2020 年又下降至第 4 名,得分在 2017 年和 2019 年较高,分别为 92.10 和 98.65,其他年份相对较低。东南地区整体表现较稳定,排名一直位居前 3,2016 年和 2018 年均获得第 1 名,得分在五年间都较高,尤其在 2016 年、2018 年达到了 88.4 分和 86.31 分。环渤海地区的排名在五年间波动较小,前三年排名均位于第 2,但在 2019 年和 2020 年降至第 4 名和第 7 名,得分以 2017 年的 80.01 分为最高。中部地区表现稳定,排名基本保持在中游,从 2016 年的第 4 名上升至 2020 年的第 2名,2020 年得分明显提升至 84.58 分。西南地区排名波动较大,从 2016 年的第 3 名到 2019 年升至第 2 名,但在 2020 年下降至第 6 名。西北地区在"十三五"时期前四年排名相对较低,但在 2020 年实现突破,获得第 1 名,2020 年的 90.28 分是五年间最高分。东北地区整体表现较弱,排名始终位于后 3 名(见表 41)。

表 41 "十三五"时期区域文化产业公共支撑得分排序情况

单位:分

区域	2016 年	排序	2017 年	排序	2018 年	排序	2019 年	排序	2020 年	排序
长三角地区	72.00	5	92.10	1	60.89	5	98.65	1	57.30	4
东南地区	88.40	1	76.44	3	86.31	1	75.10	3	71.27	3
环渤海地区	79.41	2	80.01	2	72.73	2	73.42	4	55.30	7
中部地区	75.76	4	55.53	4	55.46	6	72.61	5	84.58	2
西南地区	75.85	3	49.19	6	63.43	3	75.49	2	56.67	6
西北地区	58.63	6	49.02	7	61.70	4	48.60	7	90.28	1
东北地区	46.90	7	49.87	5	41.10	7	49.68	6	56.74	5

在"十三五"时期,长三角地区排名呈现波动趋势,体现出其公共支撑的不稳定性,缺乏持续的公共支撑。其中,上海的排名波动较大,最高

排名为 2017 年的第 1 名，最低排名为 2020 年的第 17 名，2017 年的得分为 95.68 分，为五年间最高，而 2019 年的得分为 62.70 分，为五年间最低，江苏的排名在五年间也呈现波动趋势和不稳定性，大部分时间位于前 10 名，最高排名为 2019 年的第 1 名，最低排名为 2018 年的第 20 名，2019 年的得分为 84.33 分，为五年间最高，而 2018 年的得分为 49.46 分，为五年间最低。最高和最低年份间相差了近 20 名和近 35 分。浙江在五年间的得分排名变化较大，2019 年的得分最高、排名第 4，而 2020 年的排名最低为第 20。安徽在五年间的得分和排名整体下降，从 2016 年的第 17 名到 2020 年的第 29 名，得分方面在 2019 年触底反弹，得到 71.70 分，但 2020 又断崖式下降至 49.71 分，最低得分出现在 2018 年，为 44.40 分（见表 42）。

表 42　"十三五"时期长三角地区区域文化产业公共支撑得分排序情况

单位：分

区域	2016 年	排序	2017 年	排序	2018 年	排序	2019 年	排序	2020 年	排序
长三角地区	72.00	5	92.10	1	60.89	5	98.65	1	57.30	4
上　海	69.57	10	95.68	1	64.18	5	62.70	14	65.71	17
江　苏	72.74	7	72.93	6	49.46	20	84.33	1	68.65	15
浙　江	65.99	14	77.86	4	59.10	9	78.99	4	63.74	20
安　徽	62.62	17	61.47	19	44.40	29	71.70	8	49.71	29

东南地区在 2016 年和 2018 年均排名第 1 名，而在 2017 年、2019 年和 2020 年均排名第 3 名，这表明东南地区的得分排名存在较小波动，总体得分情况较好。福建的得分情况在五年内波动较大，2016 年得分为 62.44 分、排名第 18，2017 年得分提高到了 71.96 分、排名第 8，但到了 2018 年得分又下降到了 47.35 分、排名第 24，到了 2019 年，福建的得分再次提高到了 79.94 分、排名第 2，但到了 2020 又下降到了 58.48 分、排名第 25，这表明福建的文化产业公共支撑得分情况较为不稳定。广东的得分情况 2016~2017

年较为稳定，分别排名第1和第2，但后三年迅速下滑，2018年和2019年分别排名第11和第12，2020年排名第14。海南的公共支撑情况在五年内同样波动较大，2016年和2017年分别排名第23和第14，但值得关注的是2018年得分提高到了84.37分、排名第1，到了2019年又下降到了52.55分、排名为第27，这表明海南的文化产业公共支撑得分情况也比较不稳定（见表43）。

表43　"十三五"时期东南地区区域文化产业公共支撑得分排序情况

单位：分

区域	2016年	排序	2017年	排序	2018年	排序	2019年	排序	2020年	排序
东南地区	88.40	1	76.44	3	86.31	1	75.10	3	71.27	3
福　建	62.44	18	71.96	8	47.35	24	79.94	2	58.48	25
广　东	91.39	1	81.98	2	56.84	11	66.43	12	68.75	14
海　南	56.67	23	63.55	14	84.37	1	52.55	27	81.79	3

"十三五"时期，环渤海地区的得分排名存在较大的波动，但总体得分情况较好，在2016~2018年环渤海地区均排名第2，而在2019年排名第4，2020年下降至第7名。北京在2016年得分为59.72分、排名第21，但到了2017年得分提高到了80.17分、排名第3，之后在2018年和2019年分别排名第2和第13，2020年排名第10。这表明北京的文化产业公共支撑得分情况在五年内波动较大，但总体得分情况较好。天津在"十三五"时期，公共支撑呈现下降趋势，2016年得分为76.05分、排名第5名，但到了2017年得分下降到了68.48分、排名第10名，之后在2018年和2019年分别排名第19名和第29名，2020年排名第31名。河北的文化产业公共支撑得分总体趋势基本稳定，虽然得分在2018年有所下降，但在2019年后又回升到了较高水平。山东的公共支撑得分在五年内呈现较大波动，在2018年和2020年下滑较为明显，2018年排名下降12名，得分下降23.90分，虽在2019年有所回升，但2020再次大幅度下滑，排名下滑23名，得分下降23.35分，处于近年来的最低水平（见表44）。

表 44　"十三五"时期环渤海地区区域文化产业公共支撑得分排序情况

单位：分

区域	2016 年	排序	2017 年	排序	2018 年	排序	2019 年	排序	2020 年	排序
环渤海地区	79.41	2	80.01	2	72.73	2	73.42	4	55.30	7
北　京	59.72	21	80.17	3	79.24	2	64.91	13	73.16	10
天　津	76.05	5	68.48	10	49.75	19	48.23	29	45.88	31
河　北	67.58	12	69.11	9	53.68	15	69.44	9	68.47	16
山　东	78.31	4	74.16	5	50.26	17	71.87	7	48.52	30

"十三五"时期，中部地区的公共支撑得分在 2016 年、2019 年和 2020 年相对较高，但在 2017 年和 2018 年有所下降，2020 年取得的成绩尤为突出，排名提升至第 2，这表明在这一时期内，中部地区文化产业公共支撑的发展受到一定的政策或环境因素的影响，需要关注其政策导向及发展战略。山西省的文化产业得分在这五年间呈现持续上升趋势，2018 年和 2020 年达到前 10 名的成绩，尽管 2019 年排名有所下降，但整体表现仍然不错。江西省的文化产业得分在这五年间波动较大，排名始终在 12~21 名。河南省的文化产业得分波动明显，在 2019 年大幅上升，排名全国第 3，但 2020 年大幅下降至倒数第 3。湖北省的得分和排名在 2019 年达到最高点，但在 2020 年有所下降，这表示湖北在某些方面已经具备了较好的文化产业公共支撑条件，但仍需关注持续发展和稳定性。湖南省在 2016 年取得了很好的成绩，但随后总体下降，2020 年排名在中部地区倒数第 2，这表明湖南在文化产业公共支撑方面的政策或资源投入出现了问题，或者在一定程度上受到了其他外部因素的影响（见表 45）。

西南地区在"十三五"时期的得分和排名波动较大，在 2019 年取得较好成绩，得分达到 75.49 分、排名第 2 名，然而，在 2017 年和 2020 年，得分和排名均有所下降，2016~2020 年，得分下降了 19.18 分、排名从第 3 名降至第 6 名。四川省和贵州省在"十三五"时期中的得分和排名有一定波动，但整体呈现稳定发展趋势，四川省的得分在 2016 年为 66.63 分，2020 年增长为 70.62 分，排名没有变化；贵州省的得分从 2016 年的 63.73 分

表 45　"十三五"时期中部地区区域文化产业公共支撑得分排序情况

单位：分

区域	2016 年	排序	2017 年	排序	2018 年	排序	2019 年	排序	2020 年	排序
中部地区	75.76	4	55.53	4	55.46	6	72.61	5	84.58	2
山　西	52.96	26	60.61	22	68.60	4	56.60	24	78.26	8
江　西	65.25	15	60.74	21	50.25	18	60.74	17	71.58	12
河　南	61.39	20	63.24	15	45.78	27	79.05	3	51.98	28
湖　北	75.42	6	64.14	13	54.87	13	75.43	5	59.23	23
湖　南	81.35	2	67.57	11	47.79	23	60.72	18	53.21	27

下降至 2020 年的 59.16 分，排名从 16 名降至 24 名。广西、重庆和云南在"十三五"时期中的得分和排名呈现不同的变化趋势。广西从 2016 年的 50.06 分上升至 2020 年的 77.98 分，排名从第 28 名上升至第 9 名；重庆从 2016 年的 70.94 分降至 2020 年的 54.98 分，排名从第 9 名降至第 26 名；云南从 2016 年的 79.40 分降至 2020 年的 64.55 分，排名从第 3 名降至第 19 名。这表明广西在公共支撑的投入和创新表现出较强的上升势头，云南和重庆公共支撑却在这五年内受到影响。西藏在"十三五"时期中的得分和排名表现出较为明显的上升趋势，从 2016 年的 57.42 分大幅上升至 2020 年的 97.89 分，排名从第 22 名上升至第 1 名，西藏在公共支撑方面的投入和创新取得了显著成果，应继续保持发展势头（见表 46）。

表 46　"十三五"时期西南地区区域文化产业公共支撑得分排序情况

单位：分

区域	2016 年	排序	2017 年	排序	2018 年	排序	2019 年	排序	2020 年	排序
西南地区	75.85	3	49.19	6	63.43	3	75.49	2	56.67	6
广　西	50.06	28	55.88	28	46.84	25	60.90	16	77.98	9
重　庆	70.94	9	62.43	17	45.83	26	72.92	6	54.98	26
四　川	66.63	13	62.26	18	53.12	16	67.54	11	70.62	13
贵　州	63.73	16	56.20	27	45.68	28	57.19	23	59.16	24
云　南	79.40	3	55.40	29	47.88	22	57.99	21	64.55	19
西　藏	57.42	22	59.81	23	75.60	3	67.93	10	97.89	1

西北地区在"十三五"时期中的得分和排名总体呈现不稳定的趋势，在2020年取得了很好的成绩，得分90.28分、排名第1，但在2017年和2019年，排名都位于七大区域最末。其中，内蒙古在"十三五"时期的得分和排名整体总体呈现上升的趋势，从2016年的49.37分上升至2020年的80.79分，排名从第30名上升至第4名。陕西省的得分在这五年间波动较大，但总体上升，在2020年排名提升至第5名。甘肃省、青海省和宁夏在"十三五"时期中的得分和排名表现呈现不同的变化趋势。其中，甘肃省在2016~2018年得分逐年上升，但在2019年有所下降。青海省的得分在五年间波动较大，但在2020年取得了较好的成绩，排名第2。宁夏的公共支撑得分与排名呈现波动趋势，其中在2017年和2019年相较上一年有所下降，但在2020上升到峰值，得分为78.38分、排名第7。新疆在"十三五"时期中的得分和排名总体呈上升趋势，但相较于其他地区，其得分和排名较低，尽管在2018年后排名有所上升，但2020年排名仅为第18名（见表47）。

表47 "十三五"时期西北地区区域文化产业公共支撑得分排序情况

单位：分

区域	2016年	排序	2017年	排序	2018年	排序	2019年	排序	2020年	排序
西北地区	58.63	6	49.02	7	61.70	4	48.60	7	90.28	1
内蒙古	49.37	30	72.43	7	58.34	10	49.68	28	80.79	4
陕　西	69.28	11	65.12	12	61.24	7	46.58	30	79.52	5
甘　肃	53.16	25	57.33	26	61.60	6	53.39	26	78.70	6
青　海	49.50	29	61.20	20	59.66	8	57.46	22	88.05	2
宁　夏	72.07	8	52.64	31	55.59	12	53.70	25	78.38	7
新　疆	51.36	27	55.14	30	49.19	21	60.41	19	65.06	18

在"十三五"时期，东北地区的公共支撑得分和排名总体呈提高的趋势。尽管2018年得分较低，但在2020年取得较好成绩，2016~2020年，得分提高了9.84分，排名从第7名上升至第5名。其中，辽宁的得

分和排名呈上升趋势。2016~2020年，得分提高了7.55分，排名从第24名上升至第22名。吉林的得分波动较大，排名呈上升趋势，尽管2019年得分较低，但在2020年实现了显著提升，2016~2020年，得分提高了23.16分，排名从第31名上升至第11名。黑龙江的得分呈现下降后上升的趋势，2016~2020年得分提高了0.3分，但排名从第19名下降至第21名（见表48）。

表48 "十三五"时期东北地区区域文化产业公共支撑得分排序情况

单位：分

区域	2016年	排序	2017年	排序	2018年	排序	2019年	排序	2020年	排序
东北地区	46.90	7	49.87	5	41.10	7	49.68	6	56.74	5
辽　宁	53.90	24	62.75	16	42.96	30	61.98	15	61.45	22
吉　林	48.64	31	57.62	24	54.55	14	44.19	31	71.80	11
黑龙江	62.13	19	57.60	25	41.72	31	58.16	20	62.43	21

七 "十三五"期间区域文化产业竞争力综合评述

（一）非均衡性——区域文化产业竞争力的基本特征

"十三五"时期，中国区域文化产业体现出非均衡性发展的特征，不同的区域间、同一区域的不同省份间的竞争力存在差距，同时，在各一级指标的水平上也体现出非均衡性。在不同的区域间的综合竞争力方面，长三角地区在一直保持着较大的优势，得分和排名远高于其他地区，而东北地区的综合竞争力得分和排名持续落后，两者"十三五"时期的平均分差达到了41.5分。在发展基础方面，长三角地区、东南地区和环渤海地区的得分相对较高，而中部地区、西南地区、西北地区和东北地区的得分相对较低。在需求能力方面，长三角地区、环渤海地区、中部地区和西南地区的得分和排名较高，而东北地区的得分和排名一直处于最低水平，这反映了不同区域在文化产业需求能力方面的非均衡性。从发展水平和发展效率来看，长三角地区和东南地区的得分和排名较高，而西北地区和东北地区的得分和排名相对较低。在公共支撑方面，不同区域的得分和排名差距较大，如西北地区在2020年的得分90.28分名列第1，而环渤海地区在同一年的得分55.30分排名第7。在同一区域的不同省份间，长三角地区的四个省市，上海市在"十三五"时期的各项得分与排名除2020年外均处于全国的中上游水平，而安徽省则一直徘徊在全国的中下游水平。2020年西南区域的公共支撑得分与排序中，西藏名列榜首，而重庆、贵州则排到了第26名、第24名。这些都体现出非均衡性已成为"十三五"时期区域文化产业竞争力的基本特征。

（二）不稳定性——区域文化产业竞争力的变化趋势

"十三五"时期，全国各区域和各省份的区域竞争力呈现出不稳定性，年度得分与排名波动明显。其中波动较为明显的是综合竞争力、需求能力、公共支撑这三项指标。综合竞争力方面，长三角地区在五年中一直保持排名第1，但其得分在2018年和2020年有所下降。环渤海地区在2017年和2020年超过东南地区排名第2。省域间，山东省的排名变化也比较明显，在2016年排名第6，2017年排名第6，2018年排名第13，2019年排名第13，2020年排名第8。需求能力方面，长三角地区在2016~2019年一直领先，但在2020年排名下降至第4。环渤海地区在2016年排名第2，之后在2020年升至第1。值得关注的是，长三角地区在2020年的得分较2019年下降了近24分。省域间，天津的波动最为明显，2016~2017年，天津的得分和排名都有明显上升，排名从第20名提升到第4名。然而，2017~2020年，天津的得分持续下降，排名也逐年下滑，从第4名跌至第31名。在公共支撑方面，长三角地区在2019年的得分飙升至98.65分、排名第1，但在2020年排名又降至第4。西北地区在"十三五"时期排名和得分波动较大，从2018年的排名第4，到2019年的排名最后，在2020

年的得分大幅上升至 90.28 分，超过其他地区排名第 1。省域间，海南的波动趋势最不稳定，2016~2018 年，海南的得分和排名大幅上升，排名从第 23 名上升至第 1 名。在 2019 年海南的得分和排名急剧下降，排名跌至第 27 名，在 2020 年海南的得分和排名再次迅速上升，排名提升至第 3 名。这些波动变化表明不同区域在文化产业发展的各个方面受到不同因素的影响，与政策调整、区域经济发展、基础设施投资以及人口流动等多种因素相关。

（三）新冠疫情——区域文化产业竞争力波动的影响因素

2020 年，新冠疫情对全球经济和社会发展产生了严重影响。从数据中可以看到 2020 年各区域在多个指标上的得分普遍下降，疫情对各区域文化产业发展产生了负面影响，加大了不稳定性。在疫情影响下，长三角地区的综合竞争力得分从 2019 年的 92.25 分降至 2020 年的 79.25 分，下降幅度较大。发展基础方面，尽管环渤海地区和东北地区在 2020 年的发展基础得分上升，但其他地区在 2020 年的发展基础得分普遍下降，如长三角地区从 2019 年的 97.39 分降至 2020 年的 81.52 分。需求能力方面，2020 年七大区域得分呈三降四升态势，其中东南地区和东北地区小幅下降，长三角地区从 2019 年的 87.76 分降至 2020 年的 63.90 分，但环渤海地区、中部地区、西南地区和西北地区在 2020 年的需求能力得分分别上升至 85.33 分、73.59 分、73.53 分和 60.24 分，与 2019 年相比分别上升了 4.54 分、1.2 分、15.04 分和 8.64 分。发展水平方面，除中部地区和西北地区得分呈下降趋势，其余五大区域都呈现上升态势，其中，环渤海地区上升了 8.24 分，涨幅最大，而中部地区下降 20.28 分，下滑明显。公共支撑方面，2020年，各区域得分变化均有不同特点，长三角地区得分从 2019 年的 98.65 分降至 2020 年的 57.30 分，而西北地区得分从 2019 年的 48.60 分上升至 2020 年的 90.28 分。疫情对不同区域的影响因素有很多，包括政策应对、产业结构等。与长三角、东南和环渤海等地区相比，西南和西北等地区的疫情严重程度相对较轻，从而受疫情影响较小。不同地区在疫情期间采取的政策和措施有所差异，西南和西北等地区在政策调整、产业扶持和企业复工等方面采取的措施较为迅速和有效，缓解了疫情对文化产业发展的负面影响。西南和西北等地区的文化产业结构与其他地区不同，部分文化产业更具抗风险能力，在疫情期间依然具有较强需求，或者能够迅速转型适应线上运营等新形势。

专 题 篇
Thematic Reports

B.10
公共文化服务与旅游融合发展报告

耿 达 吴紫伊*

摘 要： 在文化和旅游融合政策驱动、现代公共文化服务体系逐步完善和旅游产业转向内涵式发展等基础条件上，公共文化服务与旅游融合发展有了纵深拓展的可能。但是，公共文化服务与旅游融合在服务性质、服务产品、服务对象方面还存在公益性与经营性、普及型与提高型、本地居民与外地游客之间的张力。目前，浙江、云南等地在公共文化空间建构、公共文化活动开展等方面进行了融合发展实践，取得了不错的效果。基于文化认同和文化体验的耦合效应，公共文化服务与旅游融合发展需要在新理念、新环境、新空间、新方式等方面不断优化融合的机制与路径。

关键词： 公共文化服务 旅游产业 文化产业 融合发展

* 耿达，云南大学民族学与社会学学院助理研究员，历史学博士，公共管理学博士后，硕士研究生导师，主要研究方向：公共文化与文化产业；吴紫伊，云南大学历史与档案学院硕士研究生，主要研究方向：公共文化服务。

2018 年以来，在"以文促旅，以旅彰文"的理念指导下，文化和旅游融合在各个方向各个层面深入进行展开。但是，由于存在事业与产业、公益性与经营性之间的结构张力，公共文化服务与旅游融合发展在具体的实践场景和理论研究上还较为缺乏[①]。目前相关研究主要是按照公共服务行政管理职责的范围尝试构建文化和旅游公共服务体系[②]，这种融合的思路和路径过于简单化和行政化，仅仅停留在相关具体物理空间中的功能融合，容易产生"拉郎配"的随意拼贴点缀与组装现象。因此，公共文化服务与旅游融合需要在大公共文化服务体系的概念上与整个旅游产业链条进行融合探索，为文化和旅游深度融合发展提供支持。本研究报告在梳理公共文化服务与旅游融合发展的基础上，通过相关资料和数据分析其融合发展的基本态势，对融合发展过程中存在的问题进行探讨，并结合相关实践案例，提出公共文化服务与旅游融合发展的优化路径。

一 公共文化服务与旅游融合发展的基础条件

在文化和旅游的组织机构、管理职能进行整合后，需要深入分析不同行业领域的发展基础。公共文化服务与旅游二者各自成体系，具有大相径庭的发展轨迹，在文化和旅游融合的背景下，促进公共文化服务与旅游融合发展需要关注相关知识背景与发展条件。

（一）文化和旅游融合政策驱动

文化和旅游在文化身份认同的基础上具有"体用一致性"[③]。2018 年文化和旅游部组建后，明确了"宜融则融，能融尽融，以文促旅，以旅彰文"

---

① 耿达、饶蕊：《文旅融合背景下公共文化服务的内涵拓展与模式创新》，《图书馆》2021 年第 2 期。
② 李国新、李阳：《文化和旅游公共服务融合发展的思考》，《图书馆杂志》2019 年第 10 期。
③ 傅才武：《论文化和旅游融合的内在逻辑》，《武汉大学学报》（哲学社会科学版）2020 年第 2 期。

的工作思路，并出台一系列政策促进文化和旅游在理念、职能、产业、市场、服务、交流等各层面的融合发展路径。文化和旅游部门组建后，在行政部门系统中设置了"公共服务"管理单元（厅、处、科、股），以统一管理公共文化服务与旅游公共服务的具体工作，并开展了机构功能融合试点工作，一共在全国遴选了第一批 172 个试点单位，主要在公共图书馆、文化馆、旅游服务中心、乡镇综合文化站、基层综合性文化服务中心等公共服务机构展开，以推动公共文化和旅游公共服务机构资源共享和整体效能提升。2019 年 3 月印发的《2019 年全国基层文化和旅游公共服务队伍培训工作计划》从公共服务人才队伍的融合发展意识、技能培训抓起，通过人才队伍建设来促进文化和旅游深度融合。2019 年 8 月后，国家文化和旅游消费示范城市、国家文化和旅游消费试点城市、国家级夜间文化和旅游消费集聚区建设和全国文化和旅游消费季活动等一系列工作开展，深入挖掘地方要素禀赋、资源优势和文化内涵，促进文化和旅游深度融合和协同发展，丰富新型文化和旅游业态，培育文化和旅游消费新模式。

文化和旅游融合政策驱动的力度不仅体现在政策体系的不断完善上，还突出地体现在文化和旅游事业费的持续增长方面。数据显示，2020 年全国文化和旅游事业费为 1088.26 亿元，是 2010 年的 3.37 倍（见图 1）；全国文化和旅游事业费占国家财政的比重逐年稳健提升，由 2010 年 0.36%提升至 2020 年的 0.44%[①]。文化和旅游事业费的稳步增长，使城乡居民的文化权益和文化旅游消费需求能够得到有效保障，也为文化和旅游融合发展提供了坚实的基础。

（二）现代公共文化服务体系逐步完善

自 2005 年党的十六届五中全会正式提出公共文化服务的概念以来，党和国家高度重视，一系列的政策法规陆续发布。相关研究指出，2000～2017

---

① 中华人民共和国文化和旅游部编《中国文化文物和旅游统计年鉴 2022》，国家图书馆出版社，2021，第 4 页。

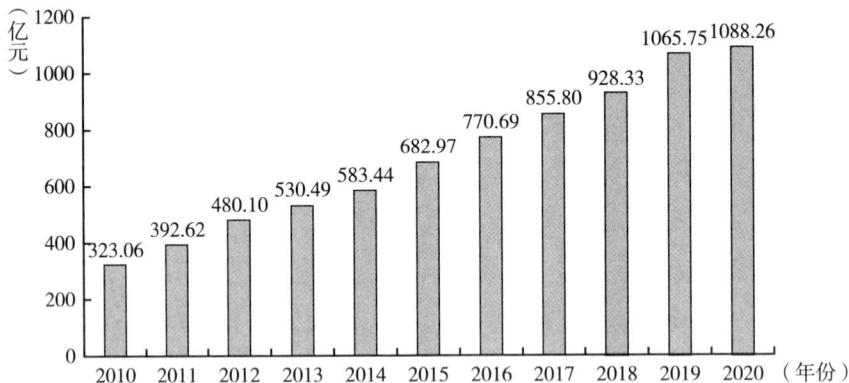

图1　2010～2020年全国文化和旅游事业费基本情况

资料来源：《中国文化文物和旅游统计年鉴2022》。

年，中央层面出台的公共文化服务政策文件共有139份，通过政策文本的内容分析，发现我国公共文化服务政策不断完善，"覆盖内容丰富化""辐射范围广泛化"①。2018年文化和旅游机构融合后，关于公共文化服务的政策出台有增无减。公共文化服务在国家行政力量主导下完整地经历了"十一五""十二五""十三五"三个五年规划时期建设，覆盖城乡的目标已基本实现，正迈进"十四五"高质量发展阶段。公共文化服务体系建设呈现了逐步由"点"到"面"并由"量"到"质"的推进过程。"十一五"时期的重点内容是以广播电视"村村通"、农村电影放映、乡镇综合文化站建设和文化信息资源共享"四大文化惠民工程"抓好基层文化建设，"十二五"时期的重点内容是推进城乡公共文化服务网络"全覆盖"，"十三五"时期的重点内容是促进公共文化服务标准化均等化。公共文化服务发展在前期"量的增长"的累积下逐渐实现"质的提升"，实现从"有没有""够不够"到"好不好""精不精"的转型升级。

数据显示，全国公共图书馆2005年有2762个，2010年有2884个，

---

① 李少惠、王婷：《我国公共文化服务政策的演进脉络与结构特征——基于139份政策文本的实证分析》，《山东大学学报》（哲学社会科学版）2019年第2期。

2015 年有 3139 个，到 2020 年有 3212 个；全国博物馆 2005 年有 1581 个，
2010 年有 2435 个，2015 年有 3852 个，到 2020 年有 5452 个；全国群众文
化机构（群艺馆、文化馆、文化站）2005 年有 42588 个，2010 年有 43382
个，2015 年有 44291 个，到 2020 年有 43687 个（见图 2）。这表明经过"十
一五""十二五"期间城乡公共文化服务设施网络的大力建设，公共文化服
务设施网络已基本建成，基本实现了"全覆盖"的目标。而且由于城镇化
发展的需要，乡镇文化站有减少的趋势。数据显示，2017~2020 年，乡镇文
化站的数量逐年递减，2017 为 33997 个，2018 年为 33858 个，2019 年为
33530 个，到 2020 年为 32825 个。全国城乡公共文化服务设施网络在达到
一定数量后，需要注重服务效能的提升，因此提质增效成为"十三五"时
期公共文化服务体系建设的一个重点任务，也是"十四五"时期公共文化
服务高质量发展需要进一步巩固提升的重要方面。

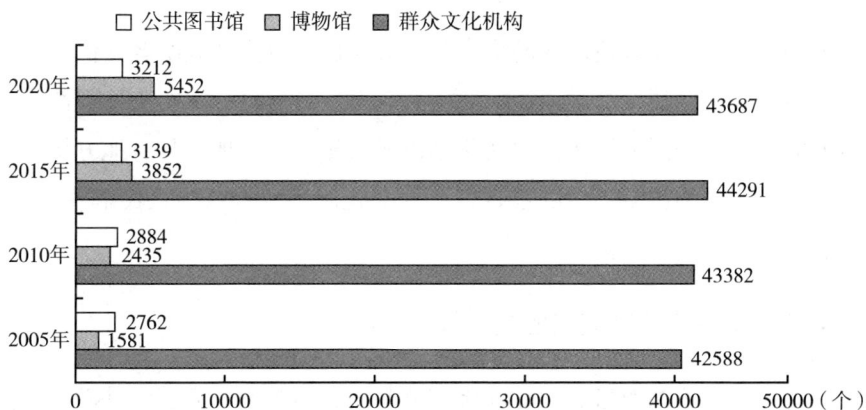

图 2　全国主要公共文化服务机构数量发展情况

资料来源：国家统计局 2005~2020 年度数据。

公共文化服务效能的提升关键在于公共文化活动的常态化开展，提升居
民公共文化参与率与满意度。以群众文化服务机构为例，2015~2019 年，组
织文艺活动、举办训练班、举办展览这三项群众文化服务机构的常规活动的
数量与质量都有明显的提升，活动次数的年均增长率分别为 9.10%、

13.30%、3.40%，参加活动人次的年均增长率分别为 10.92%、8.72%、3.76%。受新冠疫情影响，2020 年全国群众文化服务机构开展组织文艺活动、举办训练班、举办展览的次数及人次相比 2019 年都有一定程度的回落，但正在积极探索利用数字化手段开展线上文化服务（见表 1）。

表 1　2015～2020 年全国群众文化服务机构发展情况

项目	2015 年	2016 年	2017 年	2018 年	2019 年	2020 年
组织文艺活动(万次)	96	107	111	123	136	109
参加文艺活动人次(万人次)	39728	42337	48183	53950	60137	43134
举办训练班次(万次)	54	59	68	77	89	67
参加培训人次(万人次)	3868	4250	4494	4961	5404	3931
举办展览(万个)	14	15	15	16	16	14
参观展览人次(万人次)	10752	10786	10711	11041	12465	8692

资料来源：国家统计局 2015～2020 年度数据。

公共文化服务体系建设的网络完善与效能提升也为外地游客提供了具有地方感与体验性的文化活动内容，对旅游业发展产生了一定的正外部性。许多地方的博物馆、图书馆等公共文化场馆成为旅游打卡地，具有地方特色的文化创意产品成为旅游消费的爆款。公共文化服务机构成为人民群众休闲、学习、参观、游览的好去处。

（三）旅游产业转向内涵式发展

在物质生活不断改善、文化和旅游公共服务体系不断完善的基础上，城乡居民也愈来愈愿意走出家门，去游览祖国的大好河山、品味中华民族优秀传统文化。数据显示，2015～2019 年，国内游客从 4000 百万人次增长至 6006 百万人次，其中城镇居民国内游客从 2802 百万人次增长至 4471 百万人次，农村居民国内游客从 1188 百万人次增长至 1535 百万人次，年均增长率分别为 12.39%、6.62%；国内旅游总花费从 34195.1 亿元增长至 57250.9 亿元，其中城镇居民国内旅游总花费从 27610.9 亿元增长至 47509.0 亿元，农村居民国内旅游总花费从 6584.2 亿元增长至 9741.9 亿元，年均增长率分别为 14.53%、10.29%；国内旅游人均花费从 857.0 元增长至 953.3 元，其中城镇居民国内旅游人均花费从 985.5 元增长至 1062.6 元，农村居民国内旅游人均花费从 554.2 元增长至 634.6 元，年均增长率分别为 1.90%、3.44%。到 2020 年，受新冠疫情影响，国内居民旅游消费环境受到严重影响，但一旦环境好转，旅游需求将得到极大释放（见表 2）。

表 2　2015~2020 年国内居民旅游情况

项目	2015 年	2016 年	2017 年	2018 年	2019 年	2020 年
国内游客（百万人次）	4000	4440	5000	5539	6006	2879
城镇居民国内游客（百万人次）	2802	3195	3676	4119	4471	2065
农村居民国内游客（百万人次）	1188	1240	1324	1420	1535	814
国内旅游总花费（亿元）	34195.1	39390.0	45660.7	51278.3	57250.9	22286.3
城镇居民国内旅游总花费（亿元）	27610.9	32241.3	37673.0	42590.0	47509.0	17966.5
农村居民国内旅游总花费（亿元）	6584.2	7147.8	7987.7	8688.3	9741.9	4319.8
国内旅游人均花费（元）	857.0	888.2	913.0	925.8	953.3	774.1
城镇居民国内旅游人均花费（元）	985.5	1009.1	1024.6	1034.0	1062.6	870.3
农村居民国内旅游人均花费（元）	554.2	576.4	603.3	611.9	634.6	530.5

资料来源：国家统计局 2015~2020 年度数据。

近几年，以博物馆游、民族民俗文化游、乡村文化游、红色文化游等一系列地方特色文化资源为内容的旅游市场非常火爆，旅游的文化内涵得到显著增强。《艾媒报告 | 2019 中国全域旅游大数据监测及其典型区域与典型产业剖析报告》显示，截至 2018 年底，农业农村部已创建 388 个全国休闲农业和乡村旅游示范县（市），推介了 710 个中国美丽休闲乡村。2018 年，全国休闲农业和乡村旅游接待人次达 30 亿人次，营业收入达 8000 亿元[①]。乡村旅游已从最初的"农家乐"发展到融乡村观光、休闲、度假于一体的复合性功能结构，逐渐向"乡村文化+旅游"的方向发展。2021 年 7 月，云南省文化和旅游厅发布了 60 条红色旅游线路，覆盖云南 16 个州市，充分运用

---

① 《2019 中国乡村旅游市场发展现状与前景分析》，https：//www.iimedia.cn/c1020/65383.html，最后检索时间：2021 年 9 月 1 日。

红色旅游景点、重要历史事件及人物活动纪念地、革命类纪念馆（陈列馆）、重要机构旧址等资源，经过精心策划设计，将云南丰富的红色旅游资源串联起来，让游客在行走中接受红色文化熏陶、在探索创新中传承红色基因。同时，"游云南"App上线了云南红色文化旅游专辑，内容涵盖省级示范线路、红色旅游线路、红色景点推荐、红色旅游产品体验、红色档案以及红色学习动态。云南还推出了"七彩云南"千人文旅志愿服务团，该服务团在云南省重点机场、火车站、汽车客运站、旅游集散中心、景区景点、公共文化场馆开展文化和旅游志愿服务活动①。

在文化和旅游融合政策驱动、现代公共文化服务体系逐步完善和旅游产业转向内涵式发展等基础条件上，公共文化服务与旅游融合有了纵深拓展的可能。各地积极拓展公共文化设施的旅游服务功能，鼓励文化场馆对游客开放、对旅游景区和旅游线路进行推介，把具备条件的公共文化场馆打造成为吸引居民和游客的"文化客厅"。如昆明市文化馆充分开展"非遗+旅游"融合新模式，上演传统滇剧和花灯的精彩表演，展示优秀的非物质文化遗产，吸引了大量本地居民与外地游客。丽江古城历史文化展馆在展现古城发展历史的同时，对旅游景区和旅游路线进行宣传和讲解，向市民和游客提供公共文化服务之余也带动了旅游业的发展。另外，各地方景区也不断丰富旅游场所的文化元素，在景区开展各项文化惠民活动、讲座，发放宣传品，提供旅游咨询，把旅游公共场所打造成传播文明、体验文化和展示风土人情的重要窗口。公共文化服务与旅游的有效融合，提升了人民群众文化和旅游消费的参与度与满意度。

二 公共文化服务与旅游融合发展存在的领域差异

虽然公共文化服务与旅游融合发展有着上述基础条件的支撑，也具备耦

---

① 《云南发布 60 条红色旅游线路》，https：//www.mct.gov.cn/whzx/qgwhxxlb/yn/202107/t20210709_ 926314. htm，最后检索时间：2021 年 9 月 1 日。

合效应。但也需要注意到，公共文化服务与旅游是迥然有别的发展体系，它们各自依不同的规律独立发展，服务于不同的利益相关群体，达成不同的目的，在社会中扮演着不同的角色。虽然文化和旅游部门已经整合组建运行，但是目前公共文化服务与旅游部门的从业人员在很大程度上依然是各自为政运作的。这在根本上是因为公共文化服务与旅游在服务性质、服务产品、服务对象方面还存在公益性与经营性、普及型与提高型、本地居民与外地游客之间的结构性张力。因此，亟须剖析问题、厘清思路、找准融合点、打通融合通道，为更好地促进公共文化服务与旅游融合并深化文化和旅游融合发展提供理论参照（见表3）。

表3　公共文化服务与旅游之比较

项目	公共文化服务	旅游
结构	政府主导	市场主导
目标	社会目标,公益性	商业目标,营利性
主要的利益相关者	社区群体,当地居民,公共文化机构	商业群体,非当地居民,旅游业机构
对文化资产的经济态度	存在价值,保护其内在价值	使用价值,消费其外在价值
文化资产的效用	社会效益,作为文化展示,增进居民文化认同	经济效益,作为能为目的地创立品牌的产品或活动,增加对游客的吸引

（一）服务性质：存在公益性与营利性之间的张力

公共文化服务是政府主导的、为广大人民群众提供的广泛的公益服务。公共文化服务的从业者往往倾向于首先从内在价值出发来评估文化资产，其次才会考虑其外在价值或使用价值。而旅游在本质上乃是一种由私营部门主导、受利润驱使或受政府实现其经济目标的愿望所驱使的商业营利性活动。正是基于这一核心，旅游对文化资产的兴趣就往往在于其所具有的使用价值而非存在价值[①]。公共文化服务与旅游在服务性质方面存在的公益性与营利

---

① 〔澳〕希拉里·迪克罗、〔加〕鲍勃·麦克彻：《文化旅游》（第二版），商务印书馆，2017，第22页。

性之间的根本差异，就决定了从业管理人员对待文化资产的基本态度。公共文化服务机构的基本任务是通过保护文化资产并组织相关公益惠民活动来彰显其内在的公共价值，尤其是在弘扬社会主义核心价值观与提升社会文明的精神层面。例如，公共图书馆通过收藏整理书籍等文化信息资源、组织图书阅读等活动来营造书香社会、提升民众的知识素养；博物馆通过珍藏文物等文化遗产资源、组织文物展览等活动来进行中华优秀传统文化的展示、提升民众的文化自信与文化自觉；文化馆通过搜集群众文艺作品与非物质文化遗产等群众文化资源、组织文艺表演等活动来展示传播地方民族民间特色文化、提升民众的文化创造力。旅游企业或团体组织的基本任务就是对文化资产的使用价值进行商业开发，通过旅游目的地创建与品牌策划营销来赚取利润。因此，从提供服务产品的属性来说，公共文化服务具有公共产品的非竞争性与非排他性，注重社会效益的最优化，而旅游则具有私人产品的竞争性与排他性，注重经济效益的最大化。

由于公共文化服务与旅游在服务性质方面存在公益性与营利性之间的根本差异，也就导致了公共文化服务与旅游在进行融合的过程中可能出现利益博弈的情况。按照冲突/伙伴关系连续体这一视角，公共文化服务与旅游在融合过程中可能存在全面冲突、初期冲突、轻微不满、和平共存、工作关系、全面合作这六种关系。总体而言，目前公共文化服务与旅游处于一种相互分离、独立的和平共存关系，在文化和旅游融合的大背景下，公共文化服务与旅游部门也意识到相同的需求和利益，并开始进入一种对话沟通交流的工作关系。毫无疑问，公共文化服务与旅游融合的最好关系是双方为共同利益真正合作，在利益均衡的基础上达到一种全面合作的关系，使社会效益与经济效益有机统一。但是，如果考虑不周或处理不当的话，公共文化服务与旅游融合也可能产生利益冲突，例如在公共图书馆、博物馆、文化馆等公共文化服务机构，如果不能够保障服务享用者（读者、参观者）的基本权益，而一味通过营造所谓的网红打卡场所，进行引入流量的商业营利活动，就会产生不适，导致一方利益相关者对另一方发生目标干扰，出现轻微不满、初期冲突关系，甚至出现全面冲突（见表4）。

表 4　冲突/伙伴关系连续体上公共文化服务与旅游存在的可能关系

全面合作	工作关系	和平共存	轻微不满	初期冲突	全面冲突
双方为共同利益真正合作	意识到相同的需求和利益	分享相同的资源	一方利益相关者对另一方产生目标干扰	出现难以用简单的方法解决的问题	利益相关者之间出现公开的冲突
开展有意义的定期对话	开始对话	有一些对话，但是很少合作，很少认识到合作的必要	因为接触而满意度降低	权力关系改变，主导性利益相关者出现，其需求对已存在的另一方利益相关者有危害性	
利益均衡	为确保双方的利益得到满足而努力	从资产的使用中相互获利，但是在很大程度上依然是相互分离、独立的	一方利益相关者产生负面影响，相互之间缺乏了解，但是没有真正的冲突		

资料来源：参照〔澳〕希拉里·迪克罗、〔加〕鲍勃·麦克彻《文化旅游》（第二版），商务印书馆，2017，第 25 页的表格内容。

（二）服务内容：存在普及型与提高型之间的张力

公共文化服务提供的文化产品和服务由政府提供，以集体消费为主，是满足人民群众公共性消费需求并带有规范意识形态目的的消费模式，具有普惠性、统一性、标准化和均等化的特点，政府提供的文化产品和服务要照顾到不同民族地区和经济发展水平差异的群体消费需求，体现公平性。公共文化服务以满足社会的公共需要、提高全民族的思想道德和科学文化素质为主要目标，具有鲜明的主流价值导向。一般而言，这类文化产品和服务具有非排他性，主要集中在公益性文化领域，由于难以获得经济回报，私人投资者极少愿意在这些领域投资，因此只能由政府进行投入和供给。2008 年国家开始以"三馆一站"为主要文化阵地进行公共文化服务免费开放，2015 年后国家推动基本公共文化服务标准化均等化，旨在进一步实现公共文化服务的普惠性。公共文化服务提供的文化产品与服务大多是无偿的，人民群众对于此类文化的消费是免费的，国家旨在通过此类文化产品和服务，将主流文化价值观念注入民众意识中，这一过程往往漫长而复杂，其绩效评价体系技术性强且成本高，一般难以准确评估。而旅游提供的产品与服务由市场主体提供，以个人消费为主，是满足人民群众个性化多元化消费需求的消费模式。受市场经济体制环境的影响，完善的旅游市场体系、市场机制和市场秩序是这一模式得以存在的前提，市场经济越发达成熟，这种消费模式就越完备。旅游产品和服务具有多样性，以适应不同年龄、不同文化、不同职业的民众提出的发展型文化消费或者炫耀性文化消费需求。市场供给模式下旅游消费具有付费性、个人性和排他性。这种消费模式主要基于投入—产出模型，能够准确得到投入产业的比率，比较容易评估投入绩效。

因此，公共文化服务与旅游在服务内容供给与绩效评估方面存在普及型与提高型之间的差异。这一领域差异表明公共文化服务与旅游存在维持非商业环境与维持商业环境的区别。"非商业环境既没有经济底线的合法性，也不靠经济底线验证，它提供的是审美价值和精神价值的表达；有时，这样的表达与商业的和商品化的东西是绝对矛盾的。"① 在一定意义上，旅游业提供的是人们"想要"的东西，而公共文化服务提供的是人们"需要"的东西。

（三）服务对象：存在本地居民与外地游客之间的张力

虽然公共文化服务宣扬的是对所有公众开放，但毫无疑问，公共文化服务主要是围绕本地居民的日常生活组织公共文化活动，也就是说公共文化服务具有鲜明的社区参与性，是社区居民文化参与和文化认同建构的重要途径，因此公共文化服务具有鲜明的文化教育属性。不可否认，文化场所越来越成为一个好的去处，成为旅游发展的重要吸引物。但旅游对文化资产的利用是将其作为能为目的地创立品牌的产品或活动，为游客消费提供休闲娱

---

① 〔美〕凯文·马尔卡希：《公共文化、文化认同与文化政策》，何道宽译，商务印书馆，2017，第214页。

乐，而不是为文化而文化。因为旅游业这种市场主导的经营性领域不太喜欢解决审美多样化、公共可获得性和文化代表性的问题。游客对待当地公共文化与居民日常文化生活主要是出于一种"好奇""有趣"的心态，想去体验一番，并不是要去深入学习。有时可能对当地的民俗文化有着异样的看法，在民俗禁忌与信仰风俗上出现不和谐的地方。因此，在未经与当地社区协商、对社区居民日常文化生活需要未予以考虑的情况下强行引入旅游，本地居民与外地游客之间的利益冲突就会出现。如果现有公共文化场所突然涌入大量的游客，超出其承受限度，那么冲突也可能出现。

总之，文化和旅游融合既为公共文化服务的可持续管理带来机遇，同时也带来挑战。一方面，不断增长的旅游需求，为强化文化保护活动提供了政治上与经济上的强大正当性；另一方面，不断增加的访问量，过度而又不恰当的使用，以及无视资产的文化价值而对其进行商品化，对资产的实体完整性构成了真正的威胁，在一些极端情况下，甚至威胁到了资产本身的存在。当前的挑战是如何在旅游和公共文化管理之间，在旅游者对文化资产外在价值的消费和文化管理者、社区居民对文化资产内在价值的维护之间找到平衡，因为他们双方都在竞争性地利用同一文化设施、同一文化资源来开展各自的活动，而有时是会发生冲突的。文化和旅游的深度融合，是既能满足旅游目的，又能满足文化需要管理的合作伙伴关系，这种伙伴关系能为双方带来潜在的利益。

三　公共文化服务与旅游融合发展的实践案例

协同推进公共文化服务与旅游融合发展，需要在寻求公共性、服务性、共享性方面做好文章，以提供双效统一、综合一体、主客共享的文化产品与服务。近几年，全国各地纷纷进行了公共文化服务与旅游融合发展的实践探索，其中江苏打造的"最美公共文化空间"与云南举办的"彩云之南等你来"活动取得了不错的效益，并在政策设计、活动开展等方面进行了一定的示范推广。

（一）江苏打造"最美公共文化空间"

2021 年 7 月，江苏省文化和旅游厅发布了《江苏省打造"千个最美公共文化空间"实施方案》，通过江苏省各地申报，经过多项指标的考察和专家的评审，2021 年 8 月 27 日，江苏省文化和旅游厅公布了 2021 年度的 203 家"最美公共文化空间"打造区域及示范点名单①。"最美公共文化空间"旨在以城镇及乡村的公共场所为空间载体，将当地的特色文化、现代化功能以及创新服务模式与之糅合为一体，打造"内外兼修"的公益性公共文化服务场所，不仅要"颜值"，更注重"内涵"，不断开拓公共文化的社会影响力和民众参与度。依托于"十四五"规划的政策精神，我国的公共文化服务体系建设要迈向高质量发展阶段，文化服务设施已在城乡范围内基本覆盖。公共文化服务与旅游相结合的新型文化业态正推动着江苏省公共文化空间"主客共享"的现代化功能建设和创新服务模式。

江苏打造"最美公共文化空间"的建设对象为省内具有公共文化属性的公益性空间和场景，以政府行政力量为主导，支持和号召多方社会力量的参与。主要的公共文化空间建设内容包括市区县各级文化服务设施功能拓展、文化与旅游公共空间和场景的双向融合、城乡公共文化空间的多业态创新融合、城乡特色地域文化空间的现代化建设等，鼓励在城市商圈、文化创意产业园区、特色街区等场景打造新型的公共文化空间，将文创展演、阅读沙龙、研学互动、艺术展览、小食餐饮等多重功能进行融合创新。同时将符合硬件条件的公共图书馆、文化馆、展览馆、美术馆建设为公共文化空间。

江苏打造"最美公共文化空间"的建设指南从六大角度规划了文化空间的拓展方向。其一是履行相关场所的最基础文化职能，保障广大人民群众的基本文化权益；其二是美化和布置文化空间及场景的特色硬件设计；其三是设置合理的现代化功能；其四是融合文化与旅游两大主题，创新新型业态

---

① 《2021 年度江苏省"最美公共文化空间"打造对象名单出炉》，https：//www.mct.gov.cn/whzx/qgwhxxlb/js/202108/t20210824_ 927305.htm，最后检索时间：2021 年 10 月 10 日

的发展模式；其五是提供具有人文情怀的文化产品，在市场机制下将文旅融合发展的正外部性最大化；其六是推动"居民与游客共享文化空间"创新服务模式，建设在全省甚至全国都有引领作用的示范点。

例如，南京市 24 小时美术馆位于建邺区国际青年文化广场，是该区唯一入选的公共文化空间①。作为全国首家全天候向社会公众开放的公益性美术馆，在不同周期策划和展出不同主题的公共艺术作品和开展相关公众活动，其"展览+销售+活动"的服务模式在公共文化服务领域颇具示范性、象征性意义。24 小时美术馆的空间实体由 8 个玻璃盒子和室外草坪广场构成，是 2014 年南京青奥会的"遗产"，该场馆建筑设备的改造和再利用为民众创造了全新的公共文化空间。从大众文化的角度，以美术馆为空间载体，用艺术作品将其填充美化，一座城市遗留建筑就此"复活"并发挥其文化和旅游效能。24 小时美术馆将室外室内空间融合，广大民众可以早晚在广场休闲锻炼，也可以在 Garden Party 欣赏各类型讲座和感受音乐现场，真正实现主客共享。商业同质化竞争越来越激烈，在后疫情时代，多家艺术机构开始思考和研究开发户外展览模式，试图将展览空间街区化。24 小时美术馆不仅仅是单纯的"美术馆"，更是融创新、艺术、文化、旅游、科技于一体的城市公共文化空间，作为公共空间的变革先锋，已在差异化竞争中脱颖而出扎稳驻足，这个创新意识的概念和全新尝试已在全国甚至全球做出示范并掀起一股潮流。

江苏省文化和旅游厅未来将会从省市县三级文旅相关的行政部门集中资金，投入公共文化空间的建设中，将文化与旅游双方产业融合起来进行统筹规划和指导管理。在服务人员上，注重培育文化志愿团队和专业的文化产业领域人才，吸引相关文化品牌入驻；在服务手段上，争取提供多种新技术，包括数字化多媒体、沉浸式体验、前沿智能场景式导入等；在运营和管理方式上，采取文旅融合、人民群众自治运维、社会服务购买等多种方案。

---

① 《南京 24 个项目入选"最美公共文化空间"打造对象名单》，http://wlt.jiangsu.gov.cn/art/2021/8/24/art_695_9986416.html，最后检索时间：2021 年 10 月 10 日

江苏省"最美公共文化空间"在政府主导的多方实力措施支持之下，每年都会公布一批已打造成熟的公共空间投入文化服务之中，兼具品位设计与文化内涵的公共文化空间正在潜移默化中提升大众文化服务的社会影响力和广大民众的支持度、参与度、满意度。"最美公共文化空间"作为民众的社交平台，为公共文化服务体系进一步发展发挥了极大的积极作用。

（二）云南举办"彩云之南等你来"活动

"彩云之南等你来"是 2019 年以来云南省文化和旅游厅举办的夜间群众文艺演出活动。该活动是由政府提供的公共文化服务，在全省 16 个州市的 21 个示范点陆续开展，作为一项文化与旅游融合的演绎项目，具有鲜明的云南地域特色，在不同的民族自治区域还具有独特的民族风格。该活动已在各州市引起巨大反响并受到广泛好评，不仅使当地的居民积极参与，还吸引了大批国内外游客加入其中，体验沉浸式的特色歌舞。在文化与旅游融合发展的大趋势背景下，"彩云之南等你来"活动旨在满足当地居民和旅客多样化、多层次的物质和精神消费需求，通过打造具有艺术性、独特性、民族性、思想性的夜间文化品牌，提升公共文化服务的效能，激发旅游消费的内生动力。

"彩云之南等你来"文艺演出活动具有多元主体参与的特点。投身于活动之中的不只局限于当地居民和国内外游客，还包括文化志愿协会成员、政府各部门工作人员、文化馆、民间组织等，文工团演艺人员和演艺机构也是演艺大联欢的主体力量。该活动的主要部分虽然是夜间群众文艺汇演，但在开展过程中其形式和范围不断拓宽，如"大家乐"广场舞、篝火晚会、民族打跳、夜市文创展销等。腾冲在演艺活动附近有条件的文化场馆推出夜间文艺作品展览、读书研讨会等群众性活动；昭通开展文化夜市，以当地特色歌舞和"大家乐"广场舞为主，举办一系列具有浓郁民族特色的文艺展演；德宏"送戏下乡"活动把公共文化资源真正地送到人民群众的身边；丽江古城的纳西族"打跳"活动不受场地和时间限制，展示出浓郁的民族文化氛围；大理在夜市增设摊点，将白族刺绣等非遗传承工艺展示活动搬到群众面前，并组织民族特产文创展销大会。

"彩云之南等你来"活动具有呈现方式多样化的特点。不只是让群众和游客近距离亲身体验和参与特色文化活动，还利用前沿的高科技数字化技术开展线上宣传和推广活动，通过互联网的优势促进公共文化与旅游的纵深融合。云南省文化和旅游厅首次通过"视频+音频"的直播方式将此活动向全国观众进行推介，不仅在云南文旅官方和泛媒体信息窗口，还在抖音、快手、喜马拉雅、bilibili等年轻化、用户量庞大的媒体平台，同时播放VR全景段视频全方位展现云南美景，并为在线的观众打开交流和互动窗口，实时评论和弹幕加深了云南故事给观众留下的深刻印象；在直播内容上，不同于往日的机械性宣传、灌输式讲解，从人文故事、民族特色活动入手，充分展现地域特色，吸引广大旅客的兴趣。伴随云南省"一部手机游云南"智慧旅游平台的转型升级，手机移动端App能发挥快捷导览景点、一键预约、语音讲解等强大的功能[①]。云南旅游业的数字化服务能力进一步加强，民众与游客的满意度不断上升，特色地域文化与旅游业的融合不断加深，拓宽了云南文旅的宣传范围和深度。

丽江古城民族打跳活动已有很长的历史，是一场本地群众与外地游客之间的多民族大联欢，现场不仅有热情洋溢的民歌舞蹈，还伴着熊熊篝火开展趣味丰富的特色打跳活动，精彩的展演和热烈的氛围吸引大批外国客人加入。文艺展演包括《我和我的祖国》《玉龙山上开红花》《彝族欢歌》《普米酒歌》《金江三月三》等特色民族歌舞。为响应和贯彻落实云南省"彩云之南等你来"夜间群众文艺演出工作要求，丽江四方街原有的打跳活动由最初的社区性活动逐步拓展到全市范围内，起初丽江古城组织辖区内8个社区群众轮流参与，现今由丽江市文旅局、丽江市文化馆在全市范围内动员了数十支文艺演出团队和文化服务志愿组织加入该项目，并对其进行专业化、系统化的培训。四方街打跳经过升级，不但组织和活动范围得到了扩大，业

---

① 《云南省文化和旅游重点工作推进会在昆明召开》，https：//www.mct.gov.cn/whzx/qgwhxxlb/yn/202106/t20210623_925908.htm，最后检索时间：2021年10月10日。

务技能水平和服务游客的能力也得到了极大的提高，有益于丽江多民族文化的向外传播推广，已成为游客"必体验项目"。

"彩云之南等你来"主题下的一系列活动拓宽了公共文化服务的活动范围，加深了人民群众和游客对文旅结合项目的兴趣，充分利用了云南当地丰富的旅游和民族文化资源，是云南省公共文化服务与旅游融合发展的典型案例，对推进文旅融合体系建设的进一步发展具有深刻意义。

四 公共文化服务与旅游融合发展的优化路径

基于文化认同和文化体验的耦合效应，公共文化服务与旅游融合发展需要找准连接点和切入口，在融合的新理念、新环境、新空间、新载体、新方式等方面不断优化融合的机制与路径。

（一）以高质量发展为主题，打造融合新理念

依据国家《"十四五"文化和旅游发展规划》，2021～2025年我国文化与旅游将进入高质量发展阶段。高质量的公共文化服务要从民众的现实需求出发，民众的参与度、满意度与融合发展的效能息息相关，"以文塑旅，以旅彰文"是文旅融合发展的收效目标。推动文化与旅游融合发展要完善现代文化和旅游市场体系，坚持服务扩大内需的战略方针，在满足大众文化和精神基本需求的同时，将市场监督管理能力落到实处，加强行业管理和服务，坚决防控杜绝文旅行业乱象，保障"主与客"的合法权益；不断完善国内市场的统一与开放，构建良性有序竞争的现代化文旅融合市场体系，培育文化和旅游业融合发展的新业态，提高资源合理配置效率和公平公正性。文化与旅游融合发展的布局亟待优化，目前东中西地域整体发展水平差距较大，要坚持在空间上点线面结合、在地区上使东中西优势资源互补，推动乡村文化振兴，引导区域联动、城镇县乡进一步融合，推进均衡协调的文旅交融、综合性发展。

（二）以改革创新为关键，打造融合新环境

坚持创新驱动发展战略，从参与主体、组织形式、政策法规、空间载体、服务体系等多方面深化改革创新，为文旅融合创造积极良好的外部环境和整体氛围。现代公共文化服务体系坚持以政府部门机构为主导力量，社会各界积极参与，进一步推进参与主体重心下移是民众逐步迈向公共文化共建、共享的一大步。现今文旅融合所及范围仍不够广泛深入，城市与乡村活动次数、参与人次等仍有显著差异，坚持创新文化惠民政策、广泛开展多种形式的群众文化活动对消除此差异大有裨益。文化旅游市场的政策法规与指导方针有待强化顶层设计，致力于深化文化旅游市场综合执法改革与创新对于高效指导文旅融合实践有重要的现实意义。文化遗产展览是当今旅游业的重要支撑，不局限于文艺作品、艺术品，还包括文化遗产建筑、自然景观等，诸如革命老区的文化样板区建设、国家文化公园、中华优秀传统文化保护传承示范基地等。基于空间载体的创新变革，构建新时代艺术创作体系、整合和完善文化遗产保护传承利用体系，能有效提高中华优质文化遗产资源配置的覆盖面和实效性、合理性，催化旅游业与传统文化的耦合效应，对于文旅融合发展有积极的前瞻性意义。

（三）以设施建设为支点，打造融合新空间

目前现有的"三馆一站"公共文化服务场所无法充分满足文旅融合的社会性、大众性、传播性目标，健全现代公共文化服务体系要进行公共文化空间的功能拓展。传统型的图书馆、博物馆等要拓展其服务职能，不局限于大众借阅、文物艺术品展览等原始性功能。先进潮流的现代化场所诸如特色街区、纪念馆、游客服务中心、开放公园、旅游景点等，都是公共文化服务与文旅融合的重要载体。物理场馆的建设由硬件与软件两部分组成，硬件是空间实体的架构和设施装备，软件则是文化创意与其内涵的外延展现。对于助长文化推广的场馆基础设施建设，有必要拟定相应的硬件建造标准，规范其场馆的行业装备水平，保证其最基本服务职能的有效履行，但软件布置与

场景优化由场馆自行发挥，或随其周期性文化主题等变动进行适时重塑与调整，不削弱其地方性特色和重要文化内涵。

（四）以人才培养为突破，打造融合新载体

文旅融合的时代化意义不断加深，组织机构与实施人员必须具有良好的职业素养和文化涵养，包括服务意识、服务能力、文化程度、外部交流沟通能力等，最重要的是深刻吸收和消化文旅融合的政策与实践要求。相关政府组织和部门、社会各界有关集体要适时对员工及志愿团队进行专业化、标准化培训，不仅要对服务人员进行培训，还要大力培育文化与旅游产业的创意工作者和高素质管理人才，为现代化文艺创作体系配备优质的人才后备力量，扩大文化与旅游对外沟通交流的范围，加深文旅融合的传播层次。在交流合作的机制、内容与方式上不断创新，大力倡导文化产业创意人员进行形式多样的文艺产品创作、文创产品设计生产，并在产品营销上做出宣传和推广方案等，多种方式并行唤醒文化产业的内生动力，以此来完善文化与旅游融合推广。

（五）以数字赋能为机遇，打造融合新方式

数字化技术和新媒体应用，全面提升了文化和旅游科技创新能力，为文旅融合提供新方式。对于可利用的数字化、多媒体科技，应大力开发大众旅游、智慧旅游和"旅游+"等优质的文旅服务平台和渠道，将文化内涵植入旅游资源和场景之中，并通过大众传媒手段向民众推广，在潜移默化和耳濡目染中感知文化魅力，由被动到主动地吸收文化内涵。积极发展"智慧旅游"要完善基础设施建设，健全公共文化及文旅服务场所的设施网络、信息化电子设备等，加快公共文化数字建设。文化与旅游融合规模、游客通信网络系统等涉及电子商务、质量管理、人员资源管理等的建设内容具有安全性和隐私性要求，在积极推动"电子旅游""线上旅游"的实施过程中，要注意维护系统生态、提升服务安全与质量。

B.11
台湾地区文化创意产业发展报告

潘博成*

摘　要：　2018~2020 年，台湾地区文化创意产业呈现出稳中有升的整体发展态势。在产业总产值、就业人口和消费市场等关键环节，均有不同程度之成长。但地区内的区域发展不均衡等既有问题依然显著，尚未出现明显的改观。在法规与政策方面，"文化基本法"的颁布与施行将可能是影响台湾地区文化创意产业的重要立法事件，而跨部门的文化创意产业相关政策也日趋完善。此外，"文化内容策进院"的创立也是同期台湾文化创意产业的重大制度与机构创新，其将进一步强化政府部门在文化创意产业领域的中介平台角色。

关键词：　台湾地区　文化创意产业　制度创新　文化内容产业

长期以来，台湾地区是我国文化产业版图中较为独特的区域。它在政策制度设计、行业整体生态和建设思路等方面，均具有较强的地方特色。本报告着重回顾与评述台湾地区文化创意产业（以下简称文创产业）在 2018~2020 年的发展情况①，并具体从产业整体发展趋势、法规与政策设计、行业

---

*　潘博成，广东财经大学文化旅游与地理学院讲师，主要研究方向：城市文化、文化资源活化利用。

①　有关台湾地区文化创意产业 2015~2017 年的发展情况，可参阅潘博成《台湾地区文化创意产业区域发展报告》，载李炎、胡洪斌主编《中国区域文化产业发展报告（2016~2018）》，社会科学文献出版社，2018，第 224~242 页；潘博成《台湾地区文化创意产业发展报告》，载李炎、胡洪斌主编《中国区域文化产业发展报告（2019~2020）》，社会科学文献出版社，2020，第 255~270 页。

热点议题等三个方面展开讨论。其中，行业热点议题聚焦于"制度与机构创新设计"议题。本报告以台湾地区"文化创意产业发展年报"和"文化统计"等系列官方公开数据，以及有关法规和政策文件为基础材料，辅以各县（市）文化观光主管部门的统计数据、施政计划等行业资料。

一 台湾地区文创产业整体发展趋势

依据台湾地区"文化创意产业发展法"，当地文创产业包含十五个子产业门类，分别由文化、经济和内政主管机关进行业务管理和业务统计。除了设计品牌时尚产业、创意生活产业和数位（数字）内容产业，其余子产业一般又根据当地"税务行业标准分类"细分出若干产业具体门类（见表1）。上述分类架构也是台湾地区文创产业的基本范围，产业相关趋势亦以此为分析对象。

表1 台湾地区文创产业子产业门类

主管机关	子产业	产业具体门类
文化主管部门	视觉艺术产业	古玩书画批发、字画裱褙、艺术作品展览活动筹办、绘画创作等
	音乐及表演艺术产业	剧团、舞团，音乐表演，民俗艺术表演，艺术表演活动筹办、监制与经纪等
	文化资产应用及展演设施产业	音乐厅、音乐展演空间经营，剧院、剧场经营，其他博物馆，历史遗址及其他类似机构等
	工艺产业	雕刻木制品制造、陶瓷装饰品烧制、金属饰品制造、珠宝批发等
	电影产业	动画影片制作、电影片制作、电影片代理及发行、电影院等
	广播电视产业	广告影片制作、线上影片节目制作、网络广播、广播电台经营等
	出版产业	书籍、杂志批发，实体新闻出版，小说、漫画及杂志出租，漫画创作，文学创作等
	流行音乐及文化内容产业	流行音乐发行、流行音乐表演、流行音乐展演空间经营、线上音乐串流服务等
经济主管部门	广告产业	广告公司、媒体代理及买卖、公开展示广告等
	产品设计产业	工业设计、包装设计
	视觉传达设计产业	商业设计、视觉传达与平面设计、多媒体设计等
	设计品牌时尚产业	流行时尚设计等

主管机关	子产业	产业具体门类
经济主管部门	创意生活产业	饮食文化体验、流行时尚体验、生活教育体验等
	数字内容产业	数字游戏、数字学习、电脑动画等
内政主管部门	建筑设计产业	建筑设计、顾问，室内设计等

资料来源：台湾地区"文化创意产业发展法"；《2021年台湾文化创意产业发展年报》，第4~5页。

（一）文创产业总产值情况

在地区文创总产值方面，2018年，台湾地区文创产业的总体营业额达到8798.16亿元新台币。2020年更增加至9264.63亿元新台币，创下自2002年有文创总营业额统计以来的最高值。在增速方面，2018、2019年文创产业总营业额增速分别为5.22%和3.70%，均显著高于同时期地区生产总值（GDP）的年均增速，一度扭转了2015~2017年文创产业营业额增速低于GDP增速的局面，但2020年再次出现文创产业增速低于GDP增速的情况（见表2）。

表2　2015~2020年台湾地区文创产业总体表现

年份	2015	2016	2017	2018	2019	2020
营业额（亿元新台币）	8586.59	8265.68	8362.07	8798.16	9124.08	9264.63
增速(%)	1.21	-3.74	1.17	5.22	3.70	1.54
占GDP比重(%)	5.03	4.71	4.65	4.79	4.82	4.68
GDP增速(%)	1.47	2.17	3.31	2.79	2.96	2.98

资料来源："行政院主计处"网站、《2021年台湾文化创意产业发展年报》、《2019年台湾文化创意产业发展年报》。

但是，各个子产业在2018~2020年的发展情况则呈现显著的差异性。在所有子产业中，产品设计产业和视觉传达设计产业等产业门类的表现又较具特殊性（见表3）。在十五个子产业中，只有视觉传达设计产业在2018~2020年连续三年保持了较快增长趋势，均维持在两位数的增速。究其原因，应与沉浸式体验和新媒体媒介快速发展等新业态相关。相比之下，产品设计产业则是唯一一个连续三年出现衰退的子产业门类，其2019年总营业额的减速更是达到6.18%，至2020年减速方才有所降低。产品设计产业之所以连续两年出现较大幅度衰退，应与外销（特别是中国大陆市场萎缩）等情况的恶化密切有关①。

表3　2018~2020年台湾地区文创产业视觉传达设计产业、产品设计产业表现

产业名称	视觉传达设计产业	产品设计产业
2018年营业额(增速)(亿元新台币,%)	43.27(31.25)	44.49(-3.07)
2019年营业额(增速)(亿元新台币,%)	51.37(18.73)	41.74(-6.18)
2020年营业额(增速)(亿元新台币,%)	56.59(10.16)	40.65(-2.63)

资料来源：《2021年台湾文化创意产业发展年报》。

数字内容产业、创意生活产业、广告产业、广播电视产业、流行音乐及文化内容产业等五个子产业在2018~2020年则保持了不同幅度相对稳定的增长态势，其比较充分地反映出了台湾地区文创产业稳步发展的整体趋势（见表4）。

表4　2018~2020年台湾地区文创产业部分子产业平均增速

单位：%

产业名称	数字内容产业	创意生活产业	广告产业	广播电视产业	流行音乐及文化内容产业
平均增速	5.17	1.82	5.13	7.09	2.66

资料来源：《2021年台湾文化创意产业发展年报》。

从区域空间角度来看，各县市总营业额分布不均的情况仍旧存在。以2019年为例，台北市文创产业营业额高达5313.08亿元新台币，占台湾地区文创产业总营业额之58.23%。"双北"地区（即新北市与台北市）的营

---

① 《2020年台湾文化创意产业发展年报》，第154页。

业额为 6736.75 亿元新台币，占台湾地区总营业额的 73.84%。若以"六都"（即台北市、新北市、桃园市、台中市、台南市和高雄市等六个主要城市）为统计口径，其营业额多达 8247.89 亿元新台币，已经占到全台文创产业总营业额的 90.40%。换言之，其余 16 个县市的营业额仅占不到 10%，而本岛营业额最少的嘉义县仅有 23.38 亿元新台币，约占台湾文创产业总营业额的 0.26%[①]。由此可见，内部空间发展的不平衡性和差异性是台湾地区文创产业由来已久且未有显著改善的问题。

（二）文创相关企业及其就业情况

文创相关企业的数量、规模和吸纳就业人口等情况，是衡量当地文创产业发展程度的重要指标。在 2020 年，台湾地区的文创相关企业共有 67618 家，较之于 2019 年增长了 3.85%。就当地文创企业数量而言，2015~2020 年，已连续五年保持增长态势，反映出当地文创企业的良好行业生态与活跃度（见表5）[②]。

表5　2015~2020 年台湾地区文创相关企业数量情况

年份	2015	2016	2017	2018	2019	2020
企业数(家)	61381	61863	62746	63858	65109	67618
增幅(%)	1.24	0.79	1.43	1.77	1.96	3.85

资料来源：《2021 年台湾文化创意产业发展年报》。

2020 年，从企业资本结构的分布情况来看，资本额在 500 万元新台币以下的小微型企业数量最多，共有 57144 家，占所有文创企业之 84.51%。[③] 近年来，此类小微型文创企业在台湾地区持续增加。2015~2020 年，相关企业的数量一直稳步增加，至 2020 年，相关企业数量出现小幅下降，但仍是当地文创企业的主体（见表6）。

---

① 《2020 年台湾文化创意产业发展年报》，第 35 页。
② 《2021 年台湾文化创意产业发展年报》，第 35 页。该数据未包括文化资产应用及展演设施产业的部分子门类。
③ 《2021 年台湾文化创意产业发展年报》，第 32~33 页。

表6　2015~2020年台湾地区资本额在500万元新台币以下文创企业数量情况

年份	2015	2016	2017	2018	2019	2020
企业数（家）	51688	52148	53109	54136	55400	57144
占所有企业比重（%）	84.21	84.30	84.51	84.78	85.09	84.51

资料来源：《2021年台湾文化创意产业发展年报》。

　　从区域分布情况来看，台北市始终是台湾地区文创企业的主要聚集地。2020年，台北市共有20300家文创企业，占全台相关企业的30.02%。新北市次之，企业数达到1673家，占台湾地区文创企业的2.47%。相比之下，基隆市、新竹县、嘉义市和花莲县等11个县市的文创相关企业均在1000家以下，它们的总和仍不及新北市一地企业数量。各县市企业数的变化趋势也呈现类似情形。在2019年，台北市和新北市的文创企业，较之于2018年分别增长了1.69%和2.63%[1]。换言之，在文创相关企业的区域分布结构上，"大者恒大"仍旧是台湾地区长期以来的基本情况[2]。

　　在文创领域的就业方面，台湾地区2020年在文创产业领域的总就业人口为27.20万人，占全台就业人口的2.36%，较之于2019年小幅增加了2.36%，延续了近六年来的稳步增长。在相关就业人口中，以建筑设计产业、产品设计产业、视觉传达设计产业和设计品牌时尚产业为主的设计产业的就业人口数规模较大。[3]

（三）文创消费市场情况

　　整体而言，台湾地区文创产业"内销为主，外销偏弱"的市场格局在2020年仍有明显延续。在文创总产值中，内销市场占据了89.63%，外销市场仅占10.37%。[4] 较之于2016~2019年，2020年的外销市场有所增长，但整体结构未发生明显变化（见表7）。

---

① 《2020年台湾文化创意产业发展年报》，第35页。
② 《2021年台湾文化创意产业发展年报》，第34~35页。
③ 《2021年台湾文化创意产业发展年报》，第39页。
④ 《2021年台湾文化创意产业发展年报》，第29~30页。

表7　2015～2020年台湾地区文创产业内外销市场情况

年份	2015	2016	2017	2018	2019	2020
内销市场(新台币亿元)	7777.96	7414.47	7499.87	7918.14	8249.69	8303.86
内销市场比重(%)	90.58	89.70	89.69	90.00	90.42	89.63
外销市场(新台币亿元)	808.63	851.21	862.19	880.02	874.40	960.31
外销市场比重(%)	9.42	10.30	10.31	10.00	9.58	10.37

资料来源:《2021年台湾文化创意产业发展年报》。

但是,各子产业的内外销比重情况则存在较大差异。以2019年为例,产品设计产业的外销比例高达67.25%,是所有子产业中外销比最高者。数字内容产业、工艺产业和创意生活产业次之,亦分别达到27.30%、13.12%和11.63%。相比之下,广告产业、广播电视产业和建筑设计产业的外销比例均较低,而主要依靠内销市场。[1]

在居民文创消费方面,2020年台湾地区平均每户家庭的休闲、文化及教育支出为61463元新台币,占家庭总消费支出之7.54%[2]。此数据较之于2019年出现了一定程度的下降[3]。从支出具体结构来看,教育支出所占比例最高,达到了44.70%,团体旅游次之,占文化消费支出的19.62%,但比2019年出现了较大幅度下滑。娱乐消遣及文化服务、书报杂志文具、教育消遣康乐器材及其附属品等项目比重则普遍偏低。近年来,以教育支出为主的整体结构未出现明显变化,但团体旅游、娱乐消遣及文化服务等支出比重呈现小幅稳步上升之趋势。就长期趋势判断,它们仍有较大增长空间。

二　台湾地区文创产业的法规与政策近况

2018～2020年,台湾地区文创产业相关的法律法规与政策制定方面出现了较多关键事件。在政策和法规方面,"文化基本法"的颁布与施行,成为

---

[1] 《2020年台湾文化创意产业发展年报》,第29～30页。
[2] 《文化统计(2021)》,第102、263页。
[3] 《2020年台湾文化创意产业发展年报》,第23页。

了台湾地区文创产业乃至整个文化领域的里程碑事件。在政策设计方面，多项跨部门的文创产业政策也成为产业发展过程中的重要事件。

在经历了漫长制定过程以后，台湾地区"文化基本法"于2019年6月正式开始施行。"文化基本法"共有三十条，对民众的文化权利予以了明确界定，并对政府部门在文化领域的主要职责予以了清晰地规范。其中，与文创相关产业关联性较大的法规有第十、第十二至第十八条等内容。一方面，它们共同对政府部门在旅游、文博、文化科技、文化资源和文化经济等文创产业相关政策的制定职责予以了明确规定，并且要求政府部门应积极支持和培育与文创产业相关的专业机构、法人、团体和学校。由此，使得文创产业不再局限于产业界，而可以培育出更为丰富的参与主体。另一方面，相关条文也明确了政府部门在保障民众文化基本权利方面的义务。例如，文化与艺术工作者的工作权益被明确地列入了"文化基本法"，而各层级政府部门亦应定期研究、调查与统计民众文化权利相关保障情况，并及时向社会公布信息。

总体而言，在2010年"文化创意产业发展法"颁布之后，"文化基本法"是台湾地区文创产业又一部关键性文件。"文化创意产业发展法"是在制度层面规范了当地文创相关产业的基本内容，而"文化基本法"则超越了文创产业，由更为宏观的区域文化全局出发，梳理了文创产业与其他文化领域的基本关系，并且进一步明确了政府有关部门在文创产业提升过程中的角色与职责。不难想象，台湾地区此后将以"文化基本法"为依据，制定更为详细和完善的法规和部门规章，并且在各层级政策制定过程中，产生深远影响。

在政策方面，台湾地区在2018~2020年也陆续出台了一批与文创产业相关的政策规划。其中，较为值得关注的是多项跨部门的施政计划。这也是以往台湾地区文创产业研究较少关注的政策领域。

台湾地区文化主管部门和经济主管部门共同制定了"设计驱动跨域整合创新计划"。与以往设计导向类计划有所不同，该计划从跨部门和跨领域的视角，提出"设计力"概念，鼓励政府部门在施政工作中导入设计思维与理念，并且引领不同行业和领域的企业相互融合，产生具有影响力的设计成果。

　　2020年成立的"台湾设计研究院"便是该政策理念下的主要产物之一。它从区域的全局与宏观视野着手整合设计资源，将以往分散于不同政府主管部门的设计奖、设计类补助计划和品牌计划等归整于"台湾设计研究院"，使之成为未来台湾地区设计领域的关键平台。具体而言，该机构将与研究界和产业界分别开展协同作业。在研究领域，其计划从政策规划、设计应用和公共参与三个主要方面，向研究界征集有关研究课题（见表8）。有关课题需求的理念，充分展现了跨部门与跨领域推动"设计力"发展的基本理念[①]。

表8　2021年度"台湾设计研究院"研究计划征集情况

研究领域	研究内容	预计立项数(项)
产业政策相关	设计产业及政策的相关课题，如数字化转型升级、人口高龄化、人口少子化趋势、青年就业困难等相关视角	3~5
企业设计应用	各领域企业对设计理念的利用议题，如如何设计组织建设与管理、制定相关应用战略或策略、推动产业转型升级和持续推动全球市场发展等	3~5
公共设计参与	在公共事务和场景中利用设计专业理念和方法的相关课题。例如，公共卫生与医疗建设、城乡发展差距缩小、公共交通建设等领域	3~5

　　在与业界的协同作业方面，其主要通过"产业辅导计划"和奖项设置等环节强化设计力量在各产业领域中的影响力。"产业辅导计划"是"台湾设计研究院"的核心业务之一，其以设计服务业者、企业内部的设计部门从业者、制造业者、服务业从业者为主要辅导对象，目前聚焦于循环经济、数字生活、工具机械、医疗保健等四个关键领域。此外，研究院也会配合各地基层政府部门，在地方品牌形象塑造和地方特色资源发掘方面提供辅导

---

① "台湾设计研究院"《2021年度研究计划合作对象公开征集公告》，https：//www. tdri. org. tw/32733/。

业务。①

在奖项设计环节，"金点"系列设计奖（金点设计奖、金点概念设计奖、金点新秀设计奖）是"台湾设计研究院"主办的主要设计类奖项。这些奖项充分考虑了设计群体和产品设计阶段等因素的差异性和多样性，为不同设计业者提供了针对性较强的奖项（见表9）。

表9　"金点"系列设计奖情况

奖项名称	奖项主要对象	评审主要标准
金点设计奖	已商品化销售的产品	满足目标市场需求的适当性和完整性；构想、功能及素材具有原创元素；符合目标市场使用的适当功能或操作；展现产品特色和精神；表现目标市场文化情怀和内涵
金点概念设计奖	尚未商品化或批量化产制的作品	构想、功能及素材具有原创元素；作品展现兼具美学并充分表达作品概念与特色；未来可能实现并符合市场需求
金点新秀设计奖	高校设计相关学科毕业生作品	与七大设计类别有所区别

资料来源：金点设计奖，https：//www.goldenpin.org.tw/。

台湾地区经济主管部门和文化主管部门不仅共同推动了设计领域的跨部门政策，还深度参与了创意生活产业领域相关政策规划。近年来，台湾地区经济主管部门持续推动"创意生活产业发展计划"，并将其列入本部门进行"产业辅导"的行业之一②。与其他产业有所不同，创意生活产业既属于文创产业范畴，也与制造业和生态农业等产业部门密切相关。因此，它成为经济主管部门重点支持的文创产业部门。

具体来说，"创意生活产业发展计划"包含评选评比与营销推广、咨询辅导等两项基本内容。其一，评选评比业务的主要目的是树立模范企业，并推广和普及创意生活产业。该业务每年推行一次，在评选和颁发"创意生

---

① "台湾设计研究院"《"产业辅导计划"简介》，https：//www.tdri.org.tw/about-tdri/mainprojects/industry-consultancy/。

② 《"创意生活产业发展计划"说明》，https：//www.creativelife.org.tw/explain.php。

活事业"证书以后，将通过经济主管部门主办的"创意生活网"等平台，进行案例推广[1]。近年来，诸如台湾花砖博物馆、中外饼铺、十鼓仁糖文创园区等机构已取得该证书，并获得了政府推广。[2] 其二，专业咨询访视、诊断服务和专案辅导是"创意生活产业发展计划"的日常工作项目。对一般创意生活产业主体提供咨询和诊断服务，为其在跨行业发展、经营模式升级和市场营销等关键节点提供免费或付费服务。对于经过创意生活产业认证的业者，又将提供更具专业性的"跨域专业辅导"，协助相关企业建立运营模式，并且考虑产业链构建等专业议题[3]。

三 台湾地区文创产业的制度与机构创新

文化内容是文创产业发展的重要基础。文化行政部门如何发挥自身平台优势，组织与推动文化内容生产环节的活跃，是各地政府部门长期关注的产业发展议题。2019 年 11 月，台湾地区文化主管部门成立了"文化内容策进院"（以下简称"文策院"）。它是台湾地区目前层级最高的文创中介机构。2018 年 12 月，台湾地区立法部门审议通过了"文化内容策进院设置条例"，并于 2019 年 2 月正式颁布施行。此后，"文策院"进入筹备阶段。经过近半年的准备工作，最终于 2019 年 11 月宣告成立。[4]

"文策院"实行董事会制度，并由院长主持具体工作。目前，"文策院"下辖四个专业职能处室，它们分别从事文化内容策略研究（策略研究处）、文化金融服务（文化金融处）、全球市场维护与开拓（全球市场处）和文化内容策进服务（内容策进处）。它们也构成为"文策院"当前的核心业务。

策略研究处统合文化内容的策略研究业务。该处室搜集和分析台湾地区

---

[1] 《"'经济部'2020 年度产业辅导计划联合说明会（创意生活产业发展计划）"会议材料》，第 5 页。

[2] 《"创意生活网"亮点案例》，https：//www.creativelife.org.tw/case.php。

[3] 《"'经济部'2020 年度产业辅导计划联合说明会（创意生活产业发展计划）"会议材料》，第 8 页。

[4] 《"文化内容策进院"发展沿革》，https：//www.taicca.tw/page/vision。

及岛外地区文化内容产业相关商业信息，并经过深度研究和行业新闻报道等环节向业者进行广泛传播。具体而言，该处室所产出的业务主要包括以下三类报告。其一，整合性资料。策略研究处计划长期收集台湾地区文创产业相关年报、产值调查和消费行为调查报告，进而加以分析利用。其二，专题研究与深度报道。策略研究处在文策院网站搭建了"产业专题研究"平台，不定期更新全球文化内容产业信息，并尤其注重相关信息与台湾地区情况的结合。这些分析报告通常与行业当前发展态势密切相关。例如，数字创意技术、版权保障、IP 资源开发等产业热点都是分析报告持续追踪的重要内容。其三，趋势商情。与上述平台类似，策略研究处搭建了"趋势商情"平台，不定期更新全球文化内容市场的新趋势，并为台湾文化内容生产者提供潜在的市场机会。不过，与"产业专题研究"有所区别，此部分更偏重于对产业所在环境的研究与预测。例如，全球各地在新冠疫情大流行背景下，如何保障并持续推动文化艺术领域持续发展，正是策略研究处重点关注和追踪的话题。①

文化金融处的主要职责是推动文化内容相关产业的投融资媒合，支持与协助产业界的财务管理和版权保障等业务，并推动文化内容投资来源的多元化。具体而言，该处室具有四方面服务内容。其一，产业咨询服务。文化金融处设置了专门平台，为"文策院"会员单位（个人）提供创业、财税、法务、经营管理和知识产权等方面的简易咨询服务，以便产业人士及时解决一般性问题。其二，投融资服务。文化金融处发挥其中介价值，利用政府基金和民间资本推动产业发展。特别地，其设置了文创产业升级转型、青年创业启动金和演艺团体纾困贷款等专项贷款业务。这些贷款项目采取随到随审的简化审批流程，并提供利息补贴等相关政策性优惠。其三，产业培力辅导业务。文化金融处与策略研究处共同利用"文策学院"平台，指导青年从业者了解与熟悉文化内容领域的财务、法务、税务和知识产权等实务技能。这些课程通常以在线教学、演讲短片和答疑等方式进行辅导。其四，构建"文

① 《"文化内容策进院"策略研究业务说明》，https：//www. taicca. tw/page/plan_ 4。

化发展与企业责任网"。这也是文化金融处较为特别的一项业务。"文策院"联合台湾地区经济和金融等主管部门,鼓励文创企业(尤其是上市公司)积极持续地履行企业社会责任,将文创产业发展、社会发展与环境保护等目标有机结合。①

全球市场处主要以全球合作投资专项计划和全球性行业展览会等方式提升台湾地区文化内容元素及其相关企业实现"走出去"目标。正如本报告第一部分指出的,台湾地区文创产业长期处于"内销为主,外销偏弱"的基本格局。因此,"文策院"寻求利用"专项计划"提升当地文化内容在全球市场的比重。根据计划构想,必须同时具备三项条件方能提出项目申请。首先,项目应具有明确的台湾地区文化内容元素。其次,其具有一定全球市场的销售与推广渠道。最后,申请项目应为合资或合制类项目。申请人一经审查立项,其最多可自"文策院"获得三成制作费,或相同比例的营销预算经费,从而降低该项目"走出去"过程中的财务风险。② 全球市场处在会展方面的工作内容则较为庞杂。其一,岛外展览会信息的收集与发布。"文策院"设置了"国际展会资讯"专栏,持续发布文化内容相关的书展、授权展、影视展和动漫展等行业展览会信息,供台湾地区行业者了解有关展讯。其二,承接全球性会展活动中,台湾地区参展机构或作品的征集业务,这也是"文策院"的主要日常业务项目之一。全球市场处不仅参与筹建全球各类行业展览会中台湾地区展厅(展台)等基础业务,同时负责在台湾文创界征集相关参展资源,并提供参展辅导和参展补贴等政策性业务。其三,全球市场处还需承担台湾文化内容海外推广业务。就现阶段而言,相关部门主要将台湾地区部分精品文化内容翻译为英语和日语等版本,通过互联网渠道进行传播。不过,此部分业务目前仍处于起步阶段,其具体运作模式和成效均有待进一步观察与分析。其四,筹办台湾地区"创意内容大会"。该大会是"文策院"为了拓展台湾地区文化内容交易而设置的大型行业展

① 文化发展与企业社会责任网,https://csr.taicca.tw/aboutus/。
② 《国际合作投资专案计划说明》,https://taicca.tw/article/650f23a0。

会，旨在通过文化内容产业的前沿项目展示与研讨，以及文化内容市场贸易等环节，推动当地文化内容产业的全球化拓展能力[1]。

内容策进处的核心业务是推动台湾当地文化内容资源的发掘、利用和跨产业联结。该处同时推动数个主题和领域的文化内容策进项目。其中，"文化内容开发与产业领航行动方案"又是当中较具规模的政策项目。该计划包含"文化内容开发""内容产业领航行动方案"两大板块。"文化内容开发"又细分为原生内容开发、原生内容转译、原创故事孵化三大形式。它旨在以政策带动文化内容原创者的实践热情，并以利好性政策培育相关创作团队。如果说"文化内容开发"偏重于IP端，"内容产业领航行动方案"则主要聚焦在产业链解决方案。它支持影视、艺术、流行音乐、动漫和出版等产业，在开发和利用IP资源过程中，充分地发挥IP价值，使之发展为长期运营的商业模式，甚至实现跨领域（产业）的IP产值极大化目标[2]。

总体而言，"文策院"的成立是台湾地区文创产业制度创新与机构设置创新的新近动向。就现阶段而言，"文策院"创立时间短，相关业务绩效也尚需持续观测，但其释放出了较为明确的政策信号，当地政府部门在未来将在文创产业中扮演更为清晰的中介角色。

台湾地区是我国文创产业发展过程中较具特色和差异性的区域，其文创产业情况历来受到大陆地区学界和业界的关注。多年来，许多台湾地区的文创理念、政策、案例和人物已经被大陆人士广泛了解。同时，大陆同行对台湾文创产业的发展困境与挑战亦有了更为深刻的认识。本报告将持续关注台湾地区文创产业的发展走向，尤其是相关法规、政策和机构在落地以后的实际变迁情况。

---

[1] 《2021年台湾地区文化内容大会》，https：//tccf. taicca. tw/。

[2] 《2020年"文化内容开发与产业领航行动方案"说明》，https：//taicca. tw/article/fe069431；https：//taicca. tw/article/a0149a92。

B.12
京津冀协同推进长城国家文化公园建设研究

郭 嘉 闫 烁 逄雅惠*

摘 要： 长城国家文化公园建设是"十四五"时期的一项重点工作。北京段、天津段、河北段是长城的重要构成部分，京津冀协同推进长城国家文化公园建设有助于推动沿线文化文物资源整合和集中连片保护利用，同时也是对接京津冀协同发展的战略基点，符合国家文化公园整合沿线地区资源、带动区域协调发展的建设目标。但是，目前关于"国家文化公园"建设的研究相对滞后，长城国家文化公园建设的实际工作进展较为分散，区域间各自为政的现象依然存在。因此，本报告建议京津冀围绕要素市场、空间布局、产品开发、协同机制等方面，协同推进长城国家文化公园建设。

关键词： 长城国家文化公园 京津冀协同 要素市场 文旅产业

一 京津冀协同推进长城国家文化公园建设背景

长城国家文化公园建设工程，是以习近平同志为核心的党中央的文化战

---

* 郭嘉，首都师范大学文化产业系主任、副教授，北京观恒文化发展研究院副院长，主要研究方向：文化产业及政策研究、基于互联网平台的营销传播；闫烁，中央党校（国家行政学院）公共政策专业博士生，主要研究方向：文化政策、数字文化产业、文艺经济学、文化管理等；逄雅惠，首都师范大学文化产业系硕士研究生，主要研究方向：文化产业及政策。

略部署，是全面建设社会主义现代化国家的文化支点，担负着培塑文化、凝聚人心的重要使命。2019 年 12 月，中共中央办公厅、国务院办公厅印发《长城、大运河、长征国家文化公园建设方案》，提出到 2023 年底，初步形成长城沿线文物和文化资源保护传承利用协调推进局面。2021 年 8 月，国家文化公园建设工作领导小组发布《长城国家文化公园建设保护规划》，进一步细化了长城国家文化公园建设的具体举措。由此可见，国家文化公园在我国顶层设计中已具有举足轻重的地位。值得注意的是，作为一项全国性和系统性的工程，建设国家文化公园不是一个区域能够承担、实现的，需要区域间相互配合、共同规划。

（一）长城国家文化公园的内涵及意义

"国家公园"这一提法由来已久，最早由艺术家 George Catlin 于 1832 年提出①。1872 年，美国国会就批准设立了美国，同时也是世界上最早的国家公园，即黄石国家公园。但"国家文化公园"的概念是在国内首次提出的，建设国家文化公园也是开世界先例的举措。国家文化公园的建设基于我国悠久的历史传统和丰富的文化价值，从前期规划的长城、大运河、长征三处国家文化公园即可看出，其象征和体现着我国的国家形象和民族记忆。"对内强调民族化和本土化，服务于实现中华民族伟大复兴；对外适应国际化和普遍化，促进世界文化之间的交往和文化多样性的保有与存续。"② 但目前对国家文化公园仍未有一个明确的概念界定，学者大多从国家、文化、公园三个层面对国家文化公园的内涵和意义进行解析。其中，学者王学斌认为国家文化公园必须以文化、生态资源保护为前提，利用文物和文化资源的溢出效应，通过文旅融合，促进区域经济、社会和生态建设协调发展③；博雅方略研究院将国家文化公园定义为以保护传承和弘扬具有国家或国际意义的文化

---

① 博雅方略研究院：《建设国家文化公园 彰显中华文化自信》，《中国旅游报》2020 年 1 月 3 日，第 016 版。
② 王学斌：《什么是"国家文化公园"》，《学习时报》2021 年 8 月 16 日，第 002 版。
③ 王学斌：《什么是"国家文化公园"》，《学习时报》2021 年 8 月 16 日，第 002 版。

资源、文化精神或价值为主要目的，兼具弘扬与传承中华传统文化、爱国教育、科研实践、国际交流、旅游休闲、娱乐体验等文化服务功能，且经国家有关部门认定、建立、管理的特殊区域①。结合已有的研究成果，本报告将"国家文化公园"界定为：以顶层设计为引领、以区域协同为支撑、以社会参与为基础，依托能够反映国家文化价值和民族精神的标志性文化文物资源，在保护的基础上促进文化的创造性转化和创新性发展，是既能体现各区域独特的文化风貌，又能实现国家文脉延续统一的开放式公共文化空间。国家文化公园的创建和运营，对内能够促进社会发展，建立文化自信，对外能够弘扬我们国家优秀的传统文化，增强国家文化软实力。

长城是世界上规模最大的线性文化遗产，经过千百年历史的沉淀，已经成为中华民族的图腾。首先，长城作为我国古代的军事防御工程，是由城墙、关城、敌台、烽火台等多个部分构成的，蕴含着独特的建筑价值和审美价值。其次，作为中华民族抵御外敌的文化符号和象征，其蕴含着中华民族自强不息、热爱和平的文化内核。再次，草原文化和农耕文化在长城内外的冲突和碰撞，折射出民族融合、文化交流的大一统思想。最后，围绕长城这一主题形成的各类题材的文艺创作和民间传说，更是包含着历史变迁过程中长城文化的演变和发展。

过去一段时间，受制于经济发展水平、大众文化素养等因素，长城仅是作为零散的几处旅游景观而存在，大量长城遗址遭到废弃和毁坏。除了建筑实体外，长城沿线的各类文化遗产、文学艺术、民间风俗等更是长城文化的重要载体，这些文化资源同样面临着延续危机。从上述情况可以窥见建设长城国家文化公园的目的，即通过公园式管理，使长城的物理空间得到充分保护，并借助市场化的手段，活化长城沿线的文化资源，赋予其现代内涵，使其焕发新的活力。

---

① 博雅方略研究院：《建设国家文化公园 彰显中华文化自信》，《中国旅游报》2020年1月3日，第016版。

（二）京津冀协同推进长城国家文化公园建设的重要性

区域协同是长城国家文化公园建设的关键。长城沿线省区市众多，不同地域间的资源禀赋各异。同时，长城的不同局部段落的历史跨度和开发程度差别较大，蕴含的文化资源千差万别。在国家文化公园的建设过程中，必须立足于长城沿线各省区市在文化、经济、科技等方面的底蕴和实力，突出不同省区市的特色，以此取长补短，实现优势互补。在区域发展方面，区域协同有利于利用东部发达地区的产业基础和科学技术，带动欠发达的西部地区的长城国家文化公园建设。在文化保护传承弘扬方面，区域协同能够规避因各省区市独立发展而带来的长城文化的割裂，有利于长城文化整体品牌形象的建立和标志的打造。因此，以区域协同的方式推进长城国家文化公园的建设显得势在必行。

对于京津冀地区而言，由于北京、天津和河北的长城段落具有差异性，且三省市功能定位和劳动分工不同，因此，必须加快推进京津冀的跨区域协同。第一，京津冀协同能够实现要素互补，在长城国家文化公园建设的过程中，有助于发挥北京、天津在资本、技术、人才等方面的优势，提高要素市场的配置效率。同时，促进河北省的人口和资源价值转化，增强河北文旅产业的整体竞争力。第二，京津冀协同有助于长城国家文化公园的统筹规划，避免各自为政的现象。作为一项系统性的国家工程，长城国家文化公园离不开政府的宏观部署，跨区域的合作能够保持长城文化的统一性和延续性。第三，有利于形成京津冀统一的文化市场与产业链。京津冀三地常住人口占全国比重为 7.81%[①]，字节跳动、百度等网络文化企业常年扎根于此，拥有庞大的文化市场需求和完整的文化产业链条。统一开放的市场环境是京津冀协同发展的重要外部条件，京津冀协同有助于促进市场资源和产业链条的整合，加快长城沿线的文旅产业发展，进而推动长城国家文化公园的建设。

---

① 资料来源：第七次全国人口普查数据。

二 京津冀协同推进长城国家文化公园 建设基础及存在问题

京津冀三地均十分重视长城国家文化公园的建设，以及对长城文化内涵的挖掘。目前，三省市都在积极制定、落实长城国家文化公园建设保护规划，发挥各地优势，但三地的建设进度各有不同且仍旧缺乏一个整体性的规划，使得三地协同推进长城国家文化公园建设仍然存在许多问题。

（一）京津冀长城国家文化公园建设优势

在长城文化方面，京津冀地区拥有丰富的长城文化资源，历史底蕴浓厚。在经济发展方面，依托全国政治中心和沿海开放城市的资源，京津冀地区有着先进的技术基础和较为充沛的后备人才。在政策制度方面，京津冀三地均制定有长城国家文化公园建设规划，政府十分重视对长城文化内涵的保护与开发。但由于京津冀三地的文化发展历程不同，经济发展情况也不同，因而三地各自拥有其建设长城国家文化公园的优势。

1. 北京段长城国家文化公园建设优势

北京市内长城全长 520.77 公里，《长城国家文化公园（北京段）建设保护规划》规划范围共计 4929.29 平方公里。北京地区作为京津冀三地中经济发展程度最高的地区，应当在京津冀长城国家文化公园建设中承担起支撑作用，促进长城国家文化公园的现代化建设和发展。

一是历史底蕴浓厚。北京作为古都，拥有浓厚的历史底蕴和丰富的文化资源。因此，国家的文化中心也成为了北京的城市定位之一。自战国起，历史上的主要朝代都在北京境内修建了长城。伴随长城文化的还有北京的皇城文化，目前正在准备申遗的"北京中轴线"能够与长城文化形成区域文化特色，促进长城文化内涵的展现。

二是长城知名度较高。北京段的八达岭长城等四处长城在长城全线中的国际知名度最高，这既有赖于基础教育的教导，也有赖于政府长期对长城形象的打造。这四处知名度较高的长城中，八达岭长城是每年的客流量最高的一段长城，并且于 2021 年 6 月承担了迎接建党百年的灯光秀任务，获得了国内外的广泛关注。长城较高的知名度有利于文化场景的打造，有利于公众对长城文化内涵的接受与理解，同时也有利于长城国家文化公园品牌的建立。

三是城市基础设施完备。北京作为中国的政治中心，城市的交通、住宿、餐饮、娱乐设施都十分充足、完备。且作为世界著名古都，其丰富的历史文化旅游资源以及红色旅游资源带动着旅游业的发展。不仅如此，众多科技创新企业选择落地北京，为北京创造了良好的文化数字化发展环境。作为现代化大都市，政府和企业也在积极地共同推进长城国家文化公园（北京段）的建设，有着较为先进的长城保护意识。北京拥有的城市基础要素能够促进长城文化的内涵与"食住行游购娱"这几类旅游要素的融合，从而促进长城国家文化公园文化和旅游的融合发展。

四是后备人才充足。作为国内众多大学的聚集地，北京不仅拥有国内最高学府，同时也拥有许多国内顶尖研究中心和研究人才。在人才引进政策方面，政府也给予了一定的支持。正是雄厚的教育资源和支持政策在不断地吸引着社会各界人才，让北京在长城文化发展方面有着丰富的人才资源，从而有利于北京在长城国家文化公园的建设中向创新性、科学化、科技化、可持续化发展。

2. 天津段长城国家文化公园建设优势

天津段长城东与河北段长城相连，西与北京段长城相接，在京津冀地区长城国家文化公园的建设中起到了桥梁作用。同时，依托漕运文化及完整的长城类型，天津段长城国家文化公园的建设拥有交通便利、传播范围较广、长城文化类型特色突出、品牌打造集中等优势，能够助推京津冀区域协同建设长城国家文化公园。

一是长城类型完整。天津长城位于天津市蓟州区北部山区，全长 40.28 公里。天津是我国拥有长城资源的 15 个省区市中长城长度最短的地区，但这里却集中了各种类型的长城建筑。这些完备的长城建筑类型也构成了完整的军事防御体系，被誉为"万里长城之缩影"。

二是文化内容丰富。因为拥有完整的军事防御体系，以及关键的地理位置，随着历史发展天津长城留存下了许多关于抗战、保家卫国的传说故事以及遗迹。如"八卦街""凤凰楼"等传说故事以及作为抗战时期党政军抗日活动大后方的抗战重要纪念地①。除此之外，天津处在海河入海口有京杭大运河与其相通，天津的漕运业和海洋文化一直在融合发展，致使天津的对外开放程度较高，并逐渐发展出较有代表性的租界文化等特色文化②。丰富的文化内容有助于长城文化内涵的深入挖掘和区域性的特色品牌发展。

三是地区影响力较大。天津段长城是蓟州的一张"金名片"，在当地具有较高的影响力，无论是对文化、旅游还是政治、经济方面都有很好的促进作用。天津市曾在全市掀起过黄崖关长城修复热潮，具有重要的社会教育价值③。天津较强的地区影响力有利于长城文化的文化内涵在社会中的传播，促进长城文化品牌的建立与发展。

四是对外开放程度较高。受漕运业和海洋文化影响，天津自古以来拥有较为先进的理念和较高的开放程度。在近代历史上，1860年天津被开辟为通商口岸，使得天津拥有便利的交通和先进的文化。在现代历史上，天津是改革开放先行区、首批沿海开放城市。改革开放政策的落实使得天津拥有先进的发展理念，并能够以较高的现代化技术做支撑发展文化产业，有利于长城文化的文化内涵"走出去"。

3. 河北段长城国家文化公园建设优势

河北省长城资源丰富，境内长城全长约 2500 公里，是国内长城途经距

---

① 邢亚萍：《天津长城国家文化公园建设要探索因地制宜、科学创新、融合发展之路》，《中国民族博览》2020 年第 24 期，第 202~204 页。

② 王硕、李玉峰：《京津冀文化旅游融合发展问题与对策》，《人民论坛》2016 年第 5 期，第 229~231 页。

③ 邢亚萍：《天津长城国家文化公园建设要探索因地制宜、科学创新、融合发展之路》，《中国民族博览》2020 年第 24 期，第 202~204 页。

离最长、保存最好、建筑最具代表性的省份①。河北省是长城国家文化公园先行试点的地区,拥有文化资源丰富、易形成线性旅游带等优势,有利于建设河北长城国家文化公园文化廊道。

一是物质文化资源丰富。河北段长城的建筑类型最多,包括了中国长城所有的建筑类型。在河北境内保存较为完好的是明代长城,建筑种类涉及了墙体、敌台、烽火台等,集中呈现了我国明长城的精华。② 除此之外,河北段长城中还有两处是世界文化遗产,这些丰富的长城物质文化资源是长城国家文化公园建设的重要基础,也是长城国家文化公园的保护重点。

二是文化底蕴深厚。历史上的主要朝代和北方政权大多在河北境内修筑了长城,前后延续近两千年,年代跨度非常大。随着历史的发展,河北民间衍生出许多知名的神话故事,如孟姜女哭长城等。河北的国家级非物质文化遗产保护项目也有92项。河北毗邻北京,受地缘影响,河北也有丰富的皇家园林文化。在革命战争年代河北也因其重要的地理位置而拥有红色文化资源。在这片土地上诞生了诸如西柏坡精神等红色革命精神。这些丰富的文化种类和深厚的文化底蕴为长城文化内涵的深度挖掘提供了有力的支撑。

三是沿线文化景观丰富。河北段长城留下了8200余处历史文化遗存,历史文化底蕴深厚。其中,石家庄、邢台、邯郸部分的长城遗迹在太行山沿线总体呈线性分布,尽管许多遗迹有一定的保存,但破坏比较严重③。除长城遗迹以外,许多红色革命遗址也随长城遗址线性分布,沿线的文化景观有助于民族精神和爱国精神内涵的深度挖掘和文化旅游线路的打造,从而有助于长城国家文化公园的线性旅游带建设,形成文化廊道,促进区域性整体发展。

---

① 李国庆、鲁超、郭艳:《河北省长城国家文化公园建设与区域旅游融合创新发展研究》,《唐山师范学院学报》2021年第3期,第125~131页。
② 李国庆、鲁超、郭艳:《河北省长城国家文化公园建设与区域旅游融合创新发展研究》,《唐山师范学院学报》2021年第3期,第125~131页。
③ 刘素杰、吴星:《建设国家文化公园,促进长城沿线区域绿色发展——以京津冀长城保护与传承利用研究为例》,《河北地质大学学报》2020年第5期,第135~140页。

（二）京津冀协同推进长城国家文化公园的存在问题与挑战

尽管京津冀三地都拥有自身的发展优势，并且政府也在积极地推进三地协同建设长城国家文化公园。但是在京津冀协同发展战略背景的指引下，仍旧存在许多问题需要解决、许多挑战需要面对。

1.区域知名度过高，难以形成均衡性影响力

目前，北京地区长城文物本体的修护、配套公共基础设施和旅游服务设施相关经费全部来自政府财政投入，2000年以来市财政已经投入约4.7亿元，公园主体功能区建设无法全部依赖财政投入。此外，八达岭的形象已在人们心中根深蒂固，在以前的长城修缮中也多采用传统的博物馆展出和"热门"遗址的片段式参观形式，使得长城文化资源保护和开发缺乏亮点和整体性、展示内容和业态类型趋同度高，难以展示长城带状文化遗产所承载的完整历史①。河北段和天津段的长城知名度相较北京地区较低，由于区域性知名度过于独立，从而难以形成区域整体性的品牌打造，协同影响力缺乏平衡性。

2.商业化旅游开发程度高，忽视资源保护

目前长城的开发更多的是商业化发展，如古北水镇司马台长城。但对于长城文化的保护与开发最重要的是对长城本体的保护。《国家级文化生态保护区管理办法》规定，建设国家级文化生态保护区，要坚持保护优先、整体保护、见人见物见生活的理念，以"遗产丰富、氛围浓厚、特色鲜明、民众受益"为目标，将非遗及其得以孕育、滋养的人文环境加以整体性保护②。长城沿线存在许多古村落，这些古村落是长城文化中非遗部分，但因缺乏保护而逐步随着社会的现代化发展消亡。因而，无论是长城的文物本体的物理性保护还是长城文化的非遗内容的整合保护传承都需要进一步重视。

---

① 杨悦：《深化文旅融合　推进长城国家文化公园（北京段）建设》，《中国旅游报》2021年7月29日，第007版。

② 董耀会：《长城国家文化公园建设的几点思考》，载《万里长城》编辑部《万里长城——庆祝中华人民共和国成立70周年论文集》，中国长城学会，2019，第10页。

3.城市发展程度不一，无法实现资源利用最大化

受城市功能定位、地理位置等因素影响，京津冀三地在政治、经济、文化等方面发展程度存在差异。在国家京津冀协同发展战略的引领下，京津冀三地在交通、公共服务等方面正在逐步进行协同发展，但文化发展仍旧存在巨大落差。京津冀三地的长城文化资源都很丰富，但受地缘影响，许多文化资源尤其是非物质文化资源存在一定的相似性。城市发展程度的不同将导致文化资源的开发利用程度不同，相似的文化资源将会出现重复开发的情况，从而造成资源浪费。而区域未能协调发展也会出现文旅产品同质化严重的情况，致使长城文化无法得到深耕。

4.保护规划独立性强，缺少协同建设机制

京津冀三地在建设长城国家文化公园方面分别制定了各自区域的《长城国家文化公园建设保护规划》，有针对性地对辖区内的长城进行保护和开发，但缺乏统一的整体规划以及协同建设机制，使得京津冀三地的资源难以实现共享，各地的优势无法完全发挥，不仅不利于京津冀地区协同推进长城国家文化公园的建设，也不利于京津冀区域经济的高质量发展，所以京津冀三地独立推动长城国家文化公园的建设也将为京津冀协同发展战略添加阻力。

三 京津冀协同推进长城国家文化公园建设路径

立足长城国家文化公园建设，京津冀地区可以从要素市场培育、"点—线—面"空间布局、文旅产品开发、协同机制建设等方面协同推进各区域的长城段落及沿线区域的建设，打造京津冀长城文化品牌，实现长城国家文化公园建设的共建共享和互利共赢，带动京津冀区域经济高质量发展。

（一）培育京津冀统一的文旅要素市场

生产要素是进行社会生产所需的各类经济资源和条件。根据比较优势理论，由于区域间的自然条件和社会环境不同，致使生产环节存在成本和效率

差异，从而在部分领域形成了生产和交换优势。因此，生产要素的自由流动和配置效率很大程度上影响着区域的经济社会发展水平和市场活跃程度。

作为我国的政治中心、文化中心、国际交往中心和科技创新中心，北京拥有丰富的资本、技术和人才要素，是京津冀地区经济发展的主动脉；天津的工业基础雄厚，相关产业集聚度高，具有强大的工程建设能力。它还坐拥我国最大的人工港——天津港，资源流通的便利程度极高；河北资源富集，人口众多，能够为长城国家文化公园建设提供庞大的文旅消费市场，为北京和天津的长城国家文化公园建设提供必要的资源和劳动力，以及海量的用户数据。因此，要立足京津冀地区各自的要素优势，通过积极培育京津冀要素市场，畅通要素流动渠道，提高要素的市场配置效率，为长城国家文化公园重点建设区的高质量发展提供动力。北京要注重各类高级要素的引导，增加天津和河北的文化创新能力；天津工程要将建设能力投射至北京和河北，为长城国家文化公园的相关基础设施建设提供支持。同时，河北也要积极培育自身广阔的文化消费市场，借助京津的资本和技术提升文化资源内涵。

（二）打造"点—线—面"长城国家文化公园空间格局

文化场景是京津冀协同推进长城国家文化公园建设的基本单元。场景主要由五个要素构成：社区、城市舒适物设施、多样性人群（比如阶级、性别和受教育情况等）、前三个元素以及活动的组合、场景中所孕育的价值。场景理论认为，舒适物设施及活动的不同组合，会形成不同的场景，不同的场景蕴含着特定的文化价值取向，这种文化价值取向又吸引着不同的群体前来进行文化消费实践，从而推动区域经济社会的发展[①]。以多元化的文化场景为中心，提炼特定的长城文化主题，是公园、场馆、景区、特色小镇等空间建设的重要抓手。比如北京古北水镇、天津黄崖关长城、河北山海关等，均可以通过围绕特定长城文化主体，引入舒适物设施，搭建相应的文化场景。

---

① 吴军、夏建中、〔美〕特里·克拉克：《场景理论与城市发展——芝加哥学派城市研究新理论范式》，《中国名城》2013年第12期，第8~14页。

文化廊道是京津冀协同推进长城国家文化公园建设的核心引擎。"文化廊道"一词是由"遗产廊道"理论延伸而来，并且与世界遗产保护领域中的文化线路概念有着紧密的关系。"遗产廊道"源自西方，是区域化遗产保护战略的相关理论及研究方法，因为具有"廊道"的属性，"遗产廊道"多被强调与具有线型特征的"遗产区域"相关联。《长城国家文化公园建设保护规划》提出，要按照"核心点段支撑、线性廊道牵引、区域连片整合、形象整体展示"的原则构建总体空间格局。这就使促进带状区域发展的文化廊道建设，成为京津冀区域协同推进长城国家文化公园建设的重要空间规划。通过发挥长城及沿线区域在人员往来、文化交流等领域的廊道优势，荟萃京城、燕赵、津卫等典型地域文化，构建多元文化汇聚融合与东西方文明交流互鉴的中华文化走廊。比如长城京津冀交界处，其东侧是北齐长城天津黄崖关段，西侧是北京境内的彰作关长城，北侧为河北青松岭镇。文化廊道的建设，有助于连接各方资源，打通文旅市场，找到京津冀协同建设的合作点。

立足京津冀长城沿线遗产组合、交通线路、文旅资源、社会环境，借助文化场景、遗产廊道等理论成果，搭建"点（文化场景）—线（文化廊道）—面（国家文化公园）"一体的长城国家文化公园空间布局，明确文化景观、产品和服务、设施等构成要素以及要素之间的内在关系，以此打通京津冀地区的要素流动通道，整合沿线区段的文化廊道和旅游线路，实现长城文化与在地生态的融合。

（三）积极开发高品质长城文旅产品和服务

长城国家文化公园的可持续发展，必须要依托京津冀广阔的市场，以品质化、数字化、可持续的理念，开发适应现代社会需求的文旅产品，从而获得公众的认可和接受。京津冀协同建设能够发挥各方的强项，促进文化文物资源的产品转化和价值提升，为创造出更高标准的文化旅游产品提供支持。

首先，要注重长城文创产品开发。借助北京头部文化企业的创意能力，培育京津冀长城文化IP，开发衍生文化创意产品。同时借助京津冀的文化文物单位和旅游景区，面向全国推出长城特色文创产品。其次，要发挥数字赋能文旅的作用。基于北京的科技优势，打造京津冀数字长城文化公园，借助数据采集技术，推动长城沿线文化文物资源的线上展示，拓宽受众范围。利用5G、AR、VR、大数据、人工智能等数字技术，赋能传统的文博场馆和旅游景区，提升长城文化的体验感和沉浸感。最后，要借助全媒体矩阵实现长城文化的品牌化传播。利用短视频、直播等新媒体信息定制化和内容分众化的特点，推动京津冀长城文化的全域传播。挖掘京津冀长城沿线文化名人和网络红人，打造长城脚下的"李子柒"，以传播促进文化文物资源的保护和转化。

（四）构建长城国家文化公园京津冀协同建设机制

由于涉及北京、天津和河北三地多层次的建设主体，这就需要京津冀地区不同层级政府、政府不同部门间加强沟通与协作，注重发挥政府与市场各自的作用，强化京津冀市场主体间的合作。

首先，要建立京津冀长城国家文化公园建设合作机制。通过成立联合工作小组、举办定期的联席会议、开展区域文化市场联合执法活动等方式，围绕长城国家文化公园建设，促进三地政府部门间的协作，统筹国家文化公园建设工作和长城文化整体营造，保持保护和开发的一致性，共同营造良好的京津冀文化市场环境。其次，要充分发挥市场配置资源的作用。无论是基础设施建设、场馆数字化改造还是文旅产品开发，仅凭借政府自身的力量，很难取得令人满意的结果，因此，必须积极引入社会力量参与长城国家文化公园的建设，促进文化资源与市场主体的对接，激发各类市场主体的积极性。最后，通过搭建产业合作平台、建立行业协会、打造数据共享机制等方式，强化京津冀文化企业、科技企业、建筑企业等市场主体间的多元合作，集中资源共同推进长城国家文化公园建设。

Abstract

With the in-depth advancement of national strategies such as the "Belt and Road", regional coordinated development, rural rejuvenation, Beijing-Tianjin-Hebei coordinated development, the construction of the Guangdong-Hong Kong-Macao Greater Bay Area, the integrated development of the Yangtze River Delta, and the construction of a free trade pilot zone, the seven major regional cultures in China The development of the industry shows a trend of overall improvement but complex differences. The cultural industry in the Bohai Rim region has has slowed down relatively. The cultural industry in the Yangtze River Delta has become a pillar industry in terms of industrial growth, per capita output, industrial agglomeration, and fixed asset investment. Progress in stability in the areas; The development of cultural industry in Northeast China shows a negative growth trend, and the development of regional industry continues to decline significantly; the overall healthy development of the cultural industries in the five central provinces, "Cloud platform", "culture and finance", "intangible cultural heritage +" and "branding" have become the hot spots of development; the cultural industry in Southwest China has developed steadily on the whole, the industrial scale has expanded steadily, and the degree of industrial intensification has gradually increased; the Northwest has focused on transforming its latecomer advantages and resource advantages into Industrial advantages, and gradually promote the development of cultural industries; cultural industries in the Northeast region have stagnated or even appeared "stagnation in growth", and urgently need to increase investment in cultural industries, improve the cultural financial service system, cultivate cultural industry ecology, and strengthen the participation of cultural enterprises in the capital market. The differences in the development of cultural industries in the seven major regions are becoming increasingly prominent. Innovation and characteristics are being explored in an unbalanced pattern. At the same time, national cultural consumption is showing an upward trend and structural optimization. China's regional cultural industry will usher in a comprehensive innovation and upgrade.

Keywords: Regional Cultural Industry; Differentiation; Non-equilibrium

Contents

I General Report

Abstract: During the 13th Five-Year Plan period, the complicated changes
of domestic and international environment were especially severely impacted by the
COVID−19 epidemic. Driven by the "the belt and road initiative" initiative,
coordinated regional development, winning the tough battle against poverty,
building a well-off society in an all-round way, and supply-side structural reform,
China's cultural industry has generally shown steady and healthy development. The
paths, modes, formats and characteristics of the development of inter-regional
cultural industries are further highlighted, and the differences and imbalances in the
development of inter-regional cultural industries are further highlighted. Besides,
the pattern of competing development of regional differences in cultural industries is
gradually formed. In the " 14th Five-Year Plan" period, the development of
regional cultural industry is faced with the challenges brought by the overall
situation of the great rejuvenation strategy of the Chinese nation and the
unprecedented changes in the world in a hundred years, as well as the persistent
impact of the COVID−19 epidemic, which has brought greater uncertainty to the
development of regional cultural industry. It is necessary to know and grasp the law

of development in the new period, be good at nurturing opportunities in crisis and creating new situations in changing situations, and take supply-side structural reform and demand-side management as the main line. With cultural creativity, scientific and technological innovation, and industrial integration, we should promote new development momentum, constantly improve the modern cultural industry system and market system, and promote the distinctive and high-quality development of regional cultural industries. It will become the key power to realize the high-quality development of China's economy under the double-cycle pattern, and lay a good foundation for building a strong socialist cultural country.

Keywords: Cultural Industry; High-quality Development; Regional Development

II Regional Reports

B.2 The Bohai Rim Region Cultural Industry Development

Report (2020-2021) *Yang Chuanzhang* / 018

Abstract: During the 13th Five Year Plan period, the development speed of cultural industry in the Bohai Rim region was relatively slow, and the per capita added value of cultural industry, the scale and number of cultural enterprises, research and development investment of cultural enterprises and other indicators increased slowly, even with a downward trend. Due to the different basis of internal economic development, there is a large gap in the development of cultural industry between provinces and cities as well as urban and rural areas. With the implementation of national major regional development strategies in the Bohai Rim region, the importance of economic and social development in the Bohai Rim region has increased significantly. It needs to be further strengthened in improving the leading ability of culture in the construction of world-class urban agglomerations, building an integration mechanism for the development of cultural industries in urban agglomerations and constructing a global leading area for advanced culture of socialism with Chinese characteristics.

Keywords: the Bohai Rim Region; Cultural Industry; Urban Agglomerations

B.3 The Yangtze River Delta Cultural Industry Development Report (2020-2021)

Hu Huiyuan, Wang Jiao, Ding Panpan and Du Chun / 038

Abstract: Based on the statistical analysis of relevant data in *The Statistical Yearbook of Chinese Culture and Related Industries* from 2016 to 2020, this paper analyzes the development of cultural industry in the Yangtze River Delta from 2015 to 2019 from three aspects of current situation, characteristics and trend by comprehensively using inductive and deductive methods. At present, the cultural industry has grown into a pillar industry in the Yangtze River Delta, and the industrial scale has continued to expand, the industrial growth rate and per capital added value have increased steadily, the service tendency in the industrial structure is obvious, the cultural consumption situation is improved, the enthusiasm for fixed asset investment is high, the profitability of cultural legal units is stable and the effect of research and development investment is remarkable. Relying on the development characteristics of digital cultural consumption boom, online cultural and tourism integration, regional integration collaboration and digital creative industry guidance, the cultural industry in the Yangtze River Delta will continue to take *innovation* as the endogenous driving force, take *double circulation* as the development pattern and take *going out* as the development goal to achieve a higher level of *integration* and build a higher level of *world-class economic and cultural urban agglomerations* and to create a new situation for the development of cultural industry.

Keywords: Cultural Industry; Culture and Tourism Integration; Regional Integration; the Yangtze River Delta

B.4　The Northeast China Cultural Industry Development

　　Report（2020-2021）　　　　*Gao Xuewu*, *Xu Mingying* / 059

Abstract: During the 13th Five Year Plan period the development of cultural industry in Northeast China showed a negative growth trend, the regional industrial development continued to decline significantly, the innovation and research and development power of cultural industry was insufficient, the degree of industrial agglomeration was low, the level of specialization was not high and the leading role of leading enterprises was lacking. However, the cultural service industry is developing well, the service quality is constantly improving, the penetration of digital technology is relatively good and the development of the integration of culture and tourism with high quality has become the main theme. During the 14th Five Year Plan period, under the dual guidance of the national strategy of cultural power and Northeast China revitalization and under the regular epidemic prevention and control, the cultural industry in Northeast China will expect a new period of development. The increasing ice and snow culture will enable the high-quality development of cultural industry in Northeast China. The demand for compound industrial talents will become more and more obvious.

Keywords: Culture and Tourism Integration; Cultural Industry; the Northeast China

B.5　The Southeast Region Cultural Industry Development

　　Report（2020-2021）　　　　　　　*Gu Zhenjing* / 078

Abstract: Southeast region geographical location is superior, leading economic development in the country, industrial factors gathered well and the developmental foundation of cultural industry is excellent. During the 13th Five-Year Plan period, the momentum of cultural industry in Southeast China remained strong, especially with high regional collaborative innovation, rapid multiplication of emerging formats, in-depth integration of culture and technology, expansion of international cultural market and effective development of cultural industry. "The 21st Century Maritime Silk Road", the national strategy of Guangdong-Hong Kong-Macao Greater Bay Area, the construction of the pilot demonstration area of socialism with Chinese characteristics and the construction of Hainan Free Trade Port provide significant historical opportunities for the development of cultural industry in Southeast China. In recent years, although the development of cultural industry has fluctuated occasionally due to the COVID－19 epidemic, and the regional linkage speed of "three provinces and three places" has slowed down, as an important area in southern China, Southeast region has been constantly exploring the cross-regional linkage of cultural industry, the integration and innovation of industrial formats, the optimization of the corresponding systems and mechanisms, and the promotion of the reform of international cooperation mechanism, etc., with an open attitude, so as to provide new reference for the development of cultural industry in different regions.

Keywords：Southeast China；Regional Linkage；Integration and Innovation；Cultural Industry

B.6 The Central Region Cultural Industry Development Report （2020－2021） *Ke Zunqing, Zhao Yuetong* / 098

Abstract：During the 13th Five-Year Plan period, the cultural industry in the central region has developed steadily on the whole, the scale of the industry has expanded steadily, the degree of industrial intensification has increased constantly, and the cultural industry has gradually become a powerful driving force for economic and social development. In the post-Covid era, the development of cultural industry in the central region has also entered a new stage, "cloud platform", "cultural finance", "Intangible Cultural Heritage ＋" and "branding" have become the hot spots of development. Based on the new stage and facing new hot spots, the transformation, upgrading and high-quality development of cultural industry in the central region should take advantage of the "integration of culture and technology", integrate into the domestic and international double cycle to expand new highlights of cultural consumption, embrace all-area tourism to promote the brand of culture and tourism, and promote the integration of characteristic cultural industries into the new highland of rural revitalization.

Keywords: Cultural Industry; Integration of Cultural Tourism and Technology; Cultural and Tourism Consumption; All-area Tourism; Central Region

B.7   The Southeast Region Cultural Industry Development Report (2020-2021)   *Yu Liangnan, Wang Huiyuan* / 123

Abstract: During the 13th Five-Year plan period, the cultural industry in Southwest China developed steadily on the whole, the industrial scale expanded steadily, the degree of industrial intensification increased gradually, and the cultural industry played an important role in winning the battle against poverty and building a moderately prosperous society in all respects. The global continuous spread and widespread influence of the COVID-19 epidemic has a profound impact on economic and social development, and the development of cultural industry has also entered a new stage. Compared with the central and eastern regions, the development factors of cultural industry in southwest China is still lagging behind in terms of technology, talent and capital, and the transformation and upgrading of cultural industry is imminent. It is necessary to promote the high-quality development of cultural industry from the aspects of banded development of cultural industry, integration of culture and tourism, expansion of cultural and tourism consumption, promotion of regional coordinated development and empowerment of rural revitalization by characteristic cultural industry.

Keywords: Integration of Culture and Tourism; Cultural and Tourism Consumption; Regional Collaboration; Cultural Industry; Southwest Region

B.8 Summary of the Report on the Development of Cultural Industry in Northwest China (2020-2021)

Wang Wanpeng, Wang Jingru / 148

Abstract: During the 13th Five-Year Plan period, the cultural industry in the six provinces and autonomous regions in northwest China achieved fruitful results. From 2015 to 2019, the added value of cultural and related industries in the six provinces and autonomous regions achieved rapid growth, from 139.16 billion yuan to 189.36 billion yuan, with an average annual growth rate of about 8%. With the deepening of the Belt and Road Initiative, especially since 2019, ecological protection and high-quality development in the Yellow River Basin have become a new national strategy, ushering in more development opportunities for the cultural industry in the six provinces and autonomous regions in northwest China. During the 14th Five-year Plan period, the northwest region will further improve the cultural management system and mechanism, improve the cultural economic policy, create a good industrial development environment, build a more open and orderly competitive modern cultural market system, give full play to the role of market subjects, and promote the cultural industry elements more concentrated. By sorting out the achievements and shortcomings of the cultural industry development in northwest China during the 13th Five-Year Plan period, this report summarizes the main characteristics of the cultural industry development in each province during the 13th Five-Year Plan period, which is of great benefit to the cultural industry development of the six provinces in northwest China in the next five years.

Keywords: Cultural Management System; Cultural and Economic Policy; Market System; Cultural Industry; Northwest China

Ⅲ   Competitiveness Analysis Report

B.9   Analysis on Competitiveness of Regional Cultural Industry

Huang Tianqi, Hu Hongbin and He Jixiang / 169

Abstract: Based on the cross-sectional data of the "13th Five-Year Plan" period, this paper studies the changes in the competitiveness of China's regional cultural industries, analyzes and evaluates the competitiveness of China's regional cultural industries from the perspective of a policy cycle, and further examines the basic situation of regional differences and strength and weakness patterns formed by regional cultural industry competitiveness in a period of time, which can better summarize the basic situation of the regional characteristics of China's regional cultural industries and the basic clues to form these characteristics.

Keywords: Regional Cultural Industry; Competitiveness; Indicator System

Ⅳ   Thematic Reports

B.10   Report on Integrated Development of Public Cultural

Services and Tourism   *Geng Da, Wu Ziyi* / 215

Abstract: In the integration of culture and tourism policy driven, modern public cultural service system gradually improved and tourism industry to convolution development and other basic conditions, the integration of public cultural service and tourism development has the possibility of in-depth expansion. However, in terms of service nature, service products and service objects, there are still tensions between public welfare and business, popularization and improvement, and between local residents and non-local tourists. At present, Zhejiang, Yunnan and other places in the construction of public cultural space, public cultural activities and other aspects of integrated development practice, have achieved good results. Based on the coupling effect of cultural identity and cultural experience, the integrated development of public cultural services and tourism needs to constantly optimize the mechanism and path of integration in terms of new ideas, new environment, new space and new ways.

Keywords: Public Cultural Service; Tourism Industry; Integrated Development; Cultural Industry

B.11 Cutural and Creative Industry Development Report of Taiwan

Pan Bocheng / 235

Abstract: From 2018 to 2019, Taiwan's cultural and creative industries showed an overall development trend of stability and improvement. There are varying degrees of growth in the total industrial output value, employment population and consumer market and other key links. However, the existing problems such as unbalanced regional development within the region are still significant and have not been significantly improved. In terms of laws and policies, the promulgation and implementation of the Basic Cultural Law will probably be an important legislative event affecting the cultural and creative industries in Taiwan, and cross-departmental policies related to the cultural and creative industries are becoming increasingly perfect. In addition, the establishment of cultural content institute is also a major institutional and institutional innovation in Taiwan's cultural and creative industry in the meantime, which will further strengthen the role of the government as an intermediary platform in the field of cultural and creative industry.

Keywords: Taiwan Region; Cultural Creative Industry; Insitutional Innovation; Cultural Content Industry

B . 12 Beijing-Tianjin-Hebei Coordinated Development of the Great
Wall National Cultural Park Research

Guo Jia , Yan Shuo and Pang Yahui / 249

Abstract: The construction of the Great Wall National Cultural Park is a key
work in the 14th Five-year Plan period. Beijing, tianjin, hebei are the important
parts of the Great Wall, beijing-tianjin-hebei coordinated advance along the Great
Wall helps to promote national culture park construction culture protection of
cultural relics resources integration and concentrated, docking the base point of the
coordinated development of the beijing-tianjin-hebei region, it is in line with
national cultural integration along the park area resources, and it promotes the
coordinated development of regional construction goal. However, the current
research on the construction of "national cultural park" is relatively backward, the
actual progress of the Great Wall National Cultural Park construction is relatively
scattered, and the phenomenon of regional independence still exists. Therefore,
this paper suggests that Beijing, Tianjin and Hebei should jointly promote the
construction of the Great Wall National Cultural Park from the aspects of factor
market, spatial layout, product development and coordination mechanism.

Keywords: Great Wall National Cultural Park; Beijing-Tianjin-Hebei
Coordination; Factor Market; Cultnral and Tourism Industry

皮 书

智库成果出版与传播平台

❖ 皮书定义 ❖

皮书是对中国与世界发展状况和热点问题进行年度监测，以专业的角度、专家的视野和实证研究方法，针对某一领域或区域现状与发展态势展开分析和预测，具备前沿性、原创性、实证性、连续性、时效性等特点的公开出版物，由一系列权威研究报告组成。

❖ 皮书作者 ❖

皮书系列报告作者以国内外一流研究机构、知名高校等重点智库的研究人员为主，多为相关领域一流专家学者，他们的观点代表了当下学界对中国与世界的现实和未来最高水平的解读与分析。截至 2022 年底，皮书研创机构逾千家，报告作者累计超过 10 万人。

❖ 皮书荣誉 ❖

皮书作为中国社会科学院基础理论研究与应用对策研究融合发展的代表性成果，不仅是哲学社会科学工作者服务中国特色社会主义现代化建设的重要成果，更是助力中国特色新型智库建设、构建中国特色哲学社会科学"三大体系"的重要平台。皮书系列先后被列入"十二五""十三五""十四五"时期国家重点出版物出版专项规划项目；2013~2023 年，重点皮书列入中国社会科学院国家哲学社会科学创新工程项目。

权威报告·连续出版·独家资源

皮书数据库
ANNUAL REPORT(YEARBOOK)
DATABASE

分析解读当下中国发展变迁的高端智库平台

所获荣誉

- 2020年，入选全国新闻出版深度融合发展创新案例
- 2019年，入选国家新闻出版署数字出版精品遴选推荐计划
- 2016年，入选"十三五"国家重点电子出版物出版规划骨干工程
- 2013年，荣获"中国出版政府奖·网络出版物奖"提名奖
- 连续多年荣获中国数字出版博览会"数字出版·优秀品牌"奖

皮书数据库　　"社科数托邦"
微信公众号

成为用户

登录网址www.pishu.com.cn访问皮书数据库网站或下载皮书数据库APP，通过手机号码验证或邮箱验证即可成为皮书数据库用户。

用户福利

- 已注册用户购书后可免费获赠100元皮书数据库充值卡。刮开充值卡涂层获取充值密码，登录并进入"会员中心"—"在线充值"—"充值卡充值"，充值成功即可购买和查看数据库内容。
- 用户福利最终解释权归社会科学文献出版社所有。

数据库服务热线：400-008-6695
数据库服务QQ：2475522410
数据库服务邮箱：database@ssap.cn
图书销售热线：010-59367070/7028
图书服务QQ：1265056568
图书服务邮箱：duzhe@ssap.cn

社会科学文献出版社　皮书系列
SOCIAL SCIENCES ACADEMIC PRESS (CHINA)

卡号：874615746826
密码：

S 基本子库
SUB DATABASE

中国社会发展数据库（下设 12 个专题子库）

紧扣人口、政治、外交、法律、教育、医疗卫生、资源环境等 12 个社会发展领域的前沿和热点，全面整合专业著作、智库报告、学术资讯、调研数据等类型资源，帮助用户追踪中国社会发展动态、研究社会发展战略与政策、了解社会热点问题、分析社会发展趋势。

中国经济发展数据库（下设 12 专题子库）

内容涵盖宏观经济、产业经济、工业经济、农业经济、财政金融、房地产经济、城市经济、商业贸易等 12 个重点经济领域，为把握经济运行态势、洞察经济发展规律、研判经济发展趋势、进行经济调控决策提供参考和依据。

中国行业发展数据库（下设 17 个专题子库）

以中国国民经济行业分类为依据，覆盖金融业、旅游业、交通运输业、能源矿产业、制造业等 100 多个行业，跟踪分析国民经济相关行业市场运行状况和政策导向，汇集行业发展前沿资讯，为投资、从业及各种经济决策提供理论支撑和实践指导。

中国区域发展数据库（下设 4 个专题子库）

对中国特定区域内的经济、社会、文化等领域现状与发展情况进行深度分析和预测，涉及省级行政区、城市群、城市、农村等不同维度，研究层级至县及县以下行政区，为学者研究地方经济社会宏观态势、经验模式、发展案例提供支撑，为地方政府决策提供参考。

中国文化传媒数据库（下设 18 个专题子库）

内容覆盖文化产业、新闻传播、电影娱乐、文学艺术、群众文化、图书情报等 18 个重点研究领域，聚焦文化传媒领域发展前沿、热点话题、行业实践，服务用户的教学科研、文化投资、企业规划等需要。

世界经济与国际关系数据库（下设 6 个专题子库）

整合世界经济、国际政治、世界文化与科技、全球性问题、国际组织与国际法、区域研究 6 大领域研究成果，对世界经济形势、国际形势进行连续性深度分析，对年度热点问题进行专题解读，为研判全球发展趋势提供事实和数据支持。

法律声明

"皮书系列"（含蓝皮书、绿皮书、黄皮书）之品牌由社会科学文献出版社最早使用并持续至今，现已被中国图书行业所熟知。"皮书系列"的相关商标已在国家商标管理部门商标局注册，包括但不限于 LOGO（ ▨ ）、皮书、Pishu、经济蓝皮书、社会蓝皮书等。"皮书系列"图书的注册商标专用权及封面设计、版式设计的著作权均为社会科学文献出版社所有。未经社会科学文献出版社书面授权许可，任何使用与"皮书系列"图书注册商标、封面设计、版式设计相同或者近似的文字、图形或其组合的行为均系侵权行为。

经作者授权，本书的专有出版权及信息网络传播权等为社会科学文献出版社享有。未经社会科学文献出版社书面授权许可，任何就本书内容的复制、发行或以数字形式进行网络传播的行为均系侵权行为。

社会科学文献出版社将通过法律途径追究上述侵权行为的法律责任，维护自身合法权益。

欢迎社会各界人士对侵犯社会科学文献出版社上述权利的侵权行为进行举报。电话：010-59367121，电子邮箱：fawubu@ssap.cn。

社会科学文献出版社